학문의 진화

• 이 저서는 2009년도 정부재원(교육부)으로 한국연구재단의 지원을 받아 연구되었음
(NRF-2009-812-1-A00060/ "학문 개념의 변화와 새로운 형이상학-전통 학문의 위기와 대응")
This work was supported by the Korea Research Foundation Grant funded by
the Korean Government(NRF-2009-812-1-A00060)

학문의 진화

**학문 개념의 변화와
새로운 형이상학**

박승억 지음

글항아리

내 키는 유럽인들의 평균 키쯤 된다. 이렇게 말하면 어떤 독자는 내 키가 제법 클 것이라고 기대할 수 있다. 다만 내가 이렇게 단서를 달면 그 사람의 생각이 어떨지 모르겠다. 내 키는 르네상스기 유럽인들의 평균 키와 유사하다. 어떤 사태를 진단하는 데 있어 시간을 고려하는 것은 확실히 중요한 문제다. 살아서 숨 쉬는 존재치고, 아니 살아 있지 않은 것이라도 존재하는 것 중에 시간의 지배로부터 자유로운 것은 없어 보인다. 구태여 예외를 찾자면, 그리고 조금만 개념적인 사유를 곁들이자면, 역사적 조건과 사회적 상황으로부터 자유로운 객관적 지식 혹은 만고불변의 진리 정도가 시간의 폭력으로부터 자유로울까?

소크라테스 이후 2500년이 지났지만, 그의 말과 생각은 여전히 살아 있다. 뉴턴이 하늘에서의 운동과 지상에서의 운동이 하나의 수학적 원리로 설명될 수 있다는 사실을 밝힌 지도 300년이 훌쩍 넘었지만, 그 위력은 여전하다. 물론 그 사이에 수많은 믿음이 생겨났다가는 사라졌다. 또 어떤 것들은 여전히 적합한 입증을 필요로 하는 대기자 목록에 들어 있다. 비교적 단순해 보이는 이 역사적 사실은 우리 앞에도 종류가 있다는 생각을 하게 만든다. 스피노자는 우리가 갖고 있는 앎의 목록을 네 가지로 분류한 적이 있다. 전해 들어 알게 된 것, 이런저런 직접 경험들이 우리에게 알려준 것, 기존에 알고 있는 것들의 관계로부터 추리해서 알게 된 것, 그리고 일체의 경험과 무관하게 대상의 순수한 본질로부터 알게 된 것 등이다. 어떤 앎이 좀더 가치 있고 좋은 앎인지는 간단히 대답할 수 있는 문제가 아닌 것 같다. 오랜만에 만난 친구와 즐거운 점심식사를 하려고 하는데 지구가 둥글다는 지식은 별반 쓸모가 없는 반면, 네티즌의 5개 별점이 수없이 붙어 있는 식당이 바로 근처에 있다는 말은 반갑기 때문이다. 하지만 우리가 오랫동안 견지해온 믿음은 생명력이 긴 앎이 더 가치 있다는 것이다. 비록 어떤 식당이 우리의 미각을 만족시켜줄지를 아는 것도 가치 있겠지만, 소크라테스와 뉴턴이 우리에게 알려준 것과 비교할 수는 없다. 그렇게 우리의 자연스러운 직관은 이론적이고 학문적인 지식이 우연히 알게 된 지식들의 윗자리에 놓여야 한다고 말한다. 그런데 그런 학문들도 시간의 흐름에 따라 다른 의미를 지니게 될까?

이론적 지식의 체계로서 학문이 진화한다는 생각을 하게 된 것은 학문의 근본 동기가 무엇인가 하는 물음으로부터 시작되었다. 학문은 우리를 둘러싸고 있는 주변 세계를 이해하려는 태도에서 시작되었다. 물론 물음은 계속될 수 있다. 우리는 왜 여전히 주변 세계를 이해하려고 하는가라고 물을 수 있기 때문이다. 하지만 그에 대한 답은 유보하는 편이 나을 것 같다. 무엇보다 끝없이 질문을 이어가려는 태도는 소모적이기 때문이다. 행복하고 건강한 삶을 위해서든, 혹은 순수한 지적 호기심을 채우기 위해서든 학문의 시작은 인간의 삶과 무관하지 않다. 하지만 우리의 또 다른 믿음은 학문이, 혹은 진리가 인간 삶에 종속되어 있는 것은 아니라는 것이다. 우리는 학문의 객관성을 신봉한다. 적어도 학문적 지식은 시대와 사람의 차이에 따라 달라지는 것이 되어서는 안 된다고 믿는다. 학문의 본성과 규범적 이념에 대한 논쟁은 오랫동안 계속되어왔다. 어떤 이들은 학문이 객관적 지식의 체계여야만 한다고 말하지만, 또 다른 이들은 학문이 철저하게 인간 문화의 구성물이라고 말하기도 한다.

이런 논쟁은 우리가 학문에 대해 기대하는 것과 학문 현실 사이의 괴리를 반영한다. 현실적으로 학문은 끊임없이 변화한다. 그것은 단순히 낡고 잘못된 믿음이 사라지고 새로운 지식들이 유입되기 때문만은 아니다. 시대에 따라 학문의 기능 자체가 달라지기도 하고, 더 극적으로는 한때 학문이라고 믿었던 분과들 자체가 사라지기도 한다. 이러한 변화는 '진화'라는 말로 표현할 만하다. 시대가 달라짐에 따라, 다시 말해 주변 환경의 변화에 따라 학문의 기능이 변화함으로써 '적응'해가고 있는 것이기 때문이다.

모름지기 학문은 어떠해야 한다는 이념과 현실 사이의 차이는 우리가 극복해야 할 상황이 아니라 우리가 인정해야만 하는 사실이다. 학문 현실이 어떠하다고 해서 이념을 포기할 이유는 없으며, 이념과 현실이 다르다는 이유로 현실을 외면할 수도 없기 때문이다. 오히려 이념과 현실 사이의 갈등은 학문이라는 시스템을 끊임없이 움직이게 하는 동기로 작용한다. 학문이 인간 지성의 불완전성을 극복하기 위한 수단인 것과 마찬가지로 학문 역시 현실의 불완전성을 극복하기 위해 끊임없이 움직여야 한다. 그렇다면 학문은, 혹은 지식의 체계는 어디를 목적지로 삼아 움직이는가? 이러한 목적론적 도식은 우리가 알고 있는 '생물학적 개념으로서의 진화'와는 다르다. 생물학적 진화 개념은 생존을 위한 적응일 뿐, 그 이상의 어떤 목적을 전제하지는 않기 때문이다. 그러나 진화의 개념이 오직 생물학의 전유물만은 아니다. 하나의 물리적 시스템, 아니 우주 전체가 진화한다고도 말할 수 있기 때문이다. 진화는 하나의 시스템과 그 시스템 안의 개체가 자신의 내재적 가능성 및 주변 환경의 상호 작용이 빚어낸 결과다. 따라서 우리가 알아야 할 것은 개체가 혹은 그 개체를 포함하는 시스템이 어떤 내재적 가능성들을 갖고 있는지, 또 그런 가능성들이 어떤 상황에서 어떻게 발현될지에 대한 일반적인 원리들이다.

학문의 현실을 이해하기 위해서는 체계로서의 학문 전체가 어떤 변화를 거쳐왔는지를 살펴야 한다. 그런 작업은 동시에 학문의 내재적 가능성들이 개진되는 과정을 살피는 일이 된다. 더 나아가 학문이 앞으로 어떻게 되어나갈지를 가늠해보는 일이기도 하다. 이 책은 그와 관련된 몇몇 물음에 대답하기 위한 기초 작업이다. 우리 시대가 학문을 어떻게 생각하고 있느냐는 학문이 어떤 방향으로 진화해나갈지를 예상해보는 중요한 가늠자가 될 것이다. 적어도 학문 탐구의 주체가 우리 자신인 한 그렇다. 이러한 물음은 인문학의 위기, 혹은 순수 학문의 위기가 일상화되어 있는 학문 현실이라면 더더욱 던져야 할 질문일 것이다.

이 책은 내가 오랫동안 생각해온 문제들을 하나의 일관된 시선에서 정리해본 것이다. 이런 기회를 갖도록 배려해준 분들께 감사의 말을 빠뜨릴 수 없다. 우선 이런 작업을 지원해준 한국연구재단에 감사의 말을 전하고, 까다로운 내용의 학술서를 기꺼이 출판하겠다고 맡아주신 글항아리 출판사의 강성민 대표님과 이은혜 편집장에게도 고맙다는 말을 전한다.

무엇보다 턱없이 부족한 작업이나마 이런 논의를 하게 된 토대는 내 은사님들 덕이다. 박종현 교수님과 이한구 교수님, 그리고 손동현 교수님과 이좌용 교수님에게서 배운 것이 내 알량한 철학적 문제의식의 근간을 이루고 있다. 그리고 이종관 교수님과의 대화는 이 책을 구상하고 작업하는 데 많은 아이디어를 얻도록 해주었다. 끝으로 이 책에서 조금이라도 가치 있는 내용이 있다면 그것은 나를 학문의 길로 인도해주신 여산與山 이영호 교수님 덕이다. 감사의 말씀을 이 자리를 빌려 전한다.

학문의 진화

차례

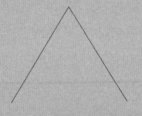

1장

학문의 위기,
무엇을 말하는가?

유동하는 학문 개념과
학문의 위기

———

때로는 자신이 말하고자 하는 이야기가 전혀 다른 문맥에서 빛을 발하기도 한다. 전기 시대에 새로운 총아로 등장한 미디어와 그 미디어가 빚어낼 효과에 주목했던 마셜 맥루언의 경우가 그렇다. 그가 1964년에 출간한 『미디어의 이해Understanding Media』는 돌이켜보면 일종의 잠언서 같은 책이었다. 뜨거운 미디어hot media와 차가운 미디어cool media를 설명하는 자리에서 그는 근대의 활자문화가 이른바 전기 미디어 시대에 어떤 문제에 봉착해 있는지를 이야기한다.

오늘날의 학자들은 자신들이 연구 주제를 다루는 방식과 연구 주제 그 자체 간의 불일치를 예리하게 의식하고 있다.[1]

그가 이런 말을 통해 보여주려 했던 것은 전기라는 '내용 없는' 미디어가 일으킨 커다란 문화 변동이었다. 그의 이런 지적은 20세기 이후 학문 일반이 처한 현실을 단적으로 보여주고 있다. 간단히 말해 그 것은 '정체성의 위기'다. 새로운 발견과 혁명적인 신기술로 가득한 지난 세기는 그런 새로운 변화에 대한 값으로 여러 정체성 위기에 시달려야 했다.

19세기 말엽에 시작된 수학의 정체성 위기, 아인슈타인과 양자역학을 거치면서 파생된 과학의 본성과 합리성에 대한 물음들, 무엇보다 혁신하고 있는 과학에 밀려나버린 전통 철학과 인문학의 위기에 이르기까지 지난 세기 내내 학문의 위기 담론은 넘쳐났고, 논의는 현재진행형이다. 다만 위기에 관한 이야기가 너무 많았던 탓에 그 내성도 강해져서 위기를 말하는 것이 전혀 시급하게 느껴지지 않는다는 것이 그나마 위로가 될 뿐이다. 하지만 그것은 자신의 운명을 알게 된 칠면조의 사정과 다르지 않다. 그 칠면조가 사람들이 '크리스마스'라고 부르는 날이 오면 자신이 파티의 가장 중요한 소모품이 되리라는 사실을 알았다고 해보자. 달라질 것은 없다. 칠면조의 문제는 도대체 그 크리스마스가 언제인지를 모르는 데 있기 때문이다. 아마도 칠면조는 만성적인 신경과민에 시달리기보다는 차라리 담대해지기를 선택할 것이다.

물론 위기라는 말은 이중적이다. 오늘날 학문의 패러다임이 변하고 있다면, 낡은 학문에게는 생의 종지부를 찍어야 할 위기이지만 새롭게 등장하는 그 무엇은 자신의 이름표에 학문이라는 이름을 붙일 기회가 되기 때문이다. 그런 점에서 맥루언의 말 역시 이중적으로 들린다. 연구 주제를 다루는 방식과 주제 자체 간의 불일치는 전통적인

학문의 진화

방식으로는 다루어낼 수 없는 문제들이 등장했다는 점에서 낡은 방법의 죽음과 새로운 방법의 탄생을 예고하는 것일 수 있기 때문이다. 갈릴레오와 뉴턴 이후로 근대 학문이 근본적으로 새로운 변화를 겪었듯이 우리도 그와 유사한 변곡점에 와 있는지도 모른다. 예컨대 근대 학문의 과도한 전문화에 대한 비판은 넘쳐나고 있고, 새로운 패러다임을 자임하는 통섭conscilience이나 융합convergence 같은 표현은 벌써 진부해지고 있기 때문이다.

오늘날 학문이 처한 상황은 반대 방향에서 서로 강한 힘으로 당기고 있는 두 말굽자석 사이에서 진동하는 쇠구슬과도 같다. 그 반대 방향의 힘이란 근대 이래로 중단 없이 인류 문명의 지식 창고를 채워온 전문화의 힘과 그런 전문화된 지식들을 더 큰 틀에서 하나로 통합하려는 힘이다. 학문의 전문화가 근대 유럽의 문명을 어떻게 발전시켰는지에 대해서는 별다른 증거를 제시할 필요가 없다. 우리가 누리고 있는 현대 기술 문명이 바로 그 증거이기 때문이다. 지식의 전문화, 혹은 분과과학의 발달이 어떤 결과를 낳을 수 있는가에 대한 가장 적절한 비유는 애덤 스미스의 핀 공장 이야기다.

핀을 제조하는 모든 공정을 숙달한 한 사람이 10일 동안 만들 수 있는 양과 자기 분야에 숙달된 열 사람이 분업을 통해 하루에 만들 수 있는 양에 커다란 차이가 있듯이, 지식의 전문화(혹은 분업화)는 방대한 양의 지식을 생산해낼 수 있었다. 근대 학문은 그렇게 지식의 공장 노릇을 충실히 해냈다. '생산의 효율성'은 근대인들에게 이성적 합리성의 또 다른 이름이자 풍요로운 미래를 약속하는 파릇한 희망이었다.

르네상스 이래 과학혁명의 세례를 받은 근대 계몽주의자들은 자연을 합리화하려는 거대한 프로젝트를 추진한다. 뉴턴의 역학은 그런 프로젝트가 공허한 이념이 아니라는 것을 보여주었다. 천상의 운동과 지상의 운동을 하나의 원리로 설명하도록 해주었기 때문이다. 희망은 마치 봄의 전령사처럼 소리 없이 학문세계를 물들였다. 자연을 설명하려는 모든 분과가 뉴턴이 취했던 방식을 따랐고, 경제학자들은 인간 삶의 가장 기초적인 욕망이 작동하는 먹고사는 문제마저도 합리화할 수 있다는 희망을 가졌다. 시장의 물리학이 가능할 듯 보였다. 가격은 세상의 모든 운동을 설명하는 뉴턴의 만유인력처럼 시장의 모든 것을 설명하는 보편적인 도구로 간주될 수 있었다.

물론 세계는 인간 지성에 대해 그리 쉽게 문을 열어주지 않았다. 보이지 않는 손에 이끌려 풍요로운 세상으로 인도될 것 같았던 인간의 삶은 칼 폴라니가 빌려온 윌리엄 블레이크의 경구처럼 '사탄의 맷돌'에 갈리는 아픔에 직면해야 했다. 안정적이라고 생각했던 농지를 잃고 도시로 몰려든 사람들은 새로운 시스템의 거대한 톱니바퀴 아래에 짓눌렸다. 그것은 사실 누구도 의도하지 않은 결과였다. 새로이 발견된 지식과 합리성으로 무장된 기술은 생산력을 증폭시켰지만 그렇게 풍요로워진 결실이 어떻게 분배되고 활용되어야 하는가에 대한 지식과 사회적 기술은 보이지 않았다. 보이지 않는 손은 정말로 보이지 않았다. 그래서 초기 산업사회의 공장 노동자들은 열악한 삶의 현실을 마주해야 했고, 그 현실을 정당화할 유일한 위안은 자기 생애에서 마주칠지도 모를 미래의 풍요라는 불확실한 기대뿐이었다.

학문의 진화

지식의 전문화 역시 의도하지 않은 결과를 맞아야 했다. 핀 공장 노동자들이 분업으로 인해 핀이라는 생산물로부터 소외되듯이, 지식 노동자들 역시 지식으로부터 소외되는 결과를 낳았다. 철저하게 분업 화된 공정에서 자기 일에 몰두하는 생산자가 자신의 생산물이 전체 과정에서 어떤 의미를 갖는지를 깨닫기란 쉽지 않다. 건너편 장벽 안 에서 무엇이 만들어지고, 어떤 새로운 기술들이 도입되고 있는지 살 필 여유가 없기 때문이다. 지금 내가 맡은 공정의 컨베이어벨트는 고 개를 돌릴 여유를 주지 않는다. 전문 지식을 생산해내야 하는 학자들 도 예외는 아니다. 화이트헤드가 근대 유럽을 진단하면서 내놓은 분 석처럼, 공장에서 입증된 효율적 합리성은 지식세계로까지 침투해 들 어갔다.

이렇듯 우여곡절을 거쳤지만 '근대'라는 방법이 거대한 풍요를 낳 았다는 사실을 부인할 수는 없다. 많은 사람이 빈곤에서 벗어나 이제 까지 누려보지 못했던 풍요를 향유할 수 있게 되었다. 그러나 그 과실 이 불균형하게 분배될 때, 풍요의 본성을 다시 물을 수밖에 없었던 것 처럼, 학문의 사정 또한 다르지 않다. 지식은 넘쳐났고, 원리적으로는 누구든 그런 지식을 향유할 수 있을 듯 보인다. 하지만 현실은 전혀 다른 방향을 가리키고 있었다. 영국의 물리학자이자 소설가 스노가 말한 지식의 독점과 불균형 상태는 이미 19세기에 예고되었다. 따라 서 과열된 미디어의 반전을 예언한 맥루언의 말처럼, 과열된 전문화 가 지식의 통합이나 융합을 요구하는 것은 역설같이 보이기만 할 뿐 사실은 피할 수 없는 일인지도 모른다.

독일의 과학 칼럼니스트 중 한 명인 마틴 우르반은 학문의 전문화가 선물한 해프닝 하나를 보고한다.[2] 학회의 오전 일정이 끝나고 점심 시간이 되었을 때, 우르반은 그날 학회에서 만난 한 식물학자와 산책을 하게 되었다. 때마침 잔디밭에는 봄을 알리는 예쁜 들꽃이 피어 있었다. 우르반은 식물학자에게 혹시 저 꽃이 무슨 꽃인지 알려줄 수 있는가 하고 물었다. 그러자 그 식물학자는 다소 놀란 표정으로 이렇게 대답했다고 한다. "죄송한데 제 전공은 보리입니다!"

전문가 바보Fachidiot 라는 말은 여전히 오늘날의 학문이 처한 사정을 단적으로 보여준다. 스노가 말한 인문학과 자연과학 사이의 장벽만이 아니라, 동일한 학문 영역 내에서도 전공은 장벽이 되고 있다. 물리학이나 생물학만이 아니라 인문학에서도 마찬가지다. 현대 유럽 철학을 전공하는 사람과 미국에서 논리학을 전공하는 이는 철학에 대해 전혀 다른 생각을 할 가능성이 높다. 철학이란 무엇인가라는 가장 중요한 문제를 바라보는 틀 자체가 다르기 때문이다. 어쩌면 그들 사이에는 인간적이고 일상적인 대화 외에는 달리 할 말이 없는지도 모른다.

지식의 전문화와 반대 방향에 서 있는 입장들은 전통적인 의미의 분과적 경계를 넘어서거나 해체할 것을 주문한다. 이런 경계의 해체는 모든 쟁점이 그렇듯 양가성을 띤다. 생산적이면서 동시에 파괴적일 수 있기 때문이다. 1960년에 노벨상을 받은 윌러드 리비는 화학자였다. 그러나 이 유명한 화학자에게 감사해야 할 이들은 화학 분야 종사자들이라기보다는 지질학이나 역사학 연구자들이다. 그가 노벨상을 받게 된 가장 중요한 계기는 1946년에 발표한 방사성탄소연대측정법이었기 때문이다. 인류가 보존하고 있는 기억의 한계를 넘어 사물의 역사적 시간을 측정할 수 있게 해준 이 방법은 지질학 연구를 발전시키는 기폭제가 되었다. 이렇듯 지층의 연대 측정이 용이하고 정확해지자 이번에는 고고학과 인류학 연구에 혁신을 일으켰다. 화학 연구가 고고학과 인류학의 발전을 이끌어냈다는 것은 분과적 경계를 넘어선 협력 연구의 가능성을 보여주었다. 그것은 긍정적이고 생산적인 가능성을 확실하게 입증하는 것이었다. 반면 맥루언이 말한바 자신의 연구 주제와 연구 방법 사이의 묘한 불일치를 입증하는 것이기도 했다. 인문학은 더 이상 인문학적 방법만을 고집하지 않는다. 인문학적 주제를 과학적 방법을 활용하여 다루고, 과학적 방법을 표방한 많은 학문이 인문학적 문제의식을 고려하지 않을 수 없다.

예컨대 인간과 인간의 문화에 대한 탐구로서 인류학은 인문학적인 동시에 과학적이다. 그래서 만약 우리가 인류의 초기 생활사를 성공적으로 재구성할 수 있다면, 이렇게 묻게 될 것이다. 인간은 창조주의 은혜를 받은 특별한 존재인가, 아니면 자연의 역사에 기록되어 있는 수많은 존재처럼 그저 역사 기록물의 화려한 몇 페이지를 채우는 조연일 뿐인가? 이런 질문은 사실상 특정 학문이 암묵적으로 전제하고 있는 근본적인 믿음을 건드리는 일인 동시에 우리가 통념적으로 받아들이는 학문의 정체성을 건드리는 것이기도 하다. 그래서 새롭게 드러난 지식은 낡은 학문의 정체성을 붕괴시켜버릴 수도 있다.

인간의 마음은 오랜 시간 철학적 탐구의 대상이었다. 하지만 새로운 실험 기법과 영상 촬영 장비 기술의 발전은 인간의 마음을 연구자의 머릿속 관념에서 꺼내 자기공명영상 장치fMRI 앞에서 심문하는 중이다. 인간의 마음에 대한 연구에서 철학의 역할은 점점 더 위축되고 있는 듯 보인다. 물론 그 반대 진영의 사정이 좋은 편이라고 말하려는 것은 아니다. 인간은 다소 이기적이며 합리적으로 계산할 수 있는 존재라는 가정에서 구축된 근대 경제학은 시장의 변동을 수학적으로 계산하고 합리적으로 설명할 수 있을 거라 기대했다. 하지만 그런 희망은 아직까지 막연하기만 하다. 인간의 마음을 이해하는 일은 여전히 역사적이고 사회 문화적인 특수성을 고려하지 않을 수 없다. 뿐만 아니라 자연을 활용하고 통제하는 기술들마저도 윤리적인 문제에 부딪히고 있다. 그래서 경제학자는 역사학자의 도움을, 생명공학 연구자는 철학자의 자문을 필요로 한다. 뛰어난 경제학자는 그저 경제학자이기만 한 것이 아니며, 훌륭한 생명공학자가 그저 생명공학자이기만 한 것은 아니다.

학문의 전통적인 구분 방식은 확실히 한계에 부딪혔다. 아리스토텔레스로부터 영국의 베이컨과 프랑스의 디드로 그리고 미국의 퍼스에 이르기까지 많은 사람이 학문을 어떻게 분류할 것인지를 묻고 대답을 시도했다. 그러한 시도는 아르헨티나의 소설가 보르헤스의 상상력을 닮아 있다. 지도의 정확성을 위해 제국의 전 영토를 덮는 커다란 지도를 제작하려 했던 소설 속 지식인들처럼, 자연이라는 거대한 텍스트에 투사될 수 있는 지도를 기획하는 일이었을 것이다. 그러나 그렇게 지도가 만들어지는 과정에서 끊임없이 새로운 길들이 나타나고, 더 이상 사용되지 않는 낡은 길들은 자신의 운명을 다하는 상황이 벌어지고 있다. 그래서 브뤼노 라투르는 아예 근대성 개념의 리콜을 선언하기도 한다. 효율성, 수익성, 객관성이라는 세 이념적 구성 요소를 가진 근대성 개념은 더 이상 작동하지 않는 개념틀이라는 것이다.

인류학에 대한 새로운 생각을 밝히는 자리에서 그는 이렇게 말한다.

우리가 30년을 거슬러 올라가보면 지나온 길을 매우 쉽게 다음과
같이 평가할 수 있다. 즉 사회인류학 혹은 문화인류학은 문화들을
다루는 반면 물리학 혹은 생물학적 인류학은 자연을 다뤘다는 것,
따라서 오래전 이 시기에 통약 불가능한 두 방식으로 세계를 연구
할 수 있었음(…)은 말할 필요도 없다. 하나는 가려져 있고, 장식
이 되어 있으며, 덮여 있는 따뜻한 방식이고, 다른 하나는 벌거벗
겨져 있고, 냉정하며 심지어 얼어붙어 있기까지 한 방식이다. 말하
자면 하나는 은유의 방식이고 다른 하나는 직설적인 방식이다.[3]

라투르는 우리 시대의 지식 상황을 하이브리드로 특징짓는다. 예
컨대 신문의 한구석을 장식한 기사는 화학적인 주제이면서 동시에 정
치적인 반응을 담고 있어서 사실상 "범위와 이해관계 시간표, 행위자
들-이중 어느 것도 서로 공통분모를 갖고 있지 않지만 그것들은 하나
의 이야기에 휘말려 들어간다"[4]고 말한다.

윌슨이 '통섭'의 이념을 통해 오래된 이오니아학파의 마법을 부활
시켜야 한다고 주장하는 것도[5] 마찬가지의 상황을 지적하는 셈이다.
비록 윌슨과 라투르의 입장이 다르고,[6] 그들이 제시하는 해법이 양립
하기 어렵다 해도, 현재 우리가 직면한 문제 상황에 대한 그들의 진단
은 크게 다르지 않다. 지난 10여 년간 유럽과 미국, 그리고 국내에서
도 연구 주제에 따라 서로 간에 융합할 수 있는 학문 영역들이 증대되
고 있다. NBIC(Nano+Bio+Info+Cogno) 융합 연구는 소위 선진국이

라고 불리는 지역에서는 국가의 전략적인 연구 분야가 되었다. 그것은 단순히 순수한 학문 연구를 뜻하는 것만도, 또 순수하게 경제적인 이윤 동기에 따른 기술적 연구만을 뜻하는 것도 아니다. 그것은 오히려 지식 구조의 재편이자, 삶의 형식이 변하고 있다는 것을 뜻하는 하나의 상징이다.

첨단 기술과 첨단 지식이 결합된 연구는 자연과 인간에 대한 지식을 변화시키며, 그로부터 파생된 새로운 기술들은 우리 일상을 바꾸어나가고 있다. 아주 작은$_{nano}$ 로봇이 첨단 정보통신기술$_{info}$을 이용해 외부 세계와 소통하면서 우리의 혈관을 타고$_{bio}$ 이동해서 우리의 뇌를 들여다보는$_{cogno}$ 일은 결코 공허한 상상이 아니다. 자연과 인간에 대한 지식이 변하고 있고, 그에 따라 우리 삶도 변하고 있다. 그 과정에서 새로운 탐구 영역이 늘어날 것이고, 낡은 탐구 영역들 중 일부는 사라질 것이다.

이제 우리는 아주 근본적인 물음에 맞닥뜨리고 있다. 우리 시대에 학문이란 무엇인가? 우리 선배들이 그러했을 것이라고 짐작한 뒤, 추호의 의심도 없이 '진리를 탐구하는 행위'라고 말해야 할까? 아니면 좀더 상세하게 풀어서 인간과 인간을 포함하는 자연에 대한 지식을 얻는 일련의 절차적 행동 양식 일반이라고 해야 할까? 혹은 그런 탐구를 통해 한 사회의 구성원으로서 좀더 완성된 인격에 도달하기 위한 수단이라고 말해야 할까? 그도 저도 아니라면 지식과 정보가 상품으로 간주되는 새로운 경제 모델의 생산 수단이라고 말해야 할까? 마치 생물학에서 진화 개념이 등장하고 나서 피조물의 본성(본질)이 변화하느냐를 두고 논란이 벌어졌듯이 우리의 학문 개념도 진화하고 있

학문의 진화

다고 말해야 할까?

간단히 말해 학문 개념은 유동하고 있다. 낡은 방식으로 말하면 위기이지만, 새로운 방식으로 말하면 기회인 상황, 바로 학문의 위기다.

0 2

규범적 학문 이론과
기술적 학문 이론

우리 스스로가 자주 범하거나 발견하게 되는 혼동 중 하나는 '무엇이 어떻다'와 같은 기술적descriptive 언급과 '무엇은 어떠어떠해야 한다'와 같은 규범적normative 언급을 주의를 기울이지 않은 채 뒤섞는 일이다. 기술적 언급은 가치 판단을 배제한 채 문제가 되는 사안을 묘사하고 재현하는 것이지만, 규범적 언급에는 그 사안과 관련한 가치 판단이 매개되어 있다. 따라서 우리로 하여금 어떤 태도를 취하게 하거나 행동을 강제하는 모종의 요구가 따라 나온다. 이렇게 서로 다른 성격을 가진 두 유형의 주장들을 논리적으로 얽어매는 일이 때로는 중대한 혼동이 될 수 있다. 예를 들어 요즘 사람들이 경쟁을 당연하게 여긴다는 사실을 '경쟁하는 것이 바람직하다'는 주장의 근거로 삼는 것은 잘못이다. 범죄가 만연한 세상이기 때문에 범죄를 저질러야 한다고 생각하는 것과 마찬가지이기 때문이다.

기술적 언급과 규범적 언급을 구별하는 문제는 위기에 처한 학문의 본성을 논의할 때도 중요하다. 학문의 현실이 어떻다는 기술적인 판단과 학문은 어떠해야 한다는 규범적인 판단은 서로 다른 차원의 주장이다. 기술적인 판단이 정당화되는 맥락과 규범적인 판단이 정당화되는 맥락은 다르기 때문이다. 예컨대 '경쟁하는 것이 바람직하다'는 주장은 '사람들이 경쟁을 당연하게 여긴다'는 사실만으로는 정당화되지 않는다. 사람들이 경쟁을 당연시한다는 사실 판단만이 아니라 '사람들이 당연하게 여기는 것은 바람직하다'는 가치 판단이 함께 작동해야만 한다. 문제는 이렇게 우리가 최종적으로 주장하려는 규범적 판단과 사실 판단을 매개해주는 가치 판단이 어떻게 정당화될 수 있느냐 하는 것이다.

우리의 시대적 관심사 중 하나인 환경 문제를 생각해보자. 지구의 연평균 기온이 상승하는 지구 온난화 문제는 우리에게 심각하고 치명적인 결과를 낳을 수 있다. 따라서 '재앙'을 막거나 최소한 늦출 어떤 조치를 취해야만 한다. 이제 여름이 되면 북극 지방을 배가 지나다닐 수 있게 되었고, 남극의 빙하가 엄청난 속도로 줄어들고 있다는 사실을 알게 되었다고 하자. 어떤 사람들에게 이는 인류 문명의 위기를 상징하기 때문에 즉각적인 조치를 취할 것을 요구해야 하는 절박한 상황이다. 따라서 '지구의 연평균 기온이 계속해서 상승할 것이라 예상되므로, 전 지구적 차원에서 화석연료 사용을 제한해야 한다'고 말하는 것은 매우 자연스러워 보인다. 그가 어떤 중요한 혼동을 하고 있는 것 같지는 않다.

반면 19세기 후반에 유행했던 골상학physiognomy은 사정이 좀 다르다. 누군가가 감옥에 갇혀 있는 강력범들과 사이코패스로 판정받은 사람들의 두개골을 면밀히 조사해서 통계적으로 의미 있는 두개골 유형의 골격 수치를 알아냈다고 해보자. 그는 자신의 연구 결과에 따라 '특정 유형의 두개골격을 가진 사람은 나중에 범죄자가 될 확률이 높다. 따라서 미래의 사회적 안정을 위해 그런 사람은 어린 시절부터 특별히 관리해야 한다'고 주장한다. 그는 과학자의 양심에서 거리낄 것이 없을지 모른다. 그렇지만 우리는 그가 분명히 뭔가를 혼동하고 있다고 말하고 싶을 것이다. 이처럼 환경 문제와 골상학의 문제는 사실 판단과 규범적인 판단을 연결시키는 가치 판단의 문제가 매우 임의적일 수도 있음을 보여준다. 그것은 한 개인의 가치관이나 신념에 의해서도, 혹은 특정 시대를 사는 사람들의 공유된 신념 체계에 의해서도 영향을 받을 수 있다.

이러한 사정은 넘쳐나는 지식과 전문가의 시대라 불리는 오늘날 더 악화된 것만 같다. 데이비드 솅크는 풍요로운 전문가의 시대를 다음과 같이 진단한다.

전문가 견해의 급증은 전문성이 판을 치는 가상현실적 무정부 상태로 인도했다. 오늘의 뉴스를 따라잡는 것은 다음과 같은 초현실적인 사실을 이해하는 것이다. 지구가 녹고 있으면서 또한 식고 있다. 원자력은 안전하면서 또한 안전하지 않다. (…) 무제한적 데이터의 시대에는 늘 좀더 많은 수의 데이터를 처리할 수 있으며, 그것들을 약간만 다른 각도에서 보면 그 반대 입장을 증명해낼 수 있는 기회도 많다. (…) 모든 질문의 모든 측면에 대한 정교한 연구와

학문의 진화

주장이 점점 더 많아지면서, 전문적인 지식을 더 많이 가질수록 역설적이게도 점점 덜 명료해지고 있다.[7]

셴크의 '고발'은 우리에게 두 가지 어려운 문제를 일깨워준다. 하나는 지식과 정보의 폭발이 우리에게 안겨주고 있는 새로운 지적 스트레스이고, 다른 하나는 침묵하고 있는 사실의 냉정함이다. 과학적으로 신뢰할 수 있는 지식과 객관적인 정보는 우리의 판단에 결정적인 영향을 미친다. 특정한 목적의 행동을 요구하는 중요한 결정을 내려야 할 때는 더더욱 그렇다. 그런데 현실에서는 서로 양립하기 어려운 주장을 정당화하는 지식과 정보가 동시에 존재하는 상황이 드물지 않다. 그래서 우리에게 필요한 것은 무엇이 옳은지를 결정해주는 지식이나 정보가 아니라 결단이라고 말하는 사람도 있다. 다시 말해 기술적 탐구를 통해 밝혀진 사실이 모종의 규범적 요구를 정당화하는 사실적 근거로 쓰이기 위해서는 그 둘을 연결시켜줄 고리가 필요하다. 그러나 역설적으로 사실은 그렇게 고뇌하고 있는 우리에게 아무 말도 하지 않는다. 그것이 사실의 냉정함이다. 사실이 스스로 증언하는 법은 없다. 사실은 언제나 누군가가 자신에게 말을 걸어올 때만 대답한다. 그래서 사실로 하여금 말을 하게 만드는 것은 바로 우리의 믿음 체계다.

과학혁명의 구조적 변동을 고찰한 쿤이 과학자 집단이 받아들이고 있는 신념 체계에 주목했던 이유도 마찬가지다. 천동설과 지동설처럼 서로 다른 패러다임이 경쟁할 때 어떤 패러다임을 선택하느냐는 그렇게 객관적이지 않을 수 있다. 그 판단 기준 자체가 그들이 받아들이고 있는 패러다임에 내재해 있기 때문이다. 다시 말해 패러다임을 비교 선택하는 잣대가 선택될 패러다임들에 의존해 있는 한, 순환성 문제를 피할 수 없다.[8] 그 경우 우리는 객관적인 비교 기준이 없는, 이른바 '통약 불가능성incommensurability' 때문에 판단의 기준이 사실상 임의적이라고 말할 수밖에 없다. 하지만 진리의 엄정함을 믿는 이들에게 이러한 결론은 결코 받아들이기 어려운 것이다. 그들은 여전히 진리와 지식의 객관성에 관한 근대적 신념을 포기하지 않는다.

한스 라이헨바하가 제안했던 사고 실험은 이러한 사정이 얼마나 복잡한 이야기인지를 직관적으로 이해할 수 있게 해준다.[9] 우리에게 서로 다른 곡률을 가진 두 공간, A와 B에 사는 사람들을 관찰할 기회가 생겼다고 해보자. 그 두 공간의 사람들은 서로 왕래는 하지만 그들을 관찰하는 우리를 보지는 못한다. 관찰하는 우리에게 재미있는 것은 우리가 보기에 분명히 다른 길이의 두 대상을 그 두 공간의 사람들은 동일한 길이라고 믿는다는 점이다. 편의상 한 공간은 평평하고, 다른 한 공간은 바람이 잔뜩 들어간 풍선의 표면 같다고 해보자. 두 공간의 평면 위에 삼각형을 그린다면, 평평한 공간의 삼각형은 우리가 흔히 도화지에 그리는 삼각형처럼 곧은 선으로 그려지지만, 부푼 풍선 위의 표면에 그려진 삼각형의 변은 곡선으로 그려진다. 따라서 두 변의 길이는 다를 텐데, 그 두 공간의 사람들은 그 삼각형들의 변의 길이가 같다고 믿는 것이다. 원인은 길이를 재는 자에 있다. 한 공간에서 다른 공간으로 이동할 때, 자의 길이가 공간의 속성에 비례해서 변한다면 같은 측정값이 나올 것이기 때문이다. 라이헨바하가 아인슈타인의 상대성 원리를 설명하기 위해 끌어들인 이 사고 실험은 척도, 즉

학문의 진화

자의 역할이 어떤 것인지를 잘 보여준다. 이 예를 뒤집어 생각해보면, 한 체계의 자가 서로 다를 경우 동일한 물건을 다르게 측정하는 것 역시 가능하다. 더욱이 가장 객관적이어야 할 자가 다르기 때문에 통약 불가능하기까지 하다.

과연 우리가 쿤이 말한 것처럼 서로 다른 자를 가진 체계들 속에 살고 있는지, 아니면 하나의 보편적인 자가 체계를 옮길 때마다 보편적인 힘을 받아 변화하고 있는 것인지, 그도 아니면, 각 체계의 자들은 서로 조금씩 다르고 우리가 아직 발견하지 못한 변하지 않는 절대적인 자가 있는 것인지 알 수 없다. 이러한 물음에 답하려면 완전히 중립적이고 객관적이도록 체계를 벗어나는 제3의 시선을 지녀야만 하는데, 그것이 가능한 일인지는 여전히 의심스럽다. 아니 그 정답은 유한한 인간 지성으로는 영원히 도달하지 못할 곳에 있는지도 모른다. 이렇게 궁극적인 대답이 유보되어 있다는 점에서 상대적인 입장과 절대적인 입장은 이론적으로 양립 가능하다. 어떤 태도를 견지하느냐에 따라 세계와 학문을 바라보는 관점도 달라질 것이다. 경계해야 할 것은 아직 판결이 나지 않은 피의자를 두고 '무죄다' 혹은 '유죄다'라고 섣불리 말하면 안 되듯이 특정 입장을 절대시하는 조급함이다. 특히 이는 방법론적인 측면에서 그렇다. 쿤이 자신을 향해 많은 사람이 상대주의자가 아니냐고 물었을 때 고개를 가로저을 수 있었던 것은, 과학사에 대한 자신의 탐구는 기술적이고 역사적인 분석이었지 최종 판결을 내리는 것은 아니라고 믿었기 때문이었을 것이다.

어떤 가치가 옳고 그르냐를 판단해주는 최종 심급이 아직 열리지 않았다는 점은 그리 비관적인 상황이 아니다. 역설적이게도 그것은 우리가 학문을 계속할 이유를 제공해주기 때문이다. 가령 인간의 모든 지적 호기심을 만족시킬 만한 궁극의 이론이 발견되었다고 해보자. 창조주의 지혜에 버금가는 수준에 이른 인간이 어떤 연구를 계속해나갈 수 있을까? 우리가 알아야 할 모든 지식이 밝혀지면 더 이상의 학문적 탐구는 필요 없다. 이 역설적인 상황은 탐구 현장에서 어떤 해석이 옳은지를 둘러싸고 격렬하게 논란을 벌이는 사람들의 존재 이유를 설명해주는 것이기도 하다. 그리고 그런 이들이 상대방을 자극하는 것을 취미로 갖지 않는 한, 학문적 탐구의 현장에서 벌어지는 격정적인 논란의 이면에는 결국에는 무엇이 옳은 판단인지를 가려줄 수 있으리라는 믿음이 있을 것이다.

근대 학문이 성공적일 수 있었던 이유 중 하나는 객관성을 모든 학문 탐구의 규제적 이념으로 삼았기 때문이다. 탐구를 수행할 때 가능한 한 연구자 개개인의 가치 판단은 배제하라는 방법론적 이념은 학문 탐구의 객관성을 높이는 효과적인 장치였다. 그리고 '진리의 초월성'에 대한 믿음은 그런 방법론적 이념을 정당화하는 형이상학적 기반이었다. 어떤 주장이 진리라면, 그것을 누가 말하든 그 진릿값은 변하지 않는다. 문제는 오히려 강자가 말하는 것이 진리이고, 약자가 말하는 것은 진리가 아닌 게 되는 상황이다. 권위의 우상으로부터 벗어나라는 프랜시스 베이컨의 명령은 근대적 학문의 방법론을 인도하는 이정표였다. 그러나 오늘날의 수많은 학문 연구자가 베이컨의 권고를 얼마나 충실하게 이행하고 있는지는 의심스럽다.[10]

새로운 지식을 생산해내기 위해서는 막대한 자금이 들어가야 하는 과학 연구의 경우 국가나 기업의 후원금이 절대적이다. 설령 자신의 연구에 천문학적인 자금을 필요로 하지 않는 인문학 연구자라 해도 독립을 선언하기는 쉽지 않다. 그가 만약 자신의 연구에서 얻는 지식을 소개함으로써 생계를 이어가는 직업적 연구자라면, 출판 시장과 강연 시장 주위를 배회하는 지식 구매자들의 입맛에 아부해야만 한다. 그래서 몹시 침울해진 우리는 더더욱 학문이란 어떠어떠해야 한다는 규범성에 커다란 유혹을 느낀다. 그러나 역설적으로 그 유혹의 뿌리는 바로 우리의 학문 현실이다.

문제는 비교적 단순하게 정리될 수 있다. 오늘날의 학문들이 처한 현실과 학문의 이상을 구현하는 규범은 분명 구분될 수 있고, 구분되어야만 할지 모른다. 그러나 학문에 대한 규범적 주장이 가능하려면 먼저 '학문의 본성'이 분명하게 확정되어야 한다. 그런데 학문의 본성이 무엇이냐는 물음이야말로 지금 우리가 묻고 싶은 것이다. 다시 말해, 아주 오래전부터 금과옥조처럼 견지되어온 보편타당한 진리나 지식을 탐구하는 것이 학문의 본성인가, 아니면 당대 사람들에게 실용적인 영향력을 발휘할 지식을 탐구하는 것이 학문인가? 누군가는 그 둘이 서로 다른 게 아니라고 강변할 것이다. 반면 또 다른 이들은 우리가 무엇이 올바른지는 알지만 현실은 그런 기준으로만 평가될 수 없는 복잡성을 띠고 있다고 말할 것이다. 이러한 괴리는 근대 과학과 기술이 서로 결합해서 지식이 하나의 상품으로 간주되고 있는 오늘날에 더 첨예해졌다. 한때 진리 탐구의 장으로 여겨졌던 대학은 어떻게 하면 돈이 될 지식과 기술을 캠퍼스 안에서 만들어낼 것인가에 몰두하고 있다. 이것이 바로 오늘날 우리 학문이 처한 상황이다.

'학문의 본성'은 기술적인 탐구를 통해 발견되는 것인가? 아니면 전혀 다른 방식으로 정당화되는 규범적 성격의 것인가? 더 나아가 학문의 본성은 발견되는 것이 아니라 학문 연구자들의 합의나 혹은 신성하게 주어진 규범적인 성격의 것이라고 한다면, 그것은 임의성을 벗어날 수 있을까? 누군가가 이제까지 사람들이 받아들여온 학문의 본성이 잘못된 것이라고 이야기한다면, 그를 설득할 수 있는 기준은 무엇인가? 쿤의 말처럼 평가의 잣대가 평가하고자 하는 시선 자체에 의해 달라진다면 말이다.

우리가 한발 물러서서 사태를 본다면, 학문적 탐구에서 중요한 것은 그 학문의 근본적인 태도나 그 학문이 학문으로서 공인받고 있는 사회적 제도에 녹아 있는 근본 가치가 아니라 오직 방법론적 규범뿐일지도 모른다. 근대 계몽주의의 소박한 신념을 믿었던 과학주의자들과 달리 과학을 사회적 제도의 맥락에서 본 로버트 머튼은 과학자들이 받아들이는, 혹은 그래야 한다고 믿는 규범들로 '보편주의'와 '공유주의' 그리고 '이해중립성'을 든다. 과학적 탐구와 지식은 인종이나 계급, 성과 나이에 상관없이 누구에게나 열려 있는 보편적인 것이어야 하며, 동시에 그 누구에게도 공유될 수 있어야 하고, 탐구자 개인의 이해관계와는 무관해야 한다는 것이다.[11]

칼 포퍼 역시 비슷한 경향을 보이는데, 그는 자신의 반증주의를 통해 과학과 비과학 사이의 경계선을 분명하게 설정하고자 했다.[12] 그의 칼날에 의해 마르크스의 사회철학과 프로이트의 정신분석학은 과학의 목록에서 제거될 뻔했다. 이유는 그들의 이론이 반증 불가능한 이론이라고 보았기 때문이다.(물론 두 이론이 과학적 이론인지의 여부는 자신들의 이론이 과학적이라는 주창자들의 선언에도 불구하고 여전히 논란거리다.) 포퍼에 따르면 과학적 탐구는 과감한 추측을 담은 가설적 주장과 그 주장에 대한 시험이 포함되어 있는 일련의 절차적 활동이다. 그런 절차적 기준을 만족시킬 수 없는 주장이라면, 과학적이라고 할 수 없다. 어떤 반대 증거를 내놓아도 논박을 피해나갈 수 있는 주장이라면 그것은 과학이 아니라 사이비 지식일 가능성이 높다. 굉장한 명성을 떨치는 예언가가 당신에게 "조심하지 않으면 열흘 안으로 큰 사고를 당할 수 있다"고 경고했다고 해보자. 그러고 난 뒤 열흘이 지났다. 그의 주장이 잘못되었음을 입증할 수 있을까? 실제로 당신이 사고를 당했다면 그의 예언이 실현된 것이고, 사고를 당하지 않았다면 그것은 당신이 조심했다는 뜻이 된다. 그의 주장을 어떻게 반증할 수 있을까? 포퍼에 따르면 그런 주장은 과학적 주장이 아니다.

포퍼가 이렇듯 방법론적 절차에 주목했던 이유는 학문의 가치와 규범에 대한 논의가 형이상학적으로 흐르는 것을 경계했기 때문이다. 20세기 초반 형이상학에 대한 혐오가 정점에 이르렀던 시대적 분위기는 포퍼에게서도 그대로 드러난다. 무엇이 중요한 가치인가에 대한 형이상학적 신념들의 갈등은 이론적으로만 존재했던 것이 아니다. 현실에서 그런 갈등은 이데올로기의 충돌로 드러났고, 일부 형이상학적 담론은 거대한 폭력을 이론적으로 정당화해주는 이데올로기로 전락해버렸기 때문이다.

포퍼의 반증주의는 인간 지성이 언제나 오류를 범할 수 있다는 사실을 모든 과학적 탐구활동의 가장 기초적인 공준으로 받아들여야 함을 요구한다. 과학철학자이자 사회철학자로서 그가 한때 동경했던 마르크스주의를 거부했던 이유 역시 오류 가능한 인간이 기댈 수 있는 유일한 방법이 바로 민주주의의 절차적 합리성이라고 믿었기 때문이다. 그런데 여기에 기술적 학문 이론과 규범적 학문 이론 사이의 묘한 얽힘이 있다.

포퍼가 과학과 비과학을 구분하기 위해 설정한 경계선은 크게 말해 기술적 탐구를 통해 얻은 결과였다. 예컨대 그가 반증주의를 처음으로 알린 『탐구의 논리』에서 그는 '이론Theorie'을 정의하기 위해 많은 주의를 기울인다. 그 까닭은 (학문적 혹은 과학적) 이론이 갖추어야 할 어떤 규범적 성격 때문이 아니라 순전히 절차적인 문제 때문이었다.[13] 그러나 포퍼의 이러한 방법론은 이내 규범적 성격을 지니게 된다. 과학과 비과학을 가르는 경계선이 설정되자마자, 과학적 탐구의 방법론은 일종의 자격 조건을 지정하는 규범적 역할을 수행하기 때문이다. 그러한 방법론적 규범은 동시에 그 방법론이 전제하고 있는 인간에 대한 통찰 및 사회를 바라보는 가치관과도 뗄 수 없다. 결국 문제는 이런 것이다. 설령 사실과 가치가 정당화의 문맥 속에서 구별될 수 있다 하더라도 그 둘은 결코 유리되지 않는다. 마찬가지로 학문의 본성을 기술적으로 탐구하는 것과 아예 규범적인 관점에서 규정해나가는 일 역시 서로 구별될 수 있다 하더라도 엄격하게 되지는 않는다. 학문의 본성이 무엇인지를 다시 생각해야 하는 상황이라면 더 말할 것도 없다. 다만 원리적으로는 구별될 수 있는 것들이 현실적으로 구분해내기 쉽지 않다고 해서, 그 둘을 아무런 반성적 의식 없이 무작정 섞어버리는 것은 좋은 태도가 아니다. 그것은 때로 우리를 위험하고 조급한 결론으로 몰아갈 수 있기 때문이다. 중요한 것은 우리가 그런 문제의식을 가지고 끊임없이 비판적인 균형을 유지하기 위해 애를 써야 한다는 사실이다.

기술적 학문 이론과 규범적 학문 이론은 학문이란 무엇인가라는 물음에 대답하기 위한 이중나선이다. 예컨대 "학문은, 혹은 과학은 이러저러해야 한다!"라는 규범적 가치 판단과 "현재 우리 학문의 현실은 이러저러하다"라는 기술적 사실 판단은 모두 학문의 본성을 해명하기 위해 요구되는 것이다. 물론 이 두 방향만이 학문의 본성을 조명하는 것은 아니다. "그것이 대체 무엇인가?"라는 물음은 다분히 복합적인 의도를 지닐 때가 많기 때문이다. 학문의 본성과 관련된 또 다른 질문 방향은 우리가 학문을 왜 하는지, 즉 동기에 관한 물음이다.

바빌로니아로부터 고대 그리스 초기 사이의 문화적 변동 속에서 학문의 뿌리를 추적한 앙드레 피쇼는 "학문이 무엇인가라는 물음에 대해 아 프리오리a priori한 대답을 하는 일은 일종의 유토피아를 찾는 것과 같다"고 말한다. 그래서 우리가 할 수 있는 일이라곤 우리가 오늘날 학문이라고 부르는 것들의 역사적인 선행 형태를 추적해보는 것이라고 말한다.[14] 사실 이것이 학문의 문제를 역사적으로 살피는 이유일 것이다. 이러한 역사를 되짚는 과정은 무엇보다 학문과 그 학문을 발생시킨 현실적인 동기 사이의 연관관계를 파악할 수 있게 해준다.

우리가 학문에 대해 규범적 측면에서 관심을 갖는 이유는 학문이 부여받은 사회적 역할 덕분이다. 다른 모든 문화적 구성물처럼, 학문을 탐구하는 행위 역시 인간 사회를 구성하는 다양한 요소에 의해 영향을 받는다. 그래서 어떤 때는 철학을 향해, 또 어떤 때는 경제학을 향해 우리는 '시대가 부여한 역할을 외면하고 있다'고 비난하기도 한다. 만약 우리가 이러한 사실을 피할 수 없는 현실이라고 받아들인다면, '학문의 본성'에 대한 기술적 탐구와 규범적 탐구를 선명하게 구별하는 것은 사실상 무의미한 일인지도 모른다. 아니, 사실은 그 반대로 학문의 역사를 다양한 사회적 조건과 연계시켜 살펴보는 일만이 학문의 본성을 이해하는 불가피하고 유일한 방법일 수 있다.

에드문트 후설이 그의 마지막 저작인 『유럽 학문의 위기와 선험적 현상학』에서 학문의 이상을 고대 그리스적 전통으로부터 되살려낸 것도 마찬가지 이유에서였다. 그는 학문이 시작된 근본 동기로부터 학문의 이념 내지는 본성을 해명하고자 했다.

> 이미 잘 알려져 있는 것처럼 유럽인들은 르네상스 시대에 이르러 혁명적인 전회를 수행했다. 기존의 중세적 현존 양식을 포기하고 그 스스로를 자유롭게 새로운 모습으로 변화시켰다. 그들이 흠모했던 모범적인 인간상은 바로 고대의 인간상이었다. (…) 잠시만 생각해본다면 그것은 '철학적으로' 살아가는 것*philosophische Daseinsform* 외에 다름 아니다. 다시 말해 자유롭게 자기 스스로 순수한 이성 혹은 철학으로부터 규칙을 이끌어내어 자신의 전체 삶에 적용하는 것이다."[15]

책의 결론에서 후설은 이 주제를 반복한다.[16] 고대 그리스 철학의 상황을 여명에 비유한 뒤 학문의 궁극적 이상으로서 모든 존재를 철저한 합리성 속에서 해명하는 작업이야말로 학문의 목적이자 이상임을 강조한다. 학문을 문화적 구성물로 이해하고 그 역사성을 해명하는 과정에서 후설이 들춰내고자 했던 것은 우리가 학문을 하는 근본 동기다. 이에 대한 해명은 곧 학문의 목적을, 그리고 그 목적은 학문의 본성을 밝힐 것이고, 그에 따라 학문의 현실에 대해 비판적이고 규범적인 요구를 할 수 있게 만든다. 학문에 대한 문화사적 접근을 통해 학문의 동기를 밝히는 것은 또 다른 측면에서 시사점을 준다. 동기에 대한 해명은 가능성에 대한 해명이기도 하다. 이로써 학문이 '무엇인지'만이 아니라 '무엇일 수 있는지'에 대해서도 논의할 실마리가 열리기 때문이다.

학문이 무엇일 수 있는지와 관련된 다양한 가능성이 드러나면, 이제까지 풀어헤쳐놓은 많은 물음을 일관된 시선에서 바라볼 발판이 제공될 것이다. 학문이 본성상 무엇일 수 있는지 그 가능성의 세계가 해명된다면, 학문이 지향해야 할 일이나 할 수 없는 일, 또 해야만 하는 일, 해서는 안 될 일에 대한 전체적인 조망이 생길 것이기 때문이다. 다만 이렇게 동기를 분석하는 일이 흔히 말하는 심리학적 분석은 아니라는 사실을 염두에 두어야 한다. 심리학적 분석이 가능한 한 인과적인 이유를 찾으려고 하는 데 반해, 동기에 대한 분석은 가능성에 대한 분석이기 때문이다. 동기 분석이 초점을 맞추는 것은 선행 사건으로부터 빚어진 다양한 가능성이 시간의 진행 속에서 어떻게 특정한 후생 사건들을 야기했는지를 추적하는 것이지, 특정 사건을 이해하기 위해 우리의 일상 경험으로부터 유추하는 것이 아니기 때문이다. 이런 점에서 동기 분석은 철저하게 기술적인descriptive 방법이면서, 동시에 가능성과 의미론적 연관관계에 주목하는 방법이다.

2장

—

신화,
형이상학,
그리고 과학

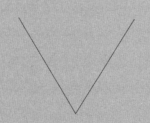

—

학문의 동기와
세계 설명 모델

—

우리가 역사에 대해 관심을 갖는 이유는 과거를 되돌아봄으로써 현실의 삶을 재구성하고, 그 의미와 가치를 다시 생각해볼 수 있기 때문이다. 학문의 동기를 추적하는 일 역시 다르지 않다. 학문의 근본 동기에 대한 해명을 통해 우리는 '학문이란 무엇인가'라는 문제를 다시 생각해볼 수 있다. 다만 동기를 추적하는 일이든 역사적 기원을 추적하는 일이든 그것이 역사적 문제의식을 갖고 있는 한 고려해야 할 문제가 있다. 서술, 혹은 재구성의 문제다. 우리가 한 사건을 재구성할 때는 순수하게 시간적인 관점에서 순차적으로 할 수도 있고, 의미 공간 속에서 측정된 사건들 간의 거리관계에 따라 재구성할 수도 있다. 그래서 현대 학문의 정체성 위기를 가늠하기 위해 단박에 아리스토텔레스로 거슬러 올라가는 것도 가능하다. "모든 사람은 본성상 알기를" 원하기 때문이라는 하나의 전제로부터 출발할 수 있는 까닭에서다.[1] 반면 우리는 사실상 현대적 학문 개념의 뿌리인 근대 과학의 여명기로 되돌아갈 수도 있다. 찰스 길리스피는 이렇게 말한다.

그리스 과학은 주관적이고 합리적이며 순수하게 지적이었다. 그 것은 정신의 내부에서 출발, 거기에서부터 목적, 영혼, 생명, 유기 체 같은 개념이 현상을 자기 인식이라는 낯익은 말로 설명하기 위 하여 외부로 투영되었다. (…) 그리스 과학은 실험을 거의 몰랐으 며 호기심을 넘어서 적극적인 힘으로 작용하는 것도 생각지 못했 다. 이에 반해서 근대 과학은 비개성적이고 객관적이다. 그것은 그 출발점을 정신 외부의 자연에다 잡으며 새로운 현상을 예측하 고 새로운 개념을 제안할 수 있다. (…) 근대 과학은 합리성을 내 던지진 않았지만, 무엇보다도 먼저 계량적이고 경험적이다. 이것 과 관련된 것은 르네상스와 더불어 서구에서 시작되었고 세계 지 배를 향해서 총괄적인 진격을 계속하고 있는 기술과의 결합이다. 마지막으로 근대 과학은 자연을 이해함과 동시에 조종하려고 한 다.[2]

어떤 출발점을 선택하느냐의 문제는 확실히 임의적일 수 있다. 물 음을 어떻게 던지느냐에 따라 출발점이 달라질 수 있기 때문이다. 게 다가 물음의 방향은 대개 그것을 던지는 자의 문제의식에 따라 결정 된다. 달리 말해 물음을 던지는 자가 중요하다고 생각하는 사안들이 탐색의 길을 안내하는 이정표가 된다. 이는 우리가 현실적 제약을 지 닌 역사적 존재라는 사실을 받아들이는 한 불가피한 일일 것이다. 물음을 묻는 자의 현재가 결국은 과거로부터 만들어져온, 다시 말해 역사적으로 구성된 것이기 때문이다. 따라서 오늘날 우리가 중요하다고 여기는 가치는 과거로부터 자유롭지 않으며, 물음의 방향 역시 그런 영향으로부터 자유로울 수 없다. 이런 의미에서 "가치의 문제는 어떤 경우든 형이상학적인 현실성 문제*Wirklichkeitsproblem*에 앞선다"[3]고까지 말할 수 있을지 모른다.

앞선 절의 이야기로 돌아가보자. 1935년 파리에서 열린 강연에서 후설은 유럽 학문의 위기 문제를 다뤘다. 그때 그가 주목했던 문제 중 하나는 학문의 동기를 추적하는 물음의 필연성이었다. 그는 그 물음을 유럽인들의 삶, 유럽 문화의 위기로부터 끌어낸다.[4] 슈펭글러의 '서구의 몰락'이 마치 하나의 유행어처럼 여겨지던 상황에서 그는 유럽 문화의 위기가 학문의 위기에서 비롯되었다고 진단한다. 학문이 자신에게 부여된 역할을 제대로 수행하지 못해 그 결과로 문화의 위기, 나아가 인간 삶의 위기를 초래했다는 것이다. 실증과학의 정신이 지배한 근대 학문이 학문 탐구에서 인간, 혹은 주관성의 문제를 배제시켰기 때문이다. 후설은 이러한 진단을 통해 학문의 본래 목적과 기능에 주목한다. 그가 고대 그리스의 인간상에 주목하고, 중세로부터 탈피한 르네상스의 혁신을 말했던 이유도 바로 그런 까닭에서다. 신비주의나 비합리주의에 맞서 인간 이성의 자율성과 책임을 강조한 후설은 학문이 바로 그런 인간형의 모범을 제대로 해명해야 한다고 생각했다.

후설과는 전혀 다른 선택을 했던 포퍼 역시 마찬가지다. 신비주의와 비합리주의가 팽배했다는 시대적 진단을 통해 포퍼가 주목한 것은 인간 이성의 초월적인 '능력'이 아니라 과학적 탐구의 절차적 방법이었다. 그가 방법을 강조한 것은 그것이야말로 오류 가능한 인간 이성의 불완전성을 극복케 할 최선의 방책이라고 믿었기 때문이다.

광범위한 자료 조사를 통해 학문의 기원을 사실적으로 재구성한 피쇼의 작업 역시 유사한 결론에 이르게 한다.[5] 그는 메소포타미아와 이집트 사람들이 축적한 경험적 자료들이 아무리 방대했다 해도 고대 그리스의 자유로운 민주주의적 정신이 없었더라면 과학은 결코 탄생하지 못했을 것이라고 말한다. 물론 그 역도 마찬가지겠지만 피쇼가 강조하고 싶었던 바는 학문이 그저 순수하게 '객관적'인 세계를 '있는 그대로 묘사하는 것'만으로는 성립하지 않는다는 점이다.

결국 학문의 동기를 어떤 식으로 물어가든 그 과정에서 공통된 문 젯거리가 드러난다. 다시 말해 학문적 탐구활동에서 인간 이성 자체를 신뢰하든, 혹은 인간 이성의 불완전성을 극복할 수 있게 방법론적 차선을 선택하든, 학문의 문제는 결코 인간의 문제와 유리되지 않는다는 것이다. 그것은 '동기'를 묻는 물음 자체가 결국은 인간의 문제와 관련 있기 때문이다.

물론 학문함의 동기를 인간의 문제와 관련시키는 것은 복잡한 논의를 끝내자는 이야기처럼 들릴 위험이 있다. 때때로 우리는 뜨거운 토론 중에 마치 마법에라도 걸린 사람처럼 아무 이야기도 못 할 상황을 만나 당황하곤 한다. 누군가가 아주 당연하기 때문에 중요한 것을, 그래서 아무도 말하지 않던 것을 말하는 경우가 그렇다. 학문이 인간의 문제와 유리될 수 없다는 것을 부정할 사람이 얼마나 있을까? 직접적으로든 간접적으로든 모든 학문은 인간의 문제와 관련 있다. 그런데 '그래서 뭐 어떻다는 것인가?' 서로 다른 주장을 하고 있는 상황에서 그 문제 상황의 심층으로 내려갔을 때 너무 뻔해서 서로 부인할 수 없는 합의점에 도달했을 때, 우리가 겪는 심리적 상황은 문제 해결의 실마리를 찾았다는 기쁨이라기보다 뭔가 중요한 차이가 슬그머니 소거되어버리는 바람에 합의를 강요당하는 것 같다는 당혹스러움이다. 결국 우리는 그 불편함을 해소하기 위해 차이가 나기 시작한 부분을 다시 찾아내려고 애쓰게 된다. 단순히 어떤 합의점을 마련하는 일만이 중요한 것은 아니다. 의문점 혹은 갈등을 해결하기 위해서는 같은 출발점을 공유하고 있는데도 도대체 어디서 차이가 나는지가 분명해져야 한다. 물론 그렇다고 그 최소한의 합의점이 무의미한 것일 수는 없다. 그것이 논의의 출발점이기 때문이다.

이제 학문의 동기를 묻는 물음의 맥락이 상이할 수 있다는 점을 받아들이고 시작해보자. 그러한 차이에도 불구하고 논의가 가능한 것은 그런 다양한 맥락을 얽어맬 공통의 지지대들이 있기 때문이다. 그것은 학문과 그 대상(세계), 그리고 학문적 탐구활동의 주체라는 세 관계항이다. 동기에 대한 물음은 이 세 관계항 각각에 대해 주어질 수 있다.

우선 앞에서 말했듯이 동기에 대한 물음이 가능성에 대한 분석이라는 점부터 확인해보자. 우리가 누군가에게 '그런 일을 하게 된 동기가 무엇인가?'라고 묻는다. 그 물음은 복합적인 의미를 담고 있다. '왜 그런 일을 하려는 생각이 들었느냐?'라는 의미이기도 하고, '그런 일을 할 수 있게 된 조건이 어떻게 갖추어졌느냐?'는 물음이기도 하다. 만약 대답하는 사람이 그 물음을 심리적인 의미에서 생각했다면, 그 행위의 목적이나 이유 등을 대답할 것이고, 그 물음을 사태 연관에서 파악했다면, 그런 생각에 이르게 된 주변 조건들이 어떻게 무르익었는지를 대답하려고 할 것이다. 카를로 진즈부르그가 보고한 사건 하나를 생각해보자.

르네상스가 그 결실을 맺기 시작할 무렵 1599년 이탈리아 프리울리 지방의 한 방앗간 주인이 종교재판에 회부되어 지난한 삶을 마감했다. 도메니코 스칸델라, 흔히 메노키오라고 불린 이 사람의 죄목은 불온하고 이단적인 생각을 공공연하게 여러 사람에게 떠들고 다녔다는 것이었다. 그의 주장은 성경의 창조론을 부정했다. 그는 우주가 성경에서 말하듯이 창조된 것이 아니라 본래부터 일종의 치즈와 같은 상태였다고 주장했다. 마치 치즈에서 구더기들이 '자연발생적'으로 생겨나듯이, 세상 만물이 치즈 같은 태초의 우주에서 생겨났다는 것이다.

제가 생각하고 믿는 바에 따르면 흙, 공기, 물 그리고 불, 이 모든 것은 혼돈 자체입니다. 이 모든 것이 함께 하나의 큰 덩어리를 형성하는데 이는 마치 우유에서 치즈가 만들어지고 그 속에서 구더기가 생겨나는 것과 같습니다. 이 구더기들은 천사들입니다. 한 지고지선한 존재는 아들이 하느님과 천사이기를 원했고, 그 수많은 천사 중에는 같은 시간대에 그 큰 덩어리에서 만들어진 신도 있었지요.[6]

진즈부르그에 따르면 메노키오는 어렵사리 글을 읽을 수 있게 되었고, 그 덕에 우연히 얻은 책들을 읽을 수 있었다. 그가 읽은 책들은 대부분 이교도들의 세계에 대한 여행기나 모험담을 담고 있었다. 하지만 당시에 평민의 신분으로 글을 읽을 수 있다는 것, 그리고 책에서 뭔가 새로운 지식을 얻는다는 것은 메노키오에게 대단한 자부심을 주었다. 결국 그는 자신이 평소에 겪은 경험과 '책'에서 알게 된 보잘것없는 지식늘을 버무려 그의 생명과도 바꿀 만한 귀중한 우주관에 도달하게 된다. 20여 년 동안 그는 여러 차례에 걸쳐 재판을 받는다. 때로는 자신의 주장을 철회하고 참회해 용서를 받았다가 다시 재판정에 끌려오기를 반복했다.

그가 그런 우주관을 갖게 된 까닭을 마치 물질적 세계의 인과적 관계처럼 말할 수는 없다. 그와 비슷한 처지에 있었던 사람들이 모두 그와 유사한 우주관에 이른 것은 아니기 때문이다. 원인을 묻는 물음과 동기를 묻는 물음은 그런 점에서 다르다. 동기를 묻는 물음은 문제가 되는 사태의 가능성을 묻는 것이지 필연성을 묻지 않는다. 메노키오는 마침 글을 읽을 수 있었으며, 또 그가 자신의 독특한 우주관을 형성하는 데 필요한 지식과 경험들을 보유할 수 있었다. 그런 사실들이 메노키오가 자신의 우주관을 형성할 수 있게 해주는 가능 근거들이라고 할 수 있다. 고대 그리스에서 과학이 탄생할 수 있었던 이유 중 하나는 민주주의라는 사회 문화적 풍토 덕이었다. 또 아무리 그런 사회 문화적 풍토가 갖춰졌다 해도 학문이 가능할 수 있는 경험적 자료들이 축적되지 못했다면 과학의 탄생은 이뤄지지 못했을 것이다. 다시 말해 그런 조건들이 성숙하지 못했다면 고대 그리스에서 과학적 사유는 몽우리를 피우지 못했을 수도 있다. 이렇듯 학문의 동기를 묻는 물음이 학문이 발생하게 된 인과적 필연성을 묻는 것은 아니지만 그렇다고 해서 학문을 순전히 우연의 공적으로 돌리려는 것도 아니다. 오히려 필연성은 가능성의 한 양상이라고 할 수 있다. 필연성은 순수한 우연의 반대쪽 극단, 즉 가능성의 스펙트럼에서 한쪽 극단이기 때문이다. 따라서 동기 관계에 대한 분석은 한 사건의 발생 가능성을 다양한 문맥에서 볼 수 있게 해준다.

학문의 동기를 묻는 물음들은 크게 세 가지 관점에서 다룰 수 있다. 우선 '학문'이라는 추상적이고 논리적인 구성물이 그 자체로 어떻게 가능한가이다. 이는 '학문'이라고 불리는 이론적 구조물의 설계도를 해명하는 일과 같다. 학적 이론의 주춧돌이 되는 지식에서 시작해 말단에서 끊임없이 유동하는 경험적 지식에 이르기까지 학적 이론의 논리적 구성을 해명하고 이해하려는 태도다. 두 번째, 학문의 가능 근거를 묻는 또 다른 문제의식은 의미론적인 것으로, 탐구의 대상이나 존재자들이 어떻게 학적 탐구의 대상으로 주어질 수 있는가를 물을 수 있다. 이는 대상론*Gegenstandeslehre*이나 존재론*Ontologie*의 물음이다. 동기에 대한 물음이 갖고 있는 세 번째 측면은 학적 탐구활동의 주체가 왜 그런 활동을 하는지를 일종의 심리학적 측면에서 묻는 것이다. 그리고 이러한 물음에 대한 대답 가운데 직관적으로 가장 분명해 보이는 것이 바로 아리스토텔레스의 '경이*thauma*', 즉 '호기심' 내지는 '세계에 대한 앎의 욕구'다.

자신이 살고 있는 세계에 대해 물음을 던지는 가장 근본적인 동기는 자신을 둘러싸고 있는 낯선 것들을 이해하기 위함이다. 이러한 동기는 사실상 가장 근본적이고 그래서 자연스럽기까지 하다. 낯선 것

학문의 진화

들을 이해하려는 것은 개체 혹은 집단이 주변 환경에 적응하고, 자신과 타자 사이의 관계를 설정하기 위해서다. 인간이 자기 주변 세계에 대해 갖는 이러한 지적이고 심리적인 욕구는 신화를 통해 분명하게 드러난다. 신화 속 이야기들은 인간의 현재가 어떻게 가능한지를 설명한다. 또 사물과 질병의 기원, 그리고 치유의 기원에 대해서도 이야기를 전한다. 기원에 대한 앎은 인간을 둘러싼 타자들과 인간 사이의 관계를 이해할 수 있게 해주기 때문이다. 그래서 에른스트 토피치는 신화적 이야기를 두고 다음과 같이 말한다.

전체적으로든 혹은 부분적으로든 그러한 유비를 통해 세계의 발생을 표현하는 것은 단순히 세계 발생 사건을 제한된 삶의 영역의 친숙한 현상들에 비교함으로써 '이해하기 쉽게' 만드는 것만은 아니다. 이러한 종류의 '설명'은 오히려 아주 현저할 정도로 우주에 대한 평가다. (…) 사물들은 타자라는, 낯선 것이라는 혹은 '친숙한 것이 아닌' 것이라는 성격을 잃게 된다. (…) 인간도 우주 속에서 고향을 갖게 되는 것이다.[7]

신화적 이야기가 갖는 이러한 기능들은 우리가 학문에 대해 요구하고 있는 것과 같다. 그것은 일종의 설명적 요구다. 즉 세계 속에 존재하는 것들의 의미를 이해하려는 것이다. 메노키오가 자신만의 고유한 우주론을 갖게 된 것 역시 그러한 요구에 대한 자연스러운 반응이었을지도 모른다. 다시 말해 세계의 존재자들을 이해하고, 존재자 간의 관계를 '설명'하려는 요구는 단순히 개인의 심리적 욕구 이전에 인간 문화의 근원적 요구라고 할 수 있다. 아리스토텔레스가 학문의 시작을 호기심과 '경이'로부터 설명한 것이나, 르네상스적 지식인들이 자연에 대해 경건한 호기심을 갖게 된 것이 그저 특별한 우연은 아니다. 따라서 인간 자신과 우주에 대한 이런 근원적인 설명 요구가 학문의 발생적 기원이라고 말하는 것은 아주 자연스럽다. 문제는 그런 설명적 요구들이 어떤 형태로 변화하는가이다.

과학사가인 스티븐 메이슨에 따르면[8] 근대가 시작되기 전 과학적 전통이 존재했는지에 대해 명료한 답을 하기란 어렵지만 '과학의 뿌리'가 문명 이전부터 있었다고 말하는 것은 어렵지 않다. 문명 이전에도 어떤 종류의 '기술technique'과 개념들이 존재할 것이라 추정하는 일에는 어떠한 역사적 증명 부담도 없기 때문이다. 그러나 메이슨이 '과학의 뿌리'라는 말을 통해 구분하고자 하는 것, 즉 한편으로는 '과학'과 다른 한편으로 과학의 '뿌리'에 대한 구별은 우리가 '과학'이라 부르는 특정한 경향의 학문이 지닌 고유성을 암묵적으로 전제함을 뜻한다. 사실 근대 이전의 과학은 아직 종교, 신앙, 심지어 주술과도 선명하게 구분되지 않았다. 메이슨이 이렇게 은연중에라도 과학을 그 이전 형태와 구분하는 이유는 분명하다. 근대 과학은 자신의 이전 형태를 철저하게 거부함으로써 자기 정체성을 확립했기 때문이다.

한편, 근대 과학과 그것의 역사적 이전 형태를 구분함에도 불구하고 과학의 뿌리를 찾는 이유는 다른 데 있다. 메소포타미아와 이집트의 측량술 및 천체 관측, 혹은 고대 그리스의 자연철학으로부터 근대 과학에 이르기까지 과학의 역사적 스펙트럼을 확장할 수 있는 까닭은 근대 이후의 과학과 그 이전의 학문들 사이에 모종의 연속성이 있기 때문이다. 가령 과학이든 혹은 형이상학이나 신화든 모두 '세계를 설명하려는 시도'였다는 점이 그렇다. 르네상스적 지식인들에게, 또 양자역학의 선구자인 하이젠베르크에게도 많은 영감을 주었던 플라톤이 우주 발생에 대해 이야기한 것을 들어보자.

신들 중의 신들이여, 내가 피조물(제작물)들인 그대들을 만든 이요 아버지이니, 나로 해서 생긴 것들은 내가 원하지 않고서는 해체될 수 없느니라. 실은 결합된 모든 것은 해체될 수 있지만, 그야말로 훌륭하게 조화를 이루고 좋은 상태에 있는 것을 해체하고 싶어하는 것은 악한 자나 할 짓이니라. (…)

이런 것들을 일러준 다음에, 그는 그 안에서 우주의 혼을 혼합해 섞었던 이전의 혼합 용기에다 이전 것들 중에서 남은 것들을 거의 같은 방식으로 섞어서 다시 부었지만, 이번 것은 더 이상 똑같은 상태로 순수한 것이 못 되고, 두 번째나 세 번째 단계의 것입니다. 그리고 그는 전체를 혼성한 다음, 그것을 별들과 같은 수의 혼들로 나누어 각각의 혼을 별에 분배해주었습니다.[9]

실제로 천문학자인 사람이 별들의 운행을 바라보게 될 때도 같은 느낌을 갖게 되리라고 자네는 생각지 않는가? 이와 같은 제작물들이 으레 가능한 한 최대한으로 훌륭하게 구성되듯, 그렇게 이 하늘과 그 안에 있는 것들도 하늘의 창조자dēmiourgos에 의해서 구성되었다고 그는 믿을 걸세. 그러나 낮에 대한 밤의 비율, 달에 대한 주야의 비율, 해에 대한 달의 비율, 그리고 이것들에 대한 다른 별들의 비율 및 별들 상호 간의 비율 등, 이런 것이 물체이고 눈에 보이는 것들이기에, 언제나 한결같은 상태를 유지하고 결코 어떻게든 조금이나마 이탈하는 일이 없을 것이라고 믿는 사람을, 그리고 이것들의 진실을 어떤 방식으로든 파악하려는 것을 그가 이상하게 여길 것으로 생각지 않는가?[10]

오랜 역사를 지닌 민족들에게서 발견할 수 있는 창조 신화는 예외없이 세상 만물과 인간의 현실을 설명한다. 고대의 자연철학자들도 마찬가지로 세계를 설명하고자 했다. 현대의 과학자들 또한 예외는 아니다. 비록 이 세계를 설명하는 방식이나 그런 설명을 위해 끌어들이는 모델에서는 차이가 있다 하더라도, 한결같은 점은 어떤 방식으로든 세계를 설명하려는 시도가 계속되어왔다는 것이다.

에른스트 카시러는 인간의 지적 탐구활동의 연속성을 '일반적 구조 원리'라는 개념을 통해 설명하고자 했다.[11] 인간의 모든 활동은 역사적, 사회적 상황이라는 조건을 갖지만, 역설적으로 만약 우리에게 일반적인 구조 원리가 없다면 그 개별적인 조건들을 제대로 이해하지 못하리라는 것이다. 물론 문제의 그 구조 원리가 무엇인지에 대해서는 생각이 다를 수 있다. 카시러처럼 상징 형식 *symbolische Form*일 수도 있고, 후설처럼 인간 의식의 근원적인 존재 방식인 지향성 *Intentionalitaet*일 수도 있다. 이러한 차이에도 불구하고 분명한 것은 어떤 형식으로든 세계를 '설명'[12]하고자 하는 인간의 현실이다. 학문의 동기 역시 이런 인간 현실로부터 멀리 있지 않다.

———

설명 모델과 화용론

———

우리가 어떤 사건이나 현상에 대해 설명을 요구하거나 설명하려는 것
은 일차적으로 그 현상을 '이해'하거나 혹은 '이해'시키려는 의도 아
래서 행해지는 지적인 행위다. 만약 우리가 이러한 생각을 받아들인
다면, '좋은' 설명이란 문제가 되는 현상을 잘 이해하도록 해주는 설
명이다. 그런데 이때 '좋다'라는 평가적 개념은 우리가 어떤 인식틀을
갖고 있느냐에 따라 달라질 수 있다. 앞선 절에서 다룬 토머스 쿤의
표현을 빌리자면, '패러다임의 내재적 기준'에 따라 평가가 이루어진
다고 할 수 있다.

판 프라센은 우리가 흔히 말하는 설명은 대개 화용론pragmatics적
성격을 띤다고 주장한다.[13] 좋은 설명을 위해서는 설명을 요구하는
문제나 질문 자체만이 아니라 그런 질문을 던지고 대답을 기대하는
사람을 고려해야 한다는 것이다. "왜 아담이 사과를 먹었는가?"라는

질문을 예로 들어보자. 이 질문은 문맥에 따라 다른 의미를 지닌 문장으로 읽힐 수 있으며, 그에 따라 상이한 대답들이 가능하다. "왜 아담이 사과를 먹었는가?"라는 물음은 어디에 강조점을 두어 읽느냐에 따라 다음과 같이 달리 읽힐 수 있다.

① 왜 "아담이" 사과를 먹었는가?
② 왜 아담이 "사과를" 먹었는가?
③ 왜 아담이 사과를 "먹었는가"?

이렇듯 각각 다른 곳을 힘주어 읽으면 그 의미는 다음과 같이 변화한다.

① 사과를 먹은 사람이 왜 하필 아담인가?
② 아담이 먹은 것이 왜 하필 사과인가?
③ 아담은 사과를 왜 하필 먹었는가?

일상의 대화에서도 우리는 동일한 문장을 누가 말하느냐에 따라 그 문장의 의미가 달라지는 경우를 보곤 한다. 언어학적 의미에서 화용론은 우리가 사용하는 언어와 그 언어에 대응하는 대상만이 아니라 그 언어를 사용하는 사람까지 고려할 때 비로소 그 언어의 의미를 온전히 이해할 수 있음을 주장한다. 설명도 마찬가지다. 한 설명이 의미있게 들리려면, 설명되는 대상과 설명 자체만이 아니라 그 설명과 관련된 사람들을 고려해야 한다.

바닷물이 짠 이유에 대해 유치원 아이들에게 바닷물을 화학적으로 분석하고, 혀의 수용체에 관한 전문적인 지식을 동원해 설명할 수는 없다. 반면 화학을 전공하는 이들에게 바다에는 소금을 만들어내는 맷돌이나 공장이 있다고 말할 수도 없다. 무언가를 전달하고 공유하려 하지만 무의미한 행위가 되기 때문이다. 결국 질문에 대한 여러 가능한 대답 중 만족스러운 것은 질문자의 의도와 질문자가 이해할 수 있는 지적 수준에서 결정된다. 이러한 화용론적 모델은 과학적 설명은 물론이고, 과학 이전의 비과학적 '지식 체계'에 대한 평가 문제에서도 중요하게 작동한다. 물론 누군가는 바닷물이 짠 이유를 두고 어린아이에게 맷돌에 관해 이야기해주는 것은 결코 설명이 아니라고 할지 모른다. 좀더 정확히 말해보라고 하면, 맷돌에 관한 이야기는 지식이라고 할 수 없으므로 결코 '참된' 설명이 아니라고 말할 것이다. 그러나 우리의 잘못된 믿음들을 끊임없이 제거해온 과학 발전의 역사가 우리에게 가르쳐준 사실 중 하나는 바닷물의 화학적 구조와 혀의 수용체에 관한 우리의 '지식' 역시 언제든 오류 가능한 믿음일 수 있다는 것이다. 물론 이런 이야기가 과학이 우리 조상들이 믿었던 신화나 전설과 같은 것이라고 말하려는 것은 아니다. 우리는 차이에 주목할 수도 있고, 동일성에 주목할 수도 있다. 한 철없던 아이가 어른이 되었을 때, 그 성숙한 어른과 철없던 아이가 같은 사람이라 할지라도 여전히 우리는 철 없는 아이와 성숙한 어른, 두 사람에 대해 이야기할 수 있다.

신화와 형이상학 그리고 과학을 세계를 설명하는 일종의 연속적인 모델 체계로 보는 것은 설명의 화용론적 구조를 염두에 두기 때문이다. 병의 원인과 관련하여 세균과 바이러스를 모르는 사람들에게 더 호소력 있는 설명 모델은 사악한 주술과 나쁜 의도를 가진 적을 끌어들이는 것이다. 실제로 현기증 날 정도의 속도로 발전하고 있는 인류 문명의 현주소에서도 여전히 주술에 의지해 병을 치료하려는 행위는 곳곳에서 목격된다. 환자가 그런 설명을 이해하고 나서 병을 이겨내기 위해 해야 하는 행동들을 따른다면, 그리고 우연히도 병이 낫는 일이 일어나면 그 환자는 병의 원인에 대한 설명이 성공적이었다고 생각할 수밖에 없다. 설명이 이렇게 화용론적인 것은 우리가 받아들여야 하는 문화적 현실이자, 동시에 학문 현실이기도 하다.

신화와 형이상학 그리고 과학은 인류가 이제껏 각각의 문화 단계에서 세계 전체를 해명하고자 할 때 생각해냈던 모델들이다. 이 모델들의 공통점은 설명의 동기, 즉 우리가 부딪히는 현실을 이해하기 위해 그 현실을 기원으로부터 재구성하는 것이다. 물론 재구성의 과정은 상이할 수 있다. 시간 축에 순방향일 수도 있고, 역방향일 수도 있다. 현대 과학처럼 현재 남아 있는 흔적으로부터 거슬러 추적해서 빅뱅Big Bang의 순간을 포착할 수도 있고, 창조의 신화들처럼 출발점이 어떠했는지를 묘사하는 것으로부터 시작해서 현재가 구성될 수도 있다.

세계를 설명하려는 모델들은 시대의 지적 성숙도에 따라 다음 모델에게 주도권을 넘겨준다. 신화에서 자연철학적 형이상학으로, 자연철학적 형이상학으로부터 논리적 형이상학으로, 다시 형이상학으로부터 과학으로. 이런 일련의 과정은 인류 문명과 문화의 전개 양상과 무관하지 않다. 사실은 무관할 수 없다고 말해야 옳다. 그 모델들이 세계에 관한 가장 기초적인 설명틀인 한, 문화의 방향에 가능성을, 그리고 같은 의미에서 학문의 동기를 제공하기 때문이다.

세계에 대한 설명 모델을 화용론적 관점에서 접근하는 것은 본질적으로는 학문이 인간의 활동이라는 점을 강조하기 위함이다. 그런 점에서 현대 첨단 이론물리학의 현장에 있는 인물의 이야기에 귀를 기울일 만하다.

한 가지 가능한 대답은 신이 우리가 도저히 이해할 길 없는 이유로 우주의 시초 상태를 선택했다는 것이다. (…) 그러나 만약 신이 우리가 전혀 이해할 수 없는 방식으로 우주를 시작했다면 우리가 이해할 수 있는 법칙에 따라 우주가 진화하도록 선택했을까? 과학의 전 역사는 모든 현상(사건)이 임의의 방식으로 일어나는 것이 아니라 어떤 내재하는 질서—신이 불어넣었건 아니건 간에—에 따라 일어남을 점차로 깨닫게 해주었다. 이 질서는 오직 법칙에만 있는 것이 아니라, 우주의 시초 상태를 규정하는 시공간의 경계 조건에도 있어야 할 것으로 자연스럽게 상상된다. 법칙에 따르는 여러 시초 조건을 가진 우주 모델이 허다하게 있을 수 있다. (…) 그러나 가령 매끈한 구역에 한해서 은하나 별의 형성이 가능하고, 또 우리 인간처럼 '왜 우주는 이처럼 매끈한가?'란 질문을 할 수 있는, 자기 재생산이 가능한, 복잡한 유기체가 발달하기에 알맞은 조건이 이루어진다고 상상해보자. 이것은 인간 원리anthropic principle로 알려진 것이 적용되는 하나의 실례인 것이다. 인간 원리는 '우리가 현존하기 때문에 있는 그대로의 우주를 본다'고 바꿔 말할 수 있다.[14]

스티븐 호킹이 소개하고 있는 이런 이야기는 카시러가 말한 일반적인 구조 원리까지는 아니더라도, 혹은 신과 우주 창조에 관련된 예민한 논쟁거리는 피하더라도, 세계를 이해하는 일에 있어 인간 자신을 배제했던 근대 과학의 설명에서 모종의 한계 지점을 예증해 보이고 있다. 현대 과학이 지식의 한계를 밀어내는 그 첨단에서 다시 인간을 묻기 시작한 것이다. 따라서 인문학은 몰라도 자연과학은 인간의 문제와는 상관없는 길을 갈 수 있다고 믿는 통념은 잠시 유보해놓자.

신화로부터
형이상학으로

우리에게 어떤 사건의 발생을 설명하는 전형적이고 친숙한 모델은 인과적 설명 양식이다. 사건의 원인을 밝힘으로써 결과로 일어나는 사건이 왜 일어나는지를 이해하도록 해주기 때문이다. 데이비드 흄이 예로 든 바람에 유명세를 탄 당구공처럼, 가만히 있던 당구공이 움직였다면, 그 원인은 다른 당구공이 와서 부딪혔기 때문이다. 우리는 한 당구공이 움직이게 된 사건을 인과적 관계로 파악한다. 나아가 그런 관계에 의지해서 충돌을 일으키는 당구공과 그 공에 의해 움직이게 되는 당구공의 궤적을 예상할 수도 있다. 마찬가지로 인간의 몸에는 온갖 종류의 질병이 일어난다. 그 질병의 원인을 진단할 수 있다면, 환자의 상태를 설명하고, 나아가 그 환자를 건강한 상태로 만들기 위해 어떤 조치를 취할 수 있게 된다.

인과적 설명 양식의 장점은 설명항과 피설명항, 즉 원인 사건과 결과 사건 사이에 모종의 필연성을 가정할 수 있게 해준다는 것이다. 이 필연성에 대한 이해는 사건의 발생을 납득케 해주는 것은 물론 향후에 유사한 사건이 발생했을 때 어떤 결과가 나올지를 예측하게끔 해준다. 이러한 인과적 설명에 담긴 사고 작용은 생존에 관계된 문제인 듯 보이기도 한다. 인간이 아닌 다른 동물들에게서 그들이 인과 추리를 하고 있다고 짐작케 하는 행동 양식을 발견하는 것은 그리 어려운 일이 아니다. 고슴도치에게 호되게 당해본 경험이 있는 호랑이라면 굶어 죽기 직전이어서 물불을 가리지 않는 상황이 아닌 한, 잔뜩 긴장하고 가시 같은 털을 곤추세운 고슴도치에게 무작정 달려들지는 않는다. 달리 말하면 인과 추리는 이론적 요구 이전에 작동하는 가장 원초적인 형태의 사유 형식일 수 있다.

세계에 대한 원초적인 인과적 설명 양식의 가장 일반적인 전형은 신화myth다. 미르체아 엘리아데는 고대 사회의 신화가 지닌 일반적 특성과 기능을 다음과 같이 정리한다.[15]

① 신화는 초자연적인 존재자의 행위의 역사를 구성한다.
② 이 역사는 실재에 관련되어 있기 때문에 절대적으로 진실하며, 초자연적 존재자의 위엄이기 때문에 신성하다.
③ 신화는 항상 '창조'와 관련이 있다.
④ 신화를 앎으로써 인간은 사물의 '기원'을 알고, 그렇게 함으로써 그것을 자기 의지대로 통제 조작할 수 있다고 믿는다.
⑤ 인간은 상기하거나 혹은 재연되는 신성한, 고양된 힘에 의하여 사로잡힌다는 의미에서 어떤 방식으로든 신화를 살고 있다.

학문의 진화

신화는 우리에게 기원에 대한 앎을 제공한다. 우리가 살고 있는 세계와 주변 현실의 기원(원인적 힘)에 대한 지식을 제공하는 것이다. 신화적 사유에서 이런 기원에 대한 앎은 곧 모종의 '힘'을 상징한다. 예컨대 주술사가 환자를 치료할 때는 어떻게 해서 질병이라는 게 세상에 생겨났는지를 밝히고 그 치료의 역사를 밝힌다. 이러한 의례ritual 행위는 그 행위를 ↑행하는 주체에게 치유의 힘을 부여한다. 엘리아데가 보고하는 사례를 보자.[16] 티베트의 한 민족인 나키족의 경우, 환자를 치료하기 위한 치료 의례를 위해서는 가루다의 힘을 빌려야 한다. 이에 주술사는 최초의 샤먼이었던 드토무바가 신화시대에 가루다의 도움을 받아 나가를 처음으로 공격했던 역사를 말하게 된다. 이때 중요한 점은 가루다의 도움을 받기 위해 그를 언급하려면 가루다의 탄생에 관한 역사를 말하지 않으면 안 된다는 것이다. 이러한 일련의 치료 의례에서 세계 창조가 요약된다.

> 하늘이 나타날 때 해와 달, 별, 유성, 지구가 배치되고, 산, 골짜기, 나무, 바위가 나타날 때 나가Nāga와 용들이 태어났다……[17]

이러한 창조 신화를 암송하는 까닭은 그런 행위 자체가 치료를 행하는 자에게 권위를 부여해주기 때문이다. 우리가 병원에서 의사의 말에 귀를 기울이고, 그의 조치를 수용하는 이유는 그가 질병의 원인을 알고 있는 자, 즉 특별한 '권위'를 지닌 자라고 여기는 것과 마찬가지다. 따라서 나키족의 주술사는 역사를 암송하고 있어야 하며 또한 자신의 행위가 무엇을 의미하는지를 충분히 이해하고 있어야만 한다.

나키족의 사례가 보여주듯이 질병에 대한 주술적인 치료 과정에는 그 질병의 발생사에 관한 설명적 과정이 포함되어 있다. 다만 이러한 설명이 현대 의학이나 자연과학적 설명과 다른 점은, 그것이 이론적 가정이나 가설에 기초하지 않고 역사적이며 신성한 사실이자 진리라는 것이다.

자신이 처한 현실이나 세계의 발생에 대한 신화적 설명 모델이 그 시대 사람들에게 어떤 방식으로든 설명적 기능을 했으리라는 점은 의심할 여지가 없다. 어떤 설명 체계를 수용할지를 결정하는 것은 그 결정의 주체인 공동체가 받아들이고 있는 배경 지식에 의존한다는 점에서 신화는 그 당시 문화 공동체들에게 있어 가장 적합한 설명 모델이었을 것이다. 신화는 사람들에게 심리적이고 정서적인 안정감을 줄 뿐만 아니라, 우주에서 인간의 위치를 가늠하게 해주기 때문이다. 신화를 통해 우리는 우주 속에서 낯선 존재가 아니라, 우주 전체와 연결되어 있는 존재임을 깨닫는다.

이로부터 우리는 신화시대의 주술사가 지닌 '지식'은 오늘날 우리가 믿고 있는 자연과학적 지식에, 그리고 제사와 같은 어떤 특별한 의례 행위들은 그런 과학적 지식을 현실에 실현시키는 기술technique에 비유할 수도 있을 것이다.[18] 문화인류학자들이 고대의 흔적을 간직한 원주민들에 대한 조사에서 발견한 많은 주술적 의례 행위는 오늘날 우리가 이 세계를 이해하고 있는 자연과학적 지식들과 거의 동일한 기능을 맡고 있다. 다만 주술적 의례 행위에는 신성성이 담겨 있지만 오늘날의 기술에는 아무런 신성성도 없다는 점만이 다를 뿐이다.

엘리아데가 예리하게 분석했듯이 신화적이고 종교적인 열정이 비록 하나의 흔적으로만 남았다고 하더라도, 그것이 그저 향수를 불러일으키는 과거의 증거이기만 한 것은 아니다. 그래서 "순수한 상태로서의 비종교적 인간이란 심지어 가장 탈신성화된 근대사회에서조차 비교적 드문 현상"[19]이라고까지 말할 수 있을 것이다. 과학적 합리성이 지배하기 시작한 세계에서도 신화적 사유를 발견하는 일이 어렵지 않다면, 신화를 대체한 형이상학에서 그 흔적을 발견하는 것은 더더욱 쉬운 일이다. 토피치는 그런 신화적 흔적들이 "신화를 합리화하는 과정을 통해 성립된 신학적-형이상학적 사변들에 대해 직접적으로 근본적"이라고까지 말한다.[20] 가령 우주를 창조주가 지배하는 일종의 제국으로 이해하는 신화들의 흔적은 일원론적 형이상학에 그 자취를 남긴다. 그래서 토피치에 따르면 스토아 형이상학이나 스콜라 형이상학에서 바로 그 이전의 유일신 숭배의 영향력을 확인하는 일은 결코 어렵지 않다.

　신화적 설명 양식과 형이상학적 설명 양식 사이의 이러한 유사점에도 불구하고 우리는 신화적 세계관으로부터 형이상학적 세계관으로 이행하는 과정에서 신화와 형이상학 사이의 차이를 보게 된다. 다시 말해 밀레토스의 현인들이 우주의 근원적 물질과 원리*arche*를 찾아가는 과정을 보면서 우리는 설명을 검증하는 방식에서 근본적인 변화가 생겨났음을 눈치채게 된다. 이는 우선 신화를 통해 특정한 기능을 수행하던 것들이 더 이상 작동하지 않았기 때문이다. 예컨대 주술사들이 의례 중 신화를 암송하면서 확보하게 되는 진실과 권위가 더 이상 작동하지 않는 것이다.

이제 엘리트들은 본질적인 것을 신의 역사에서는 더 이상 찾을 수 없고 그 역사에 선행하는 '원초적 상황'에서 찾아야 한다. 우리는 신의 역사로서의 신화를 넘어 실재가 흘러나온 원초적인 근원에 도달하고 존재의 모태를 찾으려는 시도를 목도하게 된다. 철학적 사색이 창조 신화와 얼마 동안 합치하는 것은 그 원천, 원리, 시초의 탐구에 있어서이지만 그것은 이제 창조 신화에서가 아니고 존재론의 문제가 되었다.[21]

엘리아데가 그리스에서 서양 철학이 뿌리내리게 된 상황을 두고 내린 평가는 당시의 자연철학뿐 아니라 그 이후 중세를 거쳐 근대에까지 유지된 형이상학적 사유에 대해서도 유효하다고 할 수 있다. 낯선 세계를 친숙한 것으로 만들고자 하는 실존적 요구에서 시작된 신화적 '학문'이 이렇게 변화의 도정에 들어서자마자 '세계의 질서'는 다른 질서로 대체된다. 그리고 이 새로운 질서는 과거의 신과는 다른 새로운 권위를 요구한다.

신화적 설명 모델을 대치한 형이상학적 세계관(중세의 신학적 세계관에 대해서는 다른 차원의 논의가 필요하겠지만)에 있어서는 논리적인 의미의 합리성이 체계 선호도를 결정짓는 중요한 평가 기준이 된다. 그것은 신화의 상징적이고 비유적인 이야기에서 벗어나 순수한 개념적 사유의 시작을 알리는 것이기도 하다. 세계의 기원을 설명해주는 존재자를 찾았던 밀레토스 학파의 자연철학은 아직 신화적 사유의 흔적에서 완전히 벗어나지 못했다. 아리스토텔레스는 그런 자연철학으로부터 형이상학을 이론적으로 분리해낸다. 그것은 기원의 문제를 찾

학문의 진화

는 일과는 달리 논리적 추론을 통해 개념의 가능성을 분석해내는 작업이기도 했다.

그러나 영원하고 불변적이며 따로 떨어져 존재할 수 있는 어떤 것인가가 있다고 할 것 같으면, 그것에 대한 인식은 분명코 이론학의 소관사여야 한다—그러나 그것은 자연학의 소관사도 아니요, (…) 수학의 소관사도 아니다: 그것은 이 양자에 앞서는 학문의 소관사다. 자연학의 대상은 따로 떨어져 존재하긴 하지만 불변적이지는 않은 것들이요, 수학 가운데에는 불변적이긴 하지만 따로 떨어져 존재하는 것들이 아니라 질료에 터잡고서만 존립할 수 있을 뿐인 것들을 다루는 부분도 있기 때문이다: 그러나 제1학문의 대상은 따로 떨어져 존재함과 동시에 불변적인 것들이기 때문이다.[22]

세계를 설명하는 형이상학적 사유의 완성태에 가까운 모델은 고트프리트 라이프니츠에게서 볼 수 있다. 예컨대 모든 모순이 제거된 정의definition에 도달하려는 라이프니츠의 형이상학적 모델은 모순 없는 체계 속에서 존재하는 것들의 위상을 설명함으로써 세계로 이르는 인간의 논리적 이성의 접근 통로를 만드는 것이었다. 이는 신화적 이야기를 통해 사물의 기원을 밝힘으로써 사물과 인간 사이의 관계를 재설정하려는 작업과는 확연히 달랐다. 라이프니츠의 형이상학적 설명 모델은 그에 앞서 이미 중세와는 결별한 채 새로운 사유 양식을 제공한 니콜라우스 쿠자누스보다도 논리적 사유를 더 극단으로 밀고 나갔다.[23] 라이프니츠는 모나드monad 개념을 통해 세계의 발생에 관한 멋

진 설명 모델을 제공한다.[24]

① 우리가 여기서 이야기하려고 하는 모나드는 복합적인 것들을
이루는 단순 실체들 외에 다름 아니다. '단순하다'는 것은 부분
을 갖지 않는다는 것을 뜻한다.

② 복합적인 것들이 있기 때문에 이러한 단순 실체가 있음에 틀림
없다. 왜냐하면 복합적인 것들은 단순한 것들의 모임 내지는 집
적 외에 다름 아니기 때문이다.

③ 부분이 없는 곳에는 연장이나 형태도 없으며 어떤 분할도 가능
하지 않다. 그래서 이 모나드들이야말로 자연의 참된 아톰Atom
이며, 간단히 말해 사물의 요소인 것이다.

(…)

⑥ 그래서 모나드들은 오직 단번에 시작해야 하고, 또 그렇게 끝
나야 한다고 말할 수 있는 것이다. 말하자면, 모나드들은 오직
창조를 통해서만 존재하기 시작할 수 있고 오직 종말을 통해서
만 존재하기를 중지할 수 있을 뿐이다. 반면 복합적인 것들은
부분들이 모여 하나를 이룸을 통해 시작하고 부분들이 흩어지
는 것을 통해 끝나게 되는 것이다.

아름답다고까지 할 이 치밀한 논증 과정은 개념의 분석으로부터
시작된다. 그래서 우리가 복합적인 것들의 존재를 받아들이는 한, 그
리고 그런 경험적 확신이 하나의 이론 모델을 필요로 하는 한, 우리는
라이프니츠가 '모나드'라고 부른 어떤 단위unit, Einheit—이름을 무엇이

라 부르건―를 인정하지 않을 수 없을 듯하다. 개념적 분석과 논리적인 정당화를 시도하는 논증은 우리 이성에 제시된 모델을 받아들이라고 설득한다. 이는 신화의 시대에 주술사가 태곳적 이야기에서 시작해 현재에 이르는 거대한 역사를 낭송함으로써 우주의 질서를 말하는 체계의 권위를 받아들이라고 강요하는 것과는 전혀 다른 종류의 것이다. 물론 이러한 설득의 대가는 결과적으로 세계의 신성성을 희석시키는 것이었다.

발전의 과정 속에서 언어는 좀더 정교해지고 복잡해진다. 동시에 언어가 의사소통의 수단인 것과 마찬가지로 그러한 언어적 서술에 도움이 되는 것들 역시 더욱 정교해진다. 하지만 이렇게 해서 언어는 무엇보다도 세계에 대한 '마술적인 관여magischen Teilhabe'의 측면을 점점 더 잃어버리게 된다.[25]

대니얼 러더퍼드가 정확하게 들춰냈듯이, 라이프니츠가 생각한 참된 형이상학의 방법은 분석을 통해 모순이 없는 개념 정의에 도달하는 것이었다.[26] 따라서 정치적이고 종교적인 권위와는 다르게 형이상학적 체계에 있어서는 논리적 의미의 합리성이 체계의 선호도를 결정짓는 중요한 평가 기준이 된다. 이러한 변화를 이해하기 위해 하나의 가설적 상황을 생각해낼 수 있다.

역사의 진행 속에서 일어난 문화 교류는 점진적으로 세계에 대한 일종의 설명 체계로서 신화를 포함하는 상이한 문화, 상이한 세계관들의 충돌을 야기한다. 이러한 충돌의 결과로 선호되거나 강요되는 세계관은 그러한 선택에 대한 정당화를 필요로 한다. 예컨대 중세 유럽은 좀더 발달된 문명이었던 중동 지역의 영지주의Gnosticism나 지리상의 발견을 통해 알게 된 이교도들의 세계관에 대해 어떻게든 대처해야 했다. 그 대처 방식은 이론적일 수도, 또 실천적일 수도 있다. 경우에 따라서는 무자비한 폭력적 대응이 일어나기도 한다. 간단히 말해 세계를 설명하는 모델로서의 형이상학적 체계는 순수하게 개념적 사유만 가지고서도 이를 수 있는 어떤 극한점을 보여주게 된다. 그러나 유감스럽게도 무모순성이 곧바로 '유일한' 진리로 간주될 수는 없다. 그런 체계는 이성적으로 구성 가능한 세계 모델의 한 사례일 뿐이다. 다시 말해 형이상학적 체계는 인간 이성의 합리성에 호소함으로써 문화적 상대성을 극복할 수 있었지만 그 대가로 신성한 종교적 신화가 제공해주던 '유일성'을 내놓아야만 했다.

본래 신화적 설명 모델과 형이상학적 설명 모델이 지닌 공통점은 세계의 타자성을 탈각시키는 것이었다. 이러한 공통점을 엘리아데는 다음과 같이 요약한다.

본질적인 것은 거대한 원천으로 되돌아감에 의해 도달된다. 이러한 의미에서 가장 오래된 철학적 사색은 신화로부터 파생한다고 말할 수 있고, 체계적 사색은 창조 신화가 전해주는 '절대적 시작'을 탐구하고 이해하려는 것이며, 세계 창조의 신비, 단적으로 말하면 실재 출현의 신비를 벗기려고 노력하는 것이다.[27]

물론 신화와 형이상학은 기원의 해명 방식에서 사뭇 다른 전략을 취한다. 신화적 모델이 모든 존재의 '진실한' 시작을 역사적 사실로 수용하려는 데 반해 형이상학적 모델은 그 '시작'을 입증하려 하기 때문이다. 따라서 신화적 모델에는 양상적modal인 사유가 허용되지 않는 반면, 다시 말해 세계의 시작이 달리 될 수도 있었다는 문제의식이 없다면 형이상학적 모델에는 양상적인 문제의식이 포함되어 있다. 그래서 신화가 사실직인 필연성을 설명하는 반면 형이상학은 논리적인 필연성을 입증하려고 한다. 완성도 높은 형이상학적 모델에서, 예를 들면 라이프니츠나 헤겔의 경우 일종의 재귀적recursive 증명[28]을 시도하는 이유 중 하나는 세계라는 사실이 어떤 '역사적 사실'이 아니라 '논리적 사실'이기 때문이다. 따라서 형이상학적 체계에서는 그 출발점이 모든 의심으로부터 자유로운 '자명한self-evident' 것이든지, 아니면 그 체계 안에서 다시 입증되어야만 한다. 그러지 못하면 결국 초월적인 그 무엇엔가 의지하든지 아니면 무한퇴행에 빠져들기 때문이다.

이제 형이상학적 체계들이 풀어야 할 숙제는 이론적으로 모델링한 세계가 실제 현실의 세계임을 보여주는 일이다. 물론 냉정하게 말하자면 아무리 우아한 형이상학적 모델이라도 그것은 그저 가능한 이론적 설명 모델들 중 하나일 뿐이다. 그럼에도 형이상학적 체계들에 요구되는 완결성은 다른 가능한 모델의 양립 가능성을 부정하게 한다. 왜냐하면 종교적이고 신화적인 체계들이 '신성한 역사적 사실'에 근거해서 다른 체계들을 부인했다면, 형이상학적 체계는 체계 내적 필연성에 호소해서 다른 체계들을 부인할 수 있었기 때문이다. 이러한 배타성으로 인해 칸트는 자신의 시대를 '형이상학의 전쟁터'라고 말할 수밖에 없었다.

——

형이상학으로부터 과학으로

——

칸트가 묘사한 전쟁은 오래지 않아 종식되었다. 그 평화는 그러나 유감스럽게도 형이상학의 퇴조를 의미했다. 형이상학은 더 이상 세계를 설명하는 모델의 대표 자리를 지킬 수 없었다. 그 자리는 이제 자연과학의 차지였다. 비록 상당한 시간에 걸쳐 두 모델이 경쟁하는 듯 보였지만, 그것은 그저 평화로운 정권 교체를 위한 인수인계 기간이었을 뿐이다. 예컨대 칸트의 선험철학*transzendentale philosophie*에 대한 일리야 프리고진의 평가는 매우 인상적이다.

선험철학은 따라서 모든 실증적인 지식의 명확한 형태를 찾아냈다고 하는 물리학자의 주장을 비준했다. 하지만 동시에 그것은 과학에 대한 철학의 지배적인 위치를 확보해주었다. 더 이상 과학적 활동의 결과들에 대한 철학적 중요성을 추구할 필요 없게 되었

다.[29]

더할 것도, 또 덜할 것도 별로 없어 보일 만큼 잘 묘사된 프리고진의 말은 얼핏 과학과 철학 사이에 조화로운 타협이 이루어진 듯 여겨진다. 세계에 대한 실증적인 지식은 과학이 탐구하고, 철학은 다시 과학 자체를 봄구 대상으로 삼는 것이다. 그래서 과학과 철학 사이에 모종의 위계적 관계가 생긴 듯 보이는 것이다. 하지만 실상은 좀 달랐다. 그것은 결국 세계 구석구석을 설명하는 일에 형이상학이 나설 일은 없다는 뜻이기도 하다. 그리고 이로써 헤르베르트 슈내델바하가 헤겔 이후의 독일 철학의 상황을 빗대어 말했듯이 한때 모든 학문을 인도하는 전형적인 모델로 자처하던 철학의 시대는 종언을 고했다.[30]

형이상학으로부터 자연과학으로 양위가 일어나게 된 결정적인 계기 중 하나는 '실증성positivity'이라는 단순하면서도 강력한 증거였다. 모호한 자연어로 쓰인 형이상학이 자신의 주장을 입증하기 위해 개념을 분석하는 일에 집중한 반면, 자연과학은 오해의 여지가 없는 수학적 언어와 실험experiment이라는 좀더 강력한 증인을 내세웠다. 실험을 통해 드러나는 실증성은 직관적이고 명료했다.

실험 현장을 공개함으로써 드러나는 명증성은 형이상학이나 관념적 추론, 혹은 수학적 증명보다도 더 강력한 효과를 지닌 것이었다. 토리첼리의 진공을 둘러싼 논쟁과 관련해서 라투르는 스티븐 섀핀의 연구를 인용하며 다음과 같이 말한다.

여러 차례의 내전이 일어나는 동안 보일은 가장 오래된 스콜라적 전통에 의해 경멸의 대상이 되었던 논증의 방법을 택했다. (…) 보일은 자신의 업적을 논리나 수학, 수사학 등에 정초하지 않고 재판의 흉내를 내는 은유에 기댔다. 믿을 만하며 든든하고 부유한 증인들은 실험이 이루어지는 장소에 모여서, 심지어 그들이 그 실험의 진짜 실체를 모를 때조차도 사실의 존재를 입증할 수 있었다. 그렇게 해서 그는 우리가 오늘날에도 여전히 사용하는 경험적 방식을 발명한 것이다.[31]

사람들이 엄밀한 논리적 증명보다도 실험적 입증을 선호한 까닭은 의심할 여지 없이 자신의 눈앞에서 확인할 수 있는 경험의 직접성 때문이었다. 더욱이 당시의 기술과 실험 장비의 수준을 생각하면 실험의 정확성은 그리 기대할 만하지 않았음에도 불구하고 그 설득력은 형이상학적 증명들에 비할 바가 아니었다. 그리고 다행스럽게도 그렇게 시작된 실험과 그 실험을 지원하는 기술적 수준은 발전을 거듭했다. 라투르가 옳게 표현했듯이 보일의 실험은 설명의 경험적 방식을 보여주었고, 그것은 동시에 당대 사람들에게 가장 설득력 있는 방법이 무엇인지를 결정한 것이었다. 이러한 결정은 사실상 설명에 대한 화용론적 고려를 의미한다. 이로써 실험을 통한 실증적 입증이라는 새로운 심판관은 가능한 지식들 간의 대립에서 종지부를 찍을 수 있는 합리적인 절차로 여겨졌다. 아울러 과학과 형이상학 사이의 경쟁에서도 승부를 낼 수 있었다.

다른 한편 과학의 시대로 이행하면서 사람들은 '설명'의 새로운 가치를 깨달았다. 설명과 예측이 한 동전의 앞뒷면이라는 사실을 알게

학문의 진화

된 것이다. 이는 기존의 신화적 설명이나 형이상학적 설명은 하지 못한 일이었다. 자연과학적 탐구가 추구한 '법칙'이 그 어려운 과업을 떠맡았다.

과학은 개별적인 사실들을 직접 관찰함으로써 시작된다. 개별적인 사실들 외에 관찰할 수 있는 것은 아무것도 없다. 확실히 말하건대 규칙은 직접적으로 관찰되는 것이 아니다. 규칙을 발견하게 되는 것은 많은 관찰을 서로 비교함으로써만 가능하다. 이러한 규칙들이 진술들로 표현될 때 '법칙'이라 부른다. 그러한 법칙들은 무슨 소용이 있는가? 법칙들은 과학과 우리 일상생활에서 어떤 일들을 하는가? 여기에 대해서는 두 가지 대답이 가능하다. 즉 법칙들은 이미 알려진 사실들을 설명해주고, 아직 알려지지 않은 사실들을 예측하게 해준다.[32]

법칙을 통해 미래를 가늠할 수 있다는 것은 본성적으로 시간적 제약을 가진 유한한 인간이 그 제약을 넘어 무한한 미래를 관조할 힘이 생겼다는 것을 의미한다. 미래를 투사할 수 있는 힘은 인간에게 새로운 자신감을 심어주었다. 세계를 단순히 이해하는 것을 넘어 통제하고 변화시킬 힘이 생겼기 때문이다. 그것은 단순히 자연을 이해하고 통제하는 것을 넘어 인간의 삶과 사회를 변화시킬 가능성을 마련해주었다. 콩도르세나 콩트 같은 실증주의자들이 인간 사회의 미래를 예측한 것 역시 그와 같은 지적 분위기에서 가능했다.

근대 과학이 수학적 합리성과 '실험'이라는 방법을 통해 형식적 무모순성과 '사실'이라는 두 축을 장악한 것은 확실히 이전의 설명 모델과는 근본적으로 달랐다. 형이상학은 경쟁하는 모델들 중 어느 것이 더 그럴듯한지를 결정해주지 못했다. 세계를 설명하는 근본 원리와 실체가 의지인지, 아니면 그 어떤 초월적 존재인지를 결정하는 것은 결단에 가까운 선택이었다. 그러나 어떤 과학적 설명 모델이 더 그럴듯한지는 엄밀한 절차에 따른 과학적 실험을 통해, 혹은 수학적 증명을 통해 판단 가능한 것처럼 보였다. 형이상학적 지식은 그저 늘 제자리인 데 반해 과학적 지식은 누적적으로 성장하는 듯 보였다. 왜냐하면 참이라고 입증된 지식은 창고에 저장했고, 허위로 판명난 지식은 목록에서 제거해버리며 계속해서 전진했기 때문이다. 무엇보다 과학적 지식은 인간의 삶과 세계를 변화시키는 실천적인 힘을 발휘했다.

그러나 과학의 이 성공적인 방법은 다른 방면에서 대가를 지불해야 했다. 과학적 설명이 법칙을 활용함으로써 인류에게 새로운 힘과 희망을 주었지만 이는 무상으로 주어지지 않았다. 마치 파우스트가 지적 호기심을 채우기 위해 메피스토펠레스에게 자신의 영혼을 주기로 약속했듯이, 근대 과학은 세계를 이해하고 통제하는 힘을 얻기 위해 인간의 가장 근원적인 호기심을 포기해야만 했다. 우리가 궁극적으로 궁금해하는 것은 지구와 태양이 서로 잡아당기는 힘이 거리의 제곱에 반비례한다는 것만이 아니라 도대체 왜 잡아당기는가이다. 과학이 발견한 자연의 규칙은 중력으로 인해 창문에서 놓친 화병이 초당 9.8미터의 가속도로 낙하운동을 하리라는 것은 알려주었지만 그 중력이 왜 작용하는지에 대해서는 침묵한다. 모든 것은 그 본성상 제자리로 돌아가려 하기 때문이라는 과거의 설명 방식은 더 이상 학문적 설명으로 여겨지지 않았다. 무엇보다 실증적(경험적)으로 입증되기 어려웠기 때문이다.

비록 과학이 자연을 양화quantification함으로써 놀라운 방법론적 효율성을 보여주었지만 이를 위해서는 오래전부터 학문의 근본적인 동기에 속해 있던 어떤 '인간적인 것들'을 배제해야 했다. 그래서 제럴드 홀턴은 이렇게 말한다.

> 과학의 역사를 뒤져서 아주 쉽게 확인할 수 있는 상황은 이런 것이다. 어떤 급진주의자들은 주장하기를 당신이 말하고자 하는 대상을 진실로 알게 되는 것은 오직 당신이 그것을 측정할 때뿐이다. 반면 다른 편에 있는 사람들은 이렇게 말한다. (분류를 위해서나 혹은 그와 유사한 목적을 위한 것이 아닌) 양화는 현상들을 제한함으로써 사물의 자연적 의미를 가득 채운 재킷을 망가뜨리는 것이다.[33]

후설과 하이데거를 비롯해 근대 과학에 대해 거리를 두었던 사람들에게서도 비슷한 이야기를 들을 수 있다. 그들은 학문의 근본 동기가 무엇이었는지를 되묻는다. 학문적 탐구의 주체는 인간이었으며, 그 탐구활동 역시 인간을 위한 것이었다. 그런데 그 욕망이 구현되는 무대에서 주인공이 배제되는 역설이 일어난 것이다. 한편 이러한 역설은 세계를 설명하는 모델을 합리화하는 과정에서 예고된 바이기도 했다.

신화로부터 형이상학 그리고 과학에 이르는 일련의 이행 과정은 진리와 지식의 신성한 힘이 어떻게 세속화되는지를 보여주는 역사적 스펙트럼이다. 신화적 이야기에 등장하는 신은 인격적인 존재였다. 반면 형이상학은 그 신에게서 인격성을 덜어내고 이념적 완전성을 부여한다. 종교적 형이상학이 신의 존재를 입증하고 세계를 설명하기 위해 끌어들인 방법이 역설적으로 세계에 대한 신의 개입을 배제하는 결과를 낳았다. 전지, 전능, 전선한 철학적 신은 자신이 세계에 부여한 놀라운 질서를 깨뜨리는 일은 하지 않을 것이다. 그런 기적은 곧 자신의 지적 불완전성을 증명하는 일일 수도 있기 때문이다. 과학이 발견한 자연 법칙의 보편성과 불변성은 그런 믿음을 계속해서 강화시켜나갔다.

신이 창조한 거대한 텍스트인 자연의 질서를 해독한 자연철학자들의 신성했던 작업은 이렇게 해서 과거의 신성성을 완전히 잃어버리고 만다. 위대한 창조주마저 우주를 지배하는 이성적 합리성 아래 종속시키고 말았기 때문이다. 과학이 발견한 우주적 질서는 그렇게 신성한 존재를 식물적 권위로 만들었고, 그것은 사실상 신을 우주 바깥으로 추방한 것이나 다름없는 결과를 낳았다. 신화적이고 종교적인 신성성은 인간 이성의 합리성이라는 세속적인 신성성으로 변질된다. 이 새로운 신성성은 진리의 투명성을 위해 온갖 인격적 색채를 지우라고 명한다. 그럼으로써 근대 과학은 학문의 기원(동기)을 잃어버리고 만다.

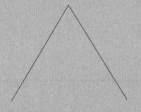

3장

—

근대 학문의 이념

0 1

르네상스와
과학혁명

많은 사람이 '르네상스'라는 역사의 한 국면에 아주 특별한 이름을 붙이고 역사적 분기점의 하나로 생각하는 이유는 그 시대가 이전 시대로부터 물려받은 인간상과 세계관을 완성했기 때문이 아니다. 르네상스를 밝게 비추는 조명은 과거가 아닌 미래에서 왔다. 그 미래는 바로 근대였다. 르네상스가 하나의 인간상을 상징하고, 그것이 새로운 시대를 열었다는 평가는 자신감에 차 있던 근대인들이 그들의 역사적 뿌리를 르네상스로 소급시켰기 때문이다.

　대부분의 역사적 기원이 그렇듯이 그 기원의 실제적인 의미는 그것에 빛을 비추는 조명에 따라 다른 모습으로 그려질 수 있다. 르네상스가 지니는 역사적 지위도 마찬가지다. 근대 학문을 어떻게 바라보느냐에 따라 르네상스는 다른 색깔로 드러난다. 근대의 혁명적 변화에 주목하는 사람에게 있어 르네상스는 과학적 인간상이 등장한 시발점으로 평가되지만 근대 과학이 빚어낸 부정적인 결과에 주목하는 사람에게 있어 르네상스는 잃어버린 낙원과도 같다.

물론 어떻게 바라보든, 다양하게 변형될 의미의 원천으로서 르네상스가 새로운 시작이라는 점은 달라지지 않는다. 그래서 그 시기는 우선 전통과의 결별로 특징지어질 수 있다. 학문사의 관점에서 보면 르네상스는 특정한 전통의 소멸과 또 다른 전통의 부활로 규정지을 수 있다. 오랜 시간 중세의 유럽을 지배해온 아리스토텔레스 및 스콜라 철학의 전통과 결별하고, 플라톤적인 세계관이 부활한 것이 그것이다. 길리스피는 이를 다음과 같이 요약한다.

진정한 혁명은 기성 권위에 대한 반역을 통해서 근본적인 변화를 일으킨다. 그러나 여러 혁명의 역사에서 드러났듯이, 부채를 부정한다고 그것을 피하는 것은 아니다. 그렇기 때문에 르네상스 시기에 근대 과학이 창조된 것은 그리스 과학의 재생인 동시에 그 한계의 돌파이기도 했다. (…) 과학이, 화석화된 아리스토텔레스주의 속에다 학문을 가두어놓은 데 반항하는 플라톤에 고무되어서 새 생명을 얻었다고 말해도 복잡한 정황을 왜곡하는 것은 아닐 것이다.[1]

십자군 전쟁을 통로삼아 부활한 플라톤적 전통은 세계를 수학적인 질서에 따라 이해하려는 시도였다. 피타고라스와 플라톤으로 이어지는 고대 그리스의 수학적 전통은 르네상스 시기의 지식인들에게 새로운 영감을 주었다. 그 영감은 사실 이중적이었다. 한편으로 그것은 근대 과학을 특징짓는 수학적 세계관이었지만, 다른 한편으로는 피타고라스라는 이름이 상징하듯 일종의 신비주의적인 전통이었다. 아직 완전히 분리되지 않은 이러한 전통의 혼용은 새로운 힘을 잉태하는 혼란의 순간들에 등장하는 전형적인 현상인지도 모른다. 우주의 질서를 수학의 힘으로 읽어낼 수 있으리라 믿은 갈릴레오가 종교재판에 서야 하는 시대였지만, 동시에 우주가 수학적 질서를 통해 움직여간다는 생각은 신의 완전성을 입증하는 것으로도 여겨졌기 때문이다.

17세기의 과학혁명을 유려한 필치로 묘사한 배질 윌리는 근대 과학의 여명기를 수학적 질서에 대한 열광으로 특징짓는다. "모든 현상은 물질과 운동의 개념으로 해명될 수 있었으며, 수학적으로 설명되거나 예측될 수"[2] 있다는 믿음이 그것이다. 게다가 이러한 열광은 때로 경건하게 여겨지기도 했는데, 이는 "창조에 있어 그 지혜와 힘의 증거를 보임으로써 17세기에 과학은 신에 관한 결정적인 논증을 내놓은 것처럼 보였"[3]기 때문이다.

르네상스 시기의 이러한 모호함은 역사의 진행 과정을 통해 하나의 역설적인 모습을 완성해낸다. 애초에 르네상스 지식인들은 자연의 수학적 질서를 깨닫는 일에서 신의 위엄과 신성성을 느꼈다. 그런데 바로 그 르네상스 과학의 세례를 받은 후대의 유물론자들이 종국에는 신의 존재를 부정하는 불경한 결단에 이르렀기 때문이다. 그런 사정은 어쩌면 17세기에 네덜란드를 들쑤셔놓았던 튤립의 구근에 대한 투기와 같았는지도 모른다. 사람들은 자신이 많은 돈을 들여 투자해놓은 튤립이 어떤 색깔의 꽃을 피울지 몰랐다. 바로 그 점 때문에 튤립의 구근은 더욱더 사람들을 매료시켰고, 마침내 그들은 나라 경제에 커다란 파국을 불러올 만큼 돈과 열정을 바쳤다. 그러나 사실 어떤 색깔의 꽃을 피울지 모르는 튤립의 구근은 자기 안에 모자이크 바이러스를 갖고 있는, 말하자면 아름답게 병든 상태였다. 판도라가 자기 앞에 놓인 상자에 무릎을 꿇고 말았던 것은 문을 열기 전에는 결코 알 수 없다는 사실이 그녀를 초조하게 만들었기 때문이다. 마찬가지로 어떤 색깔의 꽃이 나올지는 오직 꽃을 피워봐야만 알 수 있다는 사실이 사람들을 더욱 미치게 사로잡았다. 르네상스의 새로운 시작 역시 판도라의 상자나 네덜란드의 튤립처럼 자기 안에 혼란스러운 불확실성을 품고 있었다. 그것은 역사의 물길을 바꿀 수 있을 만큼 위력적인 것이었다.

중세 스콜라 철학이 신의 존재를 합리적으로 논증하려고 했던 것에 비추어보면 사정은 분명해진다. 소박한 신앙을 넘어 이성을 통해 지지받는 신은 인격적 신이 아닌, 철학적인 신이자 개념으로서의 신이다. 개념으로서의 창조주는 완전한 존재이며, 완전한 존재의 피조물인 자연에는 창조주의 완전성을 빛나게 해줄 증거들이 있을 것이기 때문이다.[6] 그것은 변하지 않으며, 우주 곳곳에 이르기까지 균질하게 작용하는 것이어야 한다. 형이상학적 관점에서 보았을 때 변화한다는 것은 곧 불완전성을 상징할 수 있기 때문이다. 물론 우주 곳곳에 보편적으로 적용되는 원리로서 가장 강력한 후보는 바로 수학적 질서다. 더욱이 자연이라는 창조의 텍스트를 읽어낼 수 있는 힘은 다름 아니라 신이 인간에게 부여해준 '지성'이었다.

그러나 결과적으로 보자면 자연의 수학적 질서와 창조주의 완전성이 언제까지나 같이 갈 수 있는 우호적 관계인 것만은 아니었다. 신성

학문의 진화

한 지식이 세속화됨으로써 신성성은 소멸되고 말 운명이었기 때문이다. 카시러는 이를 다음과 같이 상징적으로 말한다.

그리하여 성서적인 계시에 대항하여 점점 더 '자연이라는 책'에 대한 신비가 벗겨지면서 하나의 세속화 과정이 완성된다. 그러나 사실 이 양자 사이에는 아무런 근원적 차이가 있을 수 없다. 왜냐하면 이 둘은 동일한 정신적 의미를 상이한 형식을 통해 제시한 것으로 그 속에서 자연을 이뤄낸 신적인 창조자의 단일성을 공표하기 때문이다. 그럼에도 불구하고 그것이 우리에게 하나의 갈등 상황을 제시한다면 우리는 말을 통한 드러남보다는 실제 상황을 통한 드러남에 우선권을 주는 수밖에 없다.[5]

르네상스라는 완충기를 거쳐 인간 이성이 이 세계의 주체로서 등장하는 과정은 학문의 역사에서 가장 드라마틱한 순간이다. 우선 르네상스의 지식인들이 발견한 새로운 가능성은 인간이 아주 '특별한' 의미를 가진 유일한 존재자라는 믿음이었다. 중세를 관통해온 하나의 관념은 인간의 원죄의식이었다. 이 세상에서의 삶은 속죄의 시간이며, 그 시간을 어떻게 보내느냐가 영원한 안식을 결정짓는 시금석이 된다. 따라서 인간적인 욕망들을 드러내는 것은 대단히 위험한 일이 아닐 수 없다. 그러나 새로이 활력을 찾은 고대 그리스의 인간주의적 전통은 원죄를 안고 태어난 인간을 새로운 관점에서 보게 해주었다. 특히 이슬람 지역으로부터 연금술적 지식과 함께 수입된 신비주의적 전통은 인간의 자부심을 부채질하기에 충분했다. 그것은 인간에게 창조의 본성, 만들고 통제할 수 있는 힘이 인간에게 내재해 있음을 확인 시켜주었기 때문이다. 피코 델라 미란돌라의 '인간 존엄성에 대한 연설'은 인간에 대한 새로운 발견이 당대의 지식인들에게 어떤 의미를 지녔는지를 단적으로 보여준다.

그러므로 너는 어떠한 자리나 형태건, 또 어떠한 능력이건 간에 네가 원하는 대로 결정하여 가질 수 있다. 다른 존재들은 이미 고정된 속성을 지니고 있으며 우리에 의해 고정된 법칙으로 묶여 있다. 단지 너만은 제한 없이 내가 너에게 허락한 너의 의지대로 선택할 수 있다. (…) 너는 짐승으로 타락할 수도 있고 신적인 것으로 다시 태어날 수도 있다. (…) 그러나 인간은 태어날 때 그 아비로부터 모든 생명 있는 것들의 씨를 같이 부여받았다. 그중 어떤 것을 기르건 간에 그것은 인간 안에서 자라나고 열매를 맺게 된다. 만일 그것이 식물의 씨면 그는 식물이 되고 만일 그가 감각적인 것을 추구하면 그는 동물이 된다. 만일 그가 이성의 능력을 키우면 그는 천상적인 생물이 될 것이며 지성을 따르면 천사나 신의 아들이 된다.[6]

이러한 자부심을 증명하는 가장 분명한 증거가 바로 자연의 질서에 대한 통찰이었다. 그리고 이를 입증하는 사건이 바로 코페르니쿠스에게서 시작해 뉴턴에 이르는 과학혁명이었다. 물론 혁명이라는 말이 암시하듯, 코페르니쿠스로부터 모든 것이 완전히 새로이 시작되었다고 말할 수는 없다. 버트런드 러셀은 이를 두고 "근대 과학이 17세

학문의 진화

기의 개막과 더불어 마치 아테나 여신이 제우스 신의 머리로부터 솟아나왔듯이 완전 무장을 갖추고 갑자기 튀어나와 움직이기 시작했다고 생각하는 사람이 있다. 진실에서 이보다 더 벗어난 생각은 없을 것"[7]이라고 말한다. 러셀의 이러한 평가는 결코 과장된 것이 아니다. 르네상스는 말하자면 이슬람 지방에서 유입된 발달된 과학 기술과 고대 그리스 철학, 그리고 이집트의 고대 신비주의 등이 한데 뒤섞여 장차 여러 갈래로 갈라질 물길의 거대한 호수였기 때문이다. 따라서 우리가 근대 과학이라고 이름붙일 수 있는 특정한 경향의 사유 양식을 온전하게 분리해내기는 쉽지 않다. 과학혁명의 완성자로서, 그리고 우주의 질서와 지상의 질서를 하나의 관점에 볼 수 있게 해준 것으로 유명했던 뉴턴이 철저하고 경건한 신앙심을 가졌던 인물이자 또한 연금술에 빠졌던 인물이라는 사실은 인간 사유의 전환이 얼마나 복잡한 시대적 흐름 속에 있는지를 단적으로 보여준다. 심지어 근대가 그 정점을 향해 치달아가던 19세기에조차 종교와 정치, 과학적 사유는 채 분리되지 않았다. 근대의 혁명적 변화를 상세하게 그려낸 에릭 홉스봄은 자신의 책에서 근대의 시대적 분위기를 이렇게 말한다.

그와 마찬가지로 프랑스 혁명이 갖는 과학상의 의미도 정치적 보수주의자 내지 온건파가 과학에 대해 품었던 솔직한 적개심, 또는 감추어진 적개심 가운데 명백히 나타나 있다. 정치적 보수주의자와 온건파들은 과학을 18세기의 유물론적·합리주의적 파괴 행위의 당연한 귀결이라고 보면서 적의에 찬 눈으로 과학을 대했던 것이다. (…) 투쟁적이고 과학을 지지하며 반교권주의적이었던 좌파

와, 반과학적이었던 우파 사이의 투쟁은 그 후 줄곧 계속되었다.[8]

홉스봄의 묘사는 르네상스에서 근대에 이르는 변화의 시기가 어떤 특징을 지니는지를 압축적으로 보여준다. 사회를 이해하는 틀에 있어서 지식과 권위가 어떻게 엉킬 수 있는지를 역사가 단적으로 드러내기 때문이다. 그럼에도 불구하고 우리는 르네상스에서 근대에 이르는 시기를 인간 이성이 약진한 시대라고 부르는 데 주저하지 않아도 된다. 비록 중세적 세계관과 신비주의의 영향에서 자유롭지 못했지만 르네상스가 발견한 인간 이성의 힘은 자신을 새로운 단계로 고양시켰기 때문이다. 그것은 세계를 이해하는 방식에 있어 근본적인 변화로부터 수반된 것이었다.

근대 과학의 공과 실을 비교적 냉정하게 평가한 후설은 갈릴레오를 위대한 '발견의 천재'이자 동시에 '은폐의 천재'라고 평가한다. 후설에 따르면 그는 자연의 질서와 구조를 수학적 언어로 표현해내는 방법을 발견한 사람이지만, 동시에 그가 도입한 새로운 방법은 역설적으로 자연에 존재하는 모든 대상에게서 인간적 의미를 탈각시켜버린 상황으로 이끌었다.[9] 갈릴레오는 코페르니쿠스에게서 시작된 변화를 가장 근대적인 방식으로 밀고 나간 인물이었다.

친구 사그레도와의 셋째 날의 대화 속에서 갈릴레오(살비아티)는 '등가 속도의 물체가 낙하하면서 통과한 거리는 그 거리를 지나는 데 걸린 시간의 제곱에 비례한다'는 명제를 기하학적으로 증명한다.[10] 물론 이 증명이 완전히 새로운 것은 아니었다. 길리스피에 따르면, 비록 갈릴레오의 증명이 물리량에 적분을 적용한 최초의 예이기는 하지만

학문의 진화

운동을 기하학적으로 묘사하는 것은 당시에 이른바 '머튼 규칙'으로 불리며 널리 알려져 있었기 때문이다. 그럼에도 갈릴레오의 탁월함은 "수학적 기법과 철학적 주장이 온통 뒤섞여 있는 곳에서 물리학의 기본 요소를 골라낸"[11] 데 있었다.

코페르니쿠스의 경우도 마찬가지 이야기를 할 수 있다. 가령 천구의 운행 체계를 기하학적 관점에서 해명하려고 했던 점에서는 코페르니쿠스나 그 이전의 체계는 차이가 없다고 말할 수 있다. 오히려 천동설을 주장하던 입장은 사실상 잘못된 이론으로 현상을 설명해야 했기에 더욱더 정교하고 복잡한 기하학적 논의들로 무장해 있었다. 따라서 흔히 코페르니쿠스 체계의 우수성을 수학적 체계의 단순성에 있다고 말하는 것은,[12] 설령 그것이 부인할 수 없는 사실이라 해도 절반의 진실일 뿐이다.

사실 고대 그리스의 과학 이래로 자명하게 여겨진 믿음들 가운데 하나는 천체의 운동과 기하학이 모두 완전하다는 것이었다. 따라서 코페르니쿠스 체계가 그 이전의 천동설에 비해 수학적으로 상대적인 우위를 점했다는 것만으로 혁명적이라고 할 수는 없다. 천 년의 전통을 뒤집을 수 있는 발상의 전환으로서 지동설이 혁명적이었던 것은 오히려 우리의 감각적 확신을 뒤집었기 때문이다. 우리가 살고 있는 이 땅이 움직이는 것이지, 하늘에 떠 있는 태양이 움직이는 것이 아니라는 그의 주장은 사람들이 매일매일 확인하고 있는 '사실'을 뒤집은 것이었다. "그 발견은 (…) 사람들로 하여금 사물들이 그들이 늘 봐왔던 것과는 다르다는 것을 깨닫게 할 만큼, 그리고 사람들이 그 안에서 살고 있는 세계는 실제로는 그들이 그렇게 생각하도록 배워온 것과는 매우 다르다는 것을 깨닫게 할 만큼 충격적인"[13] 것이었다. 그 때문에 그토록 많은 사람이 수학적으로 우아하고 단순한 체계였음에도 불구하고 코페르니쿠스의 제안을 받아들이지 못했던 것이다. 물론 결과적으로 보자면, 갈릴레오가 망원경을 통해 코페르니쿠스의 주장이 옳다는 확신에 이르렀을 때를 '경험적 사실'이라는 증거의 승리로 말할 수도 있다. 그러나 그때의 경험적 증거와 우리가 일상에서 부딪히는 경험은 의미가 다르다. 다시 말해 코페르니쿠스 혁명이 보여준 중요한 전환은 우리 눈앞에 펼쳐지는 감각적 경험들이 우리 지식의 가장 중요한 원천임에는 틀림없지만, 그것은 단순히 보이는 대로 믿어야 할 게 아니라, 모종의 보정을 필요로 하는 원천이다. 이 보정은 다름 아닌 수학적 엄밀성에 기초해서 실증적으로 확인될 수 있는 경험이었다. 그리고 이 두 축, 수학적 엄밀성과 경험적 실증성이야말로 근대 과학을 특징짓는 '객관성'이라는 이념의 토대를 만들어낸다.

학문의 진화

0 2

___

객관성의 이념

___

르네 데카르트는 그의 『성찰』의 첫머리에서 마침 시간이 생긴 김에
의심 가능한 모든 것을 의심해보기로 결심한다.[14] 그런데 우리의 믿
음들에 대한 전수 조사는 사실상 불가능하고 또 그럴 필요도 없으므
로 원리적인 것들을 의심하기로 하고 가장 먼저 든 예가 바로 감각적
지각이었다. 감각 성질들에 대한 평가절하는 르네상스기로부터 근대
로 이행하는 과정에서 일반적인 경향이었다. 로크는 물론 헤겔에 이
르기까지 이른바 질적 차이를 드러내는 제2성질의 문제는 보편타당
한 지식을 위해서는 반드시 해결해야 할 문제였다. 그런데 감각에 대
한 이런 대접이 근대만의 특징은 아니었다. 고대 그리스 철학에서도
그런 입장을 확인하기는 어렵지 않다. 파르메니데스와 플라톤은 감각
이 얼마나 기만적일 수 있는지를 강조하는 데 많은 시간을 할애했다.
그러나 이 감각적인 성질들을 어떻게 다룰 것인지에 대해서는 그리스

철학의 세계관과 근대 과학의 세계관에 근본적인 차이가 있다. 그리스 철학은 참된 인식을 위해 감각 성질의 질적인 측면으로부터 형상 eidos으로 고양해간다. 그러나 이때의 형상 역시 양적인 어떤 것이 아니라 또 다른 측면의 질적인 어떤 것이었다. 온전한 번역이라고 할 수는 없지만 형상이라는 말을 오늘날 '본질essence'이라는 말로 바꿔 부를 수 있는 한, 그것은 분류의 문제와 관계가 있다. 그것을 그것이게끔 해주는 어떤 것으로서의 형상은 어떤 것을 다른 것과 구별시켜줄 수 있는 명백한 지표였던 셈이다. 결국 그리스 철학은 사물을 궁극적으로 질적인, 따라서 환원할 수 없는 구별들로 이끌었고, 수학적 대상들을 감각적 사물과 초월적인(신학적 혹은 형이상학적) 관념들(예를 들면 이데아와 같은 존재자들) 사이의 중간자intermediate로 위치시켰다.

그러나 근대 과학에서는 사정이 달라진다. 예컨대 요하네스 케플러가 자신의 선대로부터 물려받은 방대한 관찰 자료 더미에서 찾아낸 것은 수학적 조화였으며, 그것은 사물의 양적 비율들을 찾아내는 수단이기도 했다. 케플러의 신비주의적 성향을 잠시 제쳐놓으면,[15] 우리가 그에게서 확인할 수 있는 중요한 근대적 변화 중 하나는 "질이 있는 곳에는 언제나 양과 같은 것이 있다. 그러나 그 역이 항상 성립하는 것은 아니"[16]라는 말로 압축할 수 있다.

갈릴레오가 아리스토텔레스의 역학에 반대해서 내놓은 낙하운동에 관한 설명은 윌리의 말처럼 우리 상식에는 어긋나는 것이었다. 피사의 사탑과 관련된 스캔들이 보여주듯이, 우리의 자연스러운 감각적 관념은 무거운 것이 가벼운 것보다 빨리 떨어지리라는 것이다. 그러나 갈릴레오는 기하학의 객관성이 상식적인 경험에, 즉 양적인 성질이 감각의 질적 성질에 우선한다는 것을 천명한 셈이다. 수학적 증명이야말로 모든 우연적인 사건으로부터 해방된 자연 그 자체의 운동을 보여준다고 말했던 것이다. 그가 살비아티의 입을 빌려 시간과 거리 그리고 속력의 역학적 관계를 삼각형을 이용해 증명했을 때, 당시 사람들이 믿었던 것처럼 완전한 천구의 운동만이 아니라 불완전한 지상의 운동 역시 엄격한 수학적 질서에 상응함을 보여준 것이었다. 더욱이 그것을 '측정할 수' 있는 관계로 환원시켜서 보여주었다. 에드윈 브루트에 따르면, 근대 이전의 과학적 태도는 "인간적인 목적들에 대한 사물들의 관계를 이용해 설명하는 것을 실재적인 것"으로 여겼으며 그러한 설명을 "그 사물들 각각의 관계를 표현하는 작용인efficient causality으로 설명하는 것보다 더 중요하게 여겼다."[17] 반면 갈릴레오는 그런 형이상학적이고 인간적인 경향으로부터 순수하게 수학적인, 혹은 양적인 것들만 추출해낸다. 이 점이 바로 근대 과학의 시작을 분명하게 정의한 발견의 천재, 갈릴레오의 위대함이었을 것이다. 존 드루몬드 역시 갈릴레오의 탁월함을 이렇게 평가한다.

> 만일 형태 이외의 다른 속성들의 변화를 기하학적 취급으로 다루어낼 수 있다면, 즉 그러한 속성들이 형태의 변화들에 체계적으로 연관될 수 있다면, 그러한 모든 변화에 대한 설명들이 하나의 과학 single science에서 통일될 수도 있을 것이다. 이러한 조건이 만족될 수도 있다고 생각한 것이 갈릴레오의 위대한 통찰이다.[18]

질적인 것으로부터 양적인 것을 분리해내는 것, 그것은 아리스토텔레스 이후로 중세 유럽을 지배하던 지식에 대한 관념을 변화시킨 것이었으며, 결과적으로는 근대 과학의 이념을 탄생케 하는 토양이 되었다. 객관성이라는 이념이 그것이다. 질적인 것들은 주관적인 데 반해, 양적인 것들은 그렇지 않기 때문이다.

아리스토텔레스는 그의 『자연학』 첫머리에서 우리의 앎을 "있는 것의 일차적인 원인들 그리고 원리들을 발견했을 때, 그 있는 것에 관한 앎을 갖는다"고 규정한다.[19] 즉 아리스토텔레스 이후 자연에 관한 참된 앎은 언제나 원인에 대한 앎이었다. 그중에서도 가장 중요한 앎은 자연 변화의 최종적인 목적을 이해하는 것, 달리 말해 목적인에 대한 통찰이다. 아리스토텔레스가 원자론자들이나 플라톤의 이론에 대해 비판적이었던 이유 역시 그들의 이론이 세계 혹은 자연의 유기적 질서를 제대로 그려내지 못했기 때문이다. 그들의 이론에 따르면 실체 간의 차이는 궁극적으로 양적이고 수학적인 차이로 환원되어버린다.[20] 그렇게 되면 수학의 문제이지 자연학의 문제가 아니다. 따라서 아리스토텔레스에게 가장 높은 수준의 앎은 자연 체계의 목적적 원인에 대한 앎이고, 그런 한에서 제1철학을 말할 수 있었던 것이다.

그러나 갈릴레오는 자연 현상을 설명함에 있어 목적론적 방식을 기계론적 설명 방식으로 바꾸어놓았다. 갈릴레오가 설명한 것은 사물이 '어떻게' 떨어지는가였다. 정말로 궁금한 문제인 '왜' 떨어지는가에 대해서는 침묵했다. 그런 유의 물음은 근대 과학에서는 금기시된 질문이 되어버렸다. 필요한 것은 사물들 사이의 규칙적인 함수적 연관관계였지, 사물의 본성이 아니었다.

지금은 자연 상태에서 떨어질 때, 속력이 빨라지도록 만드는 원인에 대한 탐구를 하기에는 적당하지 않은 것 같군. 여기에 대해서는 많은 철학자가 온갖 의견을 내놓았다네. 어떤 이들은 중심으로 끌려간다는 이론을, 다른 이들은 물체의 미세한 입자 사이에 미는 힘이 있기 때문이라는 이론을, 또 어떤 이들은 주위 매질들이 떨어지는 물체의 뒤를 메우면서 가하는 압력이 물체를 움직이게 만든다는 이론. (…) 지금 여기서 글쓴이가 이런 움직임의 성질들을 연구하고 증명하려는 것뿐, 이렇게 움직이는 까닭이 무엇인지 하는 것은 뒷전으로 밀쳐놓았어.[21]

살비아티의 입을 빌려 갈릴레오는 이전의 설명 체계가 사실상 별쓸모가 없었음을 토로한다. 그가 제시한 방식은 오히려 철저하게 기계론적이다. 궁극적인 원인을 설명하려는 시도는 '누군가'가 자연스럽게 파악하고 있는 질서에 따른 설명이다. 따라서 그 '누군가'가 세계를 어떤 방식으로 이해하느냐에 따라 원인도 달라질 수 있다. 그러나 오직 사물의 양적 관계로 환원된 설명 방식은 그 '누군가'가 누구든 상관없다. 그런 한에서 이전의 권위와 관계없는 객관성에 도달 가능하다는 믿음을 줄 수 있다. 기하학적 증명 방식에 기댄 절차는 그런 믿음에 더욱 효과적인 힘을 제공해주었다. 근대 학문의 실증적 방법론에 천착한 호흐슈테터 프레이어는 이러한 사정을 다음과 같이 요약한다.

오직 인과 개념의 완전한 배제 아래에서만 모든 사건 사이의 관계가 좀더 넓은 의미의 '함수적인' 것으로 해석될 수 있으며 (…) 자연 법칙의 의미와 타당성이 그 어떤 필연성 없이 규칙이라는 의미에서 제한될 때만, 기술적*beschreibende* 물리학 혹은 도대체 자연과학에 관해 말하는 것이 가능하다.[22]

목적론적 탐구에서 말하는 궁극적인 원인은 입증될 수 없는 가설적 허구일 가능성이 높다. 근대 과학은 그렇게 입증되기 어려운 형이상학적 원인에 의한 설명이 아니라, 자연이 어떻게 움직이는지를 "오직 측정 가능한 속성들 사이의 함수적 연관"[23]으로 설명하는 기계론적 방식을 채택한다. 더욱이 데카르트로부터 시작된 해석학*Analytics*은 갈릴레오가 사용한 기하학적 방법보다 더 극단적인 양화 방법으로 발전한다. 공간적 특성마저도 함수로 표현할 수 있게 되었기 때문이다.

목적론적 설명 방식을 포기함으로써 얻어진 성과는 객관성이라는 근대의 방법론적 이념이었다. 객관성의 이념을 추동시키고 강화시킨 또 다른 힘은 '실험'이라는, 새롭게 힘을 얻은 절차적 방법이었다. 앞선 장에서 보일의 예가 보여주듯이 근대 과학이 도입한 실험의 방법은 수학적 엄밀성이라는 토대 위에 직관적으로 옳고 그름을 가리는 '심판관'으로서 사실의 힘을 추가했다. 단순히 논리적 엄밀성만을 따진다면, 또 그저 수학적 설명 모델의 경쟁관계라면, 언제든 다른 해석이 가능하다. 그러나 그런 엄밀성을 실험이 입증해낸다면 사정은 달라진다.

갈릴레오가 망원경을 통해 달의 표면을 관찰한 일이 하나의 상징

학문의 진화

이 될 수 있었던 것은 세계를 설명하는 이론은 사실의 검증을 거쳐야 한다는 근대의 방법론적 격언의 실현이었기 때문이다. 1799년 험프리 데이비가 열의 실체가 무엇인지를 둘러싼 오랜 논쟁을 결판낸 것도 얼음 덩어리 두 개를 진공 속에서 마찰을 일으켜 그 상태를 살피는 실험이었다.[24] 이 실험은 열의 실체를 물질적인 어떤 것이라고 생각하던 종래의 입장들을 침묵하게 만들었다. 현장 실험을 통해 드러나는 사실의 힘은 그 어떤 이론의 힘보다 강력했다.

경험적 사실이 가진 힘을 새로이 인식했던 사람은 다름 아닌 베이컨이었다. 중세와 근세의 경계선에 있었던 그는 아리스토텔레스적 자연 탐구 방법론을 개선하고자 했다. 그가 강조한 방법은 실험과 관찰이었다. 베이컨이 생각한 학문의 위계는 다음과 같았다.[25]

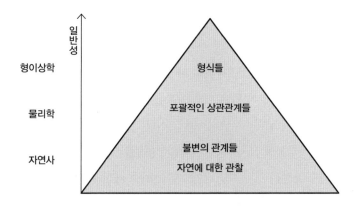

그림 1 베이컨의 학문 피라미드

이때 학문의 진보는 이 피라미드가 얼마나 안전한 구조를 갖고 있는가에 달려 있으며, 따라서 피라미드의 기초에 해당되는 자연에 대한 관찰이 무엇보다 중요했던 것이다. 스콜라 철학의 지적 풍토는 개념적 논증을 학적 탐구의 주요한, 혹은 좀 과장해서 말하자면 진리를 입증하는 가장 중요한 수단으로 여겼다. 그런 지적 풍토가 지배하는 시대에 베이컨은 근대 과학이 나아갈 하나의 방향을 제시한 셈이다. 학문의 진보를 다룬 글에서 그는 당대 학문들에 대해 다음과 같이 비판했다.

> 학문이 비난의 대상이 되어온 것은 주로 세 가지 헛된 짓 때문이다. (…) 이와 같은 사물과 사람으로부터, 굳이 이름을 붙이자면 학문의 세 가지 질병이 발생한다. 우리는 이를 경험적으로든 이성적으로든 확인할 수 있는바, 첫째는 환상적인 학문이고 둘째는 논쟁적인 학문이며 셋째는 사치스러운 학문이다.[26]

베이컨은 세 번째 질병의 예로 마르틴 루터를 꼽는다. 루터가 자신의 입장을 정당화하기 위해 고대 현자들의 말을 끌어와 아름답게 꾸며대는 일이 진리와는 무관하다는 것이다. 두 번째 질병은 전통적인 스콜라 철학자들이 그저 자신의 지적 호승심을 만족시키기 위해 공허한 논쟁을 일삼는 일을 가리킨다. 세 질병 중 가장 위험한 것은 자신이 만들어낸 것을 진리라고 믿어버리는 태도다. 비록 당대 작가들이 옛 현자의 말에 의지하는 것을 비판하기는 했지만 베이컨 역시 타키투스의 말을 빌려 이렇게 말한다. "타키투스는 현명하게도 이런 이치를 간파하여, '꾸며지고 나면 곧 믿어지게 된다'고 말했다. 그만큼 허구와 믿음은 가까운 사이라고 하겠다."[27]

베이컨이 아리스토텔레스를 탐독하는 것 대신 진리를 발견하는 새로운 방법novum organon으로 실험과 관찰을 제안한 것은 지식의 성장(진보)을 위한 새로운 로드맵이었다. 그리고 "결코 가설을 만들지 않는다hypothesis non fingo"는 뉴턴의 유명한 경구는 베이컨이 연 길의 명시적인 이정표였다. 윌리는 당시를 이렇게 묘사한다. "17세기의 중요한 지적 과제는 실수로부터 진리를 골라내고 허구나 꾸며낸 이야기로부터 사실을 골라내는 것이 되었다."[28] 이러한 지적 과제는 새로운 학문적 문화 풍토를 만들어낸다. 사실에 대한 숭배가 그것이다. 관찰과 실험이 그런 숭배 의례를 수행하는 사제였다. 이 도식은 그대로 전이되어서 과학도들을 객관성을 숭배하는 사제로 만들어버렸다.

세계를 엄격한 수학적 질서로 파악하고, 그 파악한 내용을 관찰과 실험을 통해 입증하는 것이야말로 근대적 객관성 이념을 추동하는 두 축이었다. 그 이념이 역사적으로 완성된(극단적) 모습은 빈학파Vienna Circle에서 찾을 수 있다. 그들은 19세기 후반에 시작해서 20세기 전반기에 이르기까지 오스트리아의 빈을 중심으로 활동한 일군의 학자들이었다. 논리실증주의Logical Positivism, 혹은 논리경험주의Logical Empiricism로 불리게 될 이들의 입장은 경험적 사실로 입증되지 않는 것은 학문적으로 가치 있는 것이라고 말할 수 없다는 것이었다. 모리츠 슐리크를 도와 그 서클을 활성화시킨 인물 중 한 명이었던 한스 한은 다음과 같이 주장한다.

우리의 사유를 의미 변화 없이(동어반복적으로tautologische) 변형하는 주장들과 관찰, 오직 그것들만이 우리가 인정할 수 있는 인식의 유일한 수단이다. 선천적a priori 인식은 인정할 수 없다. 왜냐하면 어느 경우에도 우리는 그런 것이 필요하지 않기 때문이다. 우리는 어떤 종류의 서천적 종합 판단도 알지 못한다. 우리는 그것이 어떻게 가능할 수 있는지 알지 못한다. 대신 이른바 논리학(그리고 수학)의 분석 판단들은 동어반복적으로 변형된 판단들을 뜻하는 것으로 여길 수 있다.[29]

간단히 말해 논리실증주의자들이 과학의 언어로 선택한 것은 오직 논리학 혹은 수학의 명제와 경험적으로 입증 가능한 주장들뿐이었던 셈이다.

중세 스콜라 철학의 자랑이었던 엄정한 개념 분석과 세련미 넘치는 형이상학적 논증들은 근대 과학으로 계승되지 못했다. 물론 철학은 꽤 오랜 시간 동안 역사의 유물을 보존하고는 있었다. 그러나 과학의 추종자들이 보기에 그것은 베이컨의 말처럼, 기껏해야 학자들의 경쟁적 호승심을 위한 수단이었을 뿐이다. 진리가 발견되는 것인 한, 자연이라는 텍스트에 숨겨진 수학적 질서를 읽어내고, 그 읽어낸 결과가 실제로 맞아떨어지는지를 검증하는 것만이 참된 학문의 길이라고 믿었던 것이다.

베이컨을 통해 강조된 방법론적 전환은 자연과 세계를 바라보는 세계관의 변화를 예고한 것이기도 했다. 종래의 철학이 그저 세계의 질서를 읽어내는 데 만족했다면, 객관성으로 무장한 근대 과학은 단순히 그 질서를 읽어내는 것을 넘어 자연을 통제할 수 있다고 믿기 시작했다. 그리고 그런 믿음은 그리 허황된 것이 아님이 차츰 드러나기 시작했다. 다만 그것이 르네상스로부터 시작된 인간의 자부심으로 귀결될 것인지, 아니면 오만으로 귀결될 것인지는 아직 분명하지 않았다.

—

학문 개념의 변화와
세계관의 변화

—

『학문의 진보』 2권의 첫머리, 여왕에게 바치는 헌사에서 베이컨은 이렇게 말한다.

제가 주목하고자 하는 또 다른 문제점은 어떤 연금술사들에게서 힌트를 얻은 것입니다. 그 연금술사는 사람들에게 그들이 소유한 책들을 팔아서 용광로를 건설하라고 요구합니다. 미네르바 여신이며 뮤즈 여신들은 불임의 처녀이니 그만 단념하고, 그 대신 불카누스에 의존하라는 것입니다. 많은 과학, 특히 자연철학과 의학 분야에서 깊이 있고 결실 있고, 효험 있는 연구를 위한 도구가 될 수 있는 것은 서적만이 아닙니다. (…) 불카누스의 실험이든 다이달로스의 실험이든, 즉 용광로의 실험이든 기계엔진의 실험이든, 모든 비용이 보조되어야 합니다. 군주나 국가에 고용된 비서와 정보원들이 정보비 청구서를 제출하듯이, 자연의 첩자와 정보원들도 비용 청구서를 제출할 수 있도록 허용하셔야 할 것입니다.[30]

베이컨의 이 말은 장차 근대인들이 학문을 통해 무엇을 하려고 하는지를 함축적으로 드러낸다. 위대한 창조주의 신성한 텍스트였던 자연에 대한 경외감은 서서히 사라져갔고, 자연은 오히려 인간의 삶을 풍요롭게 해줄 수단과 도구로 여겨지기 시작했다. 자연을 대하는 태도에 커다란 변화가 일어나기 시작했다.

인간의 원죄의식이 기본적인 정서였던 중세 유럽에서 지상에서의 삶은 속죄의 과정이었다. 그런 한에서 삶은 철저하게 수동적이었다. 그리고 자연의 무상한 변화는 위대한 창조주가 인간에게 베푼 삶의 터전이자 때로 감당할 수 없는 재난을 견뎌야 하는 형벌이기도 했다. 그런 의미에서 중세의 인간에게 가장 중요한 덕목은 인내였다.

르네상스는 그런 중세적 세계관에 균열을 일으켰다. 고대 그리스 문화를 배우면서 르네상스 지식인들은 인간을 새로운 관점에서 보기 시작했으며, 마찬가지 맥락에서 자연을 달리 이해하고자 했다. 베이컨이 아리스토텔레스의 철학에서 계승해서 좀더 발전시키려고 했던 것도 그의 형이상학적 이론이 아니라 자연학에서 관찰을 중시했던 귀납적 탐구 방법이었다. 탐구의 주체로서 인간은 이제 새로운 힘을 갖게 되었다. 위대한 창조주의 피조물에서 신성한 질서를 읽어내는 주체가 되었기 때문이다.

우리는 르네상스 '자연주의'의 대변자라 할 만한 사상가의 자연철학과 우주론조차 그 성격을 따져보건대 명백히 윤리적 의미를 띤 것임을 알 수 있다. 인간은 내면에 품고 있는 영웅적인 정열을 통해서만 자연에 접근할 수 있으며 그 불멸성과 광대함을 관조할 수 있는 것이다.[31]

자연을 탐구하는 인간의 영웅적 성취는 이내 도덕적 열정과 요구로 변화한다. 그리고 닫혀 있는 텍스트인 자연을 열어젖히는 작업은 인간의 위대함을 입증하는 새로운 증거로 여겨질 수 있었다. 그래서 "베이컨은 인간이 원죄를 통해 잃어버렸던 자연에 대한 지배권을 되찾는 일을 일종의 도덕적 요구로 받아들였던"[32] 것이다.

여호와 하나님이 흙으로 각종 들짐승과 공중의 각종 새를 지으시고 아담이 어떻게 이름을 짓나 보시려고 그것들을 그에게로 이끌어 이르시니 아담이 각 생물을 일컫는 바가 곧 그 이름이라. 아담이 모든 육축과 공중의 새와 들의 모든 짐승에게 이름을 주니라.[33]

자연의 질서를 이해하고 지배하는 것은 새로이 발견된 인간의 권리였다. 베이컨은 그 권리를 학문을 통해 부활시킨 것이다. 그는 인간이 자연을 통제할 힘을 가질 수 있다고 믿었으며, 이를 통해 인간 삶의 상황도 개선되리라고 믿었다. 비록 자신이 제안한 진리 탐구 방법의 뿌리가 아리스토텔레스였다고 하더라도, 자연과 지식에 대한 태도는 확연히 달라졌다. 아리스토텔레스가 생각했던 가장 훌륭한 지식의 전형이 자연에 내재한 목적에 대한 관조적(이론적*theorein*) 지식이었던 데 반해, 베이컨의 지식은 실천적인 적용을 목표로 삼는다. "학문의 궁극적인 목적은 자연에 대한 지배권을 갖는 것"이기 때문이다.[34]

흥미로운 점은 지식을 통해 자연을 통제할 수 있다는 믿음은 그 동기를 볼 때 매우 주술적이라는 것이다. 마치 신화와 주술의 시대에 만물이 인간에게 말을 걸어오고, 인간은 그 힘을 어떻게든 이용할 수 있었던 것처럼, 자연에 대한 지식의 힘을 통해 자연을 통제할 수 있다고 믿는 것이다. 차이는 주술 시대의 인간이 자연의 힘을 빌리는 수동적인 존재였다면, 과학으로 무장한 근대는 자연에 명령하는 능동적인 존재가 되었다는 것이다.

토머스 모어의 『유토피아』에서 라파엘이 묘사한 유토피아는 사람들이 수로를 판 뒤 바닷물을 끌어들여 인공적으로 만든 섬이다. 그곳 사람들은 하루에 여섯 시간 정도만 일하면 모든 이가 평화롭고도 풍요롭게 살 수 있다. 유토피아 이야기는 인간을 둘러싼 자연을 어떻게 다스릴지, 그리고 그런 다스림을 통해 인간이 어떤 삶을 살아갈 수 있을지를 설계해본 하나의 모델이었다.

르네상스인에게 위대한 창조주의 지혜를 보여주던 자연은 근대로 넘어오면서 그 신성성을 잃고, 인간적 삶을 위한 수단이 된다. 이러한 변화는 세계를 수학적 질서로 이해하고자 하고, 관찰과 실험을 통해 자연의 질서를 이해하고자 했던 방법론적 변화에 은밀하게 내재되어 있던 운명인지도 모른다. 투명한 수학적 질서 속에서 고찰된 자연에는 색깔이 없다. 색깔은 철저하게 인간적인 것이며, 그런 한에서 인간과 자연의 수학적 대화 속에는 더 이상 인간적인 것들이 남아 있지 않게 될 것이기 때문이다. 게다가 베이컨이 말한 불카누스의 실험은 이내 '프로크루테스의 침대'로 돌변해버렸다.

학문의 진보와 관련해서 베이컨에게 영감을 준 연금술사의 화덕은 아직 자연의 신비로움을 간직한 곳이었다. 연금술은 그저 납덩이를 황금으로 만드는 일만이 아니라, 인간을 우주적 존재로 고양시키는 기술이기도 했기 때문이다. 이 두 가지 기술은 근대를 거치면서 하나는 자연을 통제하는 힘으로, 다른 하나는 신비주의로 귀착된다. 근대를 관통하며 경쟁한 계몽주의와 낭만주의의 대립은 바로 그 두 갈래 길의 연장선이라고 할 수 있다.

자연에 대한 관점이 변하면서, 그와 연동해 있는 지식과 학문을 대하는 태도도 변화하기 시작한다. 비록 표면적으로는 여전히 자연에 대한 지식이 신성한 텍스트를 읽어내는 경건한 작업으로 여겨지고는 있었지만, 그 이면에서는 지식의 생산성과 효율성을 생각하기 시작했다.

애덤 스미스는 어떻게 하면 사람이 풍요로운 삶을 살 수 있는지를 모색하는 과정에서 분업의 효율성을 발견한다. 그리고 그 과정에서 이렇게 말한다.

사회가 진보함에 따라 학문과 사색이, 다른 모든 직업과 마찬가지로, 특정한 계층의 시민들의 주요하거나 유일한 일과 직업이 된다. 또한 다른 모든 직업과 마찬가지로 이 직업도 다수의 다양한 분야로 세분되어 그 하나하나가 특정한 집단 또는 특정한 종류의 학자에게 직업을 제공하고, 또 학문에 있어서의 이 직업 문화도 다른 모든 일의 경우와 마찬가지로 기술을 개량하고 시간을 절약한

학문의 진화

다. 각 개인은 자기 자신의 특정한 부문에서 더욱 전문가가 되어 전체적으로 이루어지는 일이 늘어나고 전문 지식의 양도 크게 늘어난다.[35]

지식을 양의 관점에서 다루기 시작한 것은 중대한 전환점 중 하나였다. 스미스의 이런 생각은 왕에게 학문의 진보, 나아가 국가가 부강해지기 위해서는 불카누스의 화덕을 후원하라는 베이컨의 청원을 계승한 것이기도 했다. 아리스토텔레스의 진리와 지식에서는 질적인 면이 강조되었던 반면 근대 과학에서 지식은 이제 양적인 면에서 고찰된다. 목적론적 세계관에 의지해서 완성된 형태로 고양되는 지식 체계의 유기적 구조, 완성된 존재로 고양되는 연금술적 지식 체계의 신비주의는 아르키메데스의 후예들인 근대의 기계론적 체계에 의해 역사의 뒤안길로 밀려나기 시작한다.

부인할 수 없는 사실은 그런 기계론적 지식 체계가 가시적이고도 놀라운 결과들을 내기 시작했다는 점이다. 마치 스미스가 묘사한 핀 공장에서 일하는 노동자들이 처음에는 하루에 핀 100개를 만들어내기가 벅찼지만, 공정을 18공정으로 나눈 뒤 분업을 시작하고부터는 수천 개씩 만들어낼 수 있게 되었던 것과 마찬가지다.

효율성과 관련해서 이보다 더 강력한 증거는 없었다. 지식과 진리는 인간을 관조적인 존재로서가 아니라 세계를 변화시킬 수 있는 힘을 가진 존재로 만들어주었다. 그에 따라 자연은 진리를 자기 안에 품고 있는 텍스트로서뿐만 아니라, 인간 삶의 혁신을 위한 도구적 의미마저 갖게 되었다. 그리고 마침내 그 진리의 신성함은 인간을 신성화

하는 것으로 전환된다. 하지만 이러한 전환에는 예기치 않은 비용이
필요했다.

04

은폐된 반전

과학혁명이 근대를 어떻게 변화시켰는지를 유려한 필치로 그려낸 화이트헤드는 자신의 책에서 영국의 왕립학회에 참석했을 때의 일을 떠올린다. 그것은 아인슈타인의 이론이 실증되고, 근대 유럽을 지배했던 뉴턴의 이론이 마침내 수정되어야 한다는 사실이 천명되던 자리에 있었던 경험이다. 화이트헤드는 그런 역사적인 순간에 그리스 비극의 본질을 떠올린다. "비극의 본질은 결코 불행에 있는 것이 아니다. 그것은 사물의 냉혹한 작용의 엄숙함에 있는 것이다."[36] 사실은 결코 아무런 말도 하지 않는다. 그저 묵묵히 자신에게 주어져 있는 길을 따라 걸을 뿐이다. 누군가가 이러저러하게 원한다고 해서 사실이 변하지 않는다. 바로 그것이 사실의 엄숙함이다.

자신의 저주받은 운명을 피해 다른 길을 선택한 오이디푸스는 진실을 밝히고자 한다. 아름다운 왕비, 이오카스테는 자신의 운명에 드

리운 검은 그림자를 예감하고 남편인 오이디푸스에게 진실을 밝히기를 멈추라고 부탁한다. 하지만 변할 것도, 변한 것도 없었다. 여주인공의 간절한 기원에도 불구하고, 또 관객의 탄식어린 원망에도 불구하고 달라진 것은 없었다. 비극은 그들의 운명이 아니라, 그 운명을 완성시키는 사실의 냉정함에 있다. 바로 이런 의미에서 근대 과학을 지탱한 하나의 이념은 이러저러한 인간적인 해석들을 재판하는 심판자로서의 사실이었다.

그리스 비극의 또 다른 특징 중 하나는 반전이다. 근대 과학의 세례를 받은 이들이 신화와 종교를 통해 '채색된 사실'의 화려한 옷을 벗겨내고, 자연과 인간 사회를 변혁할 수 있는 토대로서 '사실의 질서'를 구해냈지만 사실은 여전히 그 누구의 편도 들지 않았다. 핀 공장의 분업에서 풍요로운 인간의 미래를 본 기계론적 발상은 칼 폴라니가 블레이크의 입을 빌려 말한 '사탄의 맷돌'처럼 인간 삶의 중요한 어떤 것을 깔아뭉개 형체를 없애버렸기 때문이다.

생산성에 있어 비약적인 성공을 이룬 산업혁명이 가져온 부정적인 결과는 노동의 소외였다. 분업화된 공정에서 제작된 생산물로부터 생산자가 소외되는 일은 학문에서도 일어난다. 지식 생산자가 지식으로부터 소외되기 시작한 것이다. 복잡한 공정 중 어느 한 부분에서만 고도의 숙련도를 갖춘 사람을 생각해보자. 찰리 채플린의 영화 「모던 타임즈」에 나오는 한 장면처럼, 너트를 죄는 일만 하는 사람은 너트를 죄는 일에 있어서는 그 누구보다도 잘하지만 자신이 만들고 있는 것이 무엇인지를 알 필요는 없다. 그 무엇이 무엇인지 몰라도 너트를 죄는 데는 아무런 문제가 없기 때문이다.

마찬가지로 지식을 생산하는 일에 있어 중요한 한 부분을 담당하는 이들은 자신이 발견해낸 지식과 자신이 발명해낸 기술이 인간과 사회 전체에서 어떤 의미를 갖는지를 이해할 필요는 없었다. 그런 고려 없이도 실험 기자재는 작동되고, 새로운 지식은 쏟아져 나왔기 때문이다. 수학적 질서와 사실이라는 두 축을 통해 추동된 근대 과학의 객관성 이념에서 일어난 반전은 학문에서 가치의 문제가 객관성의 칼날에 의해 제거된 데서 비롯되었다.

자연에 대한 수학적 기술이 함수적 연관으로 이해됨으로써, 근대의 자연탐구자는 단지 '사실'로서의 자연이 '어떻게' 움직이는가를 드러내기만 하면 된다. 자연이 본래 이루려는 목적 같은 것은 존재하지도 않는 것 같았다. 그 결과 마치 예정되어 있기라도 한 듯 형이상학은 참된 학문의 위상을 잃어버리고 만다. 이에 따라 자연스럽게 '가치'의 문제도 제거된다. 가치 판단의 준거점이 될 궁극의 목적이 사라졌기 때문이다. 목적론적 관점, 즉 질적 관점에서 자연을 이해할 때 개입되는 '가치'의 문제는 양적 관점에서의 탐구, '사실'에 대한 탐구를 통해 배제된다. 화이트헤드는 근대 과학의 탐구 방식에서 사라지는 가치의 문제를 다음과 같이 에둘러서 표현한다. "그렇다면 장미꽃은 그 향기를, 꾀꼬리는 그 노래를, 태양은 그 광휘를 우리로부터 차용한 것이 되니 그러한 객관적인 자연을 노래 부르는 시인은 전적으로 오류를 범한 셈이 되고 만다."[37]

물론 이러한 반전이 단번에 일어난 사건은 아니다. 근대 과학의 이중성을 날카롭게 지적했던 후설은 르네상스의 지식인들이 발견한 인간상의 혁명적 전환이 근대 과학을 통해 서서히 그 힘을 잃어갔다고 말한다.

보편적 철학과 이에 필요한 방법의 확고한 이상은 소위 철학적 근대와 이것이 발전하는 모든 계열의 근원적 설립으로 시작된다. 그러나 이 이상은 사실상 효력이 발휘되는 것 대신에 내적인 해체를 체험할 뿐이었다.[38]

후설은 이러한 해체가 일어나게 된 원인을 근대 과학이 집착한 '사실'에서 찾았다. '실증주의가 철학의 목을 잘랐다'는 그의 경구는 오직 양적인 것만을 추구한 근대 과학이 결과적으로 우리 삶에 색을 입히는 '의미'를 제거해버렸다는 진단에서 비롯되었다.[39] 길리스피가 보기에도 마찬가지다. "근대 과학은 자연을 이해함과 동시에 통제하려고 한다. 오늘날 유력한 설득력을 지니는 실증주의 철학자들은 이해란 착각적인 목표라고 주장한다. 그들에게는 예측과 통제가 전부"[40] 이기 때문이다.

이렇게 사실만이 객관적인 학적 진리를 가늠하는 척도가 됨에 따라 근대인이 잃어버린 것은 가치의 문제였으며, 그것은 이내 인간의 문제로 비화된다. 배아복제 기술의 경우처럼 인간 생명의 문제를 다루는 오늘날의 과학은 윤리 문제에 민감하게 반응하지 않을 수 없다. 그러나 그것은 윤리의 문제를 진지하게 고민해서만이 아니라 그 문제가, 혹은 사람들의 막연한 불안감이 그들이 밀어붙이고 싶어하는 과학적 탐구의 발목을 잡을 수 있기 때문이다.

물론 이러한 비판, 즉 과학이 인간 삶의 문제로부터 유리되어 있다는 인문학 쪽의 비판은 한편으로 정당하지만, 다른 한편으로는 제한 적이다. 가치의 세계는 '자연적 세계'가 아니다. 따라서 그 세계에서 벌어지는 논쟁은 객관적 혹은 정량적으로 평가될 수 있는 문제들을 다루지 않는다. 그러므로 20세기 초반 신칸트학파가 자연과학*Naturwis-senschaft*과 정신과학*Geisteswissenschaft*을 구분했듯이, 가치를 다루는 학문과 자연을 다루는 학문을 구별하는 것은 분명히 하나의 해법일 수 있다. 그러나 오늘날 환경 문제가 그렇듯이 학문과 기술이 고도로 발전한 사회에서 가치의 문제와 사실의 문제는 그렇게 명료하게 구별되지 않는다. 더욱이 근대 과학이 가치의 문제를 사실의 문제로부터 분리시키려고 했던 것에 어떤 불순한 의도가 숨겨져 있는 것도 아니다. 그러한 경향은 계몽주의적 과학이 그 스스로를 기존의 지식 권력으로부터 해방시키기 위해 사용한 전략이었기 때문이다.

섀퍼와 라투르가 지적했던바 공기 펌프를 둘러싼 홉스와 보일의 대응 방식의 차이는 근대 과학이 어떻게 가치로부터 자신을 분리시켰는지를 보여준다. 라투르의 다음 말은 그런 점에서 매우 압축적이다.

고대의 어두움은 사회적 필요와 자연의 실제, 의미와 인과관계, 기호와 사물을 한데 불합리하게 혼합했는데, 이것은 이제 물질적 인과성을 인간의 환상으로부터 깔끔하게 분리하는 여명에 길을 내주었다. 결국 자연과학은 자연이 무엇인지를 정의했고 각각의 새로운 학문 분과들의 등장은 그 전-과학적 과거로부터, 그리고 그 구체제로부터 마침내 해방되는 총체적 혁명으로 경험되었다. 이여명의 아름다움을 느끼지 못하거나 그 약속에 대해 흥분하지 않

는 사람은 근대인이 아니다.[41]

르네상스에서 근대 과학에 이르기까지의 발전 과정에는 하나의 반전이 은폐되어 있다. 과학이 가치의 문제에 대해 냉정함을 유지함으로써 정치적 욕망이나 이해관계가 진리를 왜곡하는 위험으로부터는 자신을 지켜낼 수 있지만 그 반대로 학문하는 사람이 가치에 무관심할 때 생겨날 새로운 위험을 배태할 수 있기 때문이다. 20세기 전반은 바로 그런 문제들이 노출된 시기이기도 했다. 인류에게 미증유의 힘을 제공한 사람 중 한 명이었던 로버트 오펜하이머의 경우가 그렇다. 그는 핵 연구에 관한 자신의 기여가 인류를 거대한 폭력 앞으로 몰아세웠다는 사실에 경악했고, 결국 그를 반핵 시위의 앞줄에 서게 만들었다. 또 오늘날의 과학 연구가 막대한 자금을 필요로 한다는 사실과 관련해서 과학이 사회 내 제 구성체 간의 이해관계에 묶여 본래의 과학 연구 자체와는 무관하게 이용되는 사례마저 볼 수 있다. 그래서 울리히 벡은 진리와 계몽을 독점하던 과학이 오늘날에는 위기에 봉착해 있다고 말하기도 한다.[42] 과학기술의 힘은 우리가 감당할 수 없을 정도로 커지고 있는 까닭에 그에 대응하는 우리의 도덕적 능력이 반비례하고 있는 듯 보이기 때문이다.

벡의 평가는 많은 내용을 함축한다. 과학적 지식의 성장은 본래 계몽의 이념이기도 했다. 계몽의 신념은 우리가 자연을 제대로 이해하고 통제할 수 있듯이 사회를 개혁하고 진보를 이뤄낼 수 있다는 희망으로 이어졌기 때문이다. 프랑스 혁명 기간 중 교육 제도를 개혁하면서 인류의 미래를 낙관했던 콩도르세 같은 계몽주의자들에게나, 인류

학문의 진화

역사의 발전 단계를 말한 콩트에게 있어서도 과학은 '진리'를 추구하는 일종의 희망이었다. 그런 점에서 보면 역설적이기는 하지만 근대 과학은 결코 이념과 가치로부터 유리되어 있지 않았다. 따라서 과학이 가치의 문제에 소홀하다고 말하는 것은 분명 제한적으로 이해해야 하는 표현이다. 적어도 계몽주의 시대에는 사정이 반대였다고 말할 여지가 있기 때문이다.

이러한 이중 역설의 상황은 오늘날의 첨단 융합 기술에 대해서도 마찬가지로 벌어지고 있다. 이미 1960년대에 맥루언은 근대 활자문화의 시대가 왜곡시킨 감각의 문제가 전자 미디어 시대에 새로운 가능성을 맞을 것으로 기대했다.[43] 이후 디지털 기술의 발전은 실제로도 많은 가능성을 보여주었다. 한편에서는 디지털 기술에 의해 학문은 물론 인간 삶마저도 근본적인 위기에 봉착하게 만들 것이라는 부정적인 전망이 나오지만, 다른 한편으로는 소셜 네트워크와 같이 사회 변화의 새로운 동력과 그 동력을 기반으로 하는 시민운동들 역시 디지털 기술의 발전에 기대어 있다. 간단히 말하면 극도의 위험과 새로운 가능성이 공존하고 있는 것이다. 이러한 사정은 이미 근대 과학이 가속도를 내며 치닫기 시작할 때 내재되어 있던 가능성들이 펼쳐지는 것인지도 모른다.

계몽주의가 사람들에게 새로운 희망을 말할 때, 낭만주의는 그 상대방의 말 속에서 어떤 규격화된 삶의 위험을 보았다. 반대로 낭만주의가 인간 내면의 어둡고 은밀한 부분에 주목했을 때, 계몽주의는 그 상대방의 말 속에서 낡은 세계관으로의 회귀를 걱정했다. 근대를 지탱한 계몽주의와 낭만주의는 모두 르네상스적 소용돌이 안에 자신의 기원을 갖고 있다. 따라서 근대 과학의 공과를 둘러싼 논쟁은 르네상스 안에 혼재되어 있던 가능성들이 역사라는 무대를 통해 전개된 이중나선이었던 셈이다.

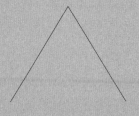

4장

—

계몽주의적 신념과
과학의 발전

0 1

계몽이라는
이념

정확히 언제부터 근대라는 역사 시기의 분기점이라고 말하기는 어렵지만 적어도 17세기에 접어들면서 사람들은 이 세계의 주인이 누구인지를 분명하게 자각하기 시작했다. 그 주인은 말할 것도 없이 인간 자신, 특히 인간의 이성이었다. 이는 이미 가장 확실한 것을 찾던 데카르트가 신의 존재에 앞서 의심할 줄 아는 인간 이성의 존재를 확인했을 때 정해진 시나리오였는지도 모른다. 브루트는 '과학혁명' 이전 세대를 다음과 같이 특징짓는다. "중세 철학은 사건의 직접적인 물음 대신 그 궁극적인 원인을 풀기를 시도하면서, 그리고 바로 그 때문에 목적적 원인의 원리를 강조함으로써 신God이라는 적합한 개념을 가지고 있었다."[1]

근대는 그런 신을 더욱더 경건한 마음으로 이 세계에 매순간 개입하는 노동으로부터 은퇴시켰다. 근대 과학이 발견한 자연의 수학적 질서는 신의 개입을 필요로 하지 않았기 때문이다. 이제 세계는 자기 자신의 고유한 질서에 따라 움직여가는 거대한 기계로 여겨질 수 있었다. 이러한 믿음은 일종의 긍정적 되먹임positive feedback을 통해 강화된다. 자연을 수학적으로 이해함으로써 얻어지는 결과들, 다시 말해 자연법칙들의 발견은 자연을 더욱더 법칙적으로 이해하도록 고무한 것이다. 화이트헤드의 말처럼 일종의 "함수 개념이 수학의 추상적 영역을 지배함으로써 자연의 질서를 수학적으로 표현한 자연법칙을 반영"했으며, "이러한 수학의 진보를 떠나서는 저 17세기의 과학의 발달은 불가능했을"지도 모른다.[2] 결과적으로 뉴턴이 보여준 자연의 질서는 인간 이성이 해야 할 일이 무엇인지, 그리고 그동안 은폐되어 있던 인간의 가능성이 무엇인지를 알게 해주었다.

앞선 장에서 밝혔듯이 인간 이성은 단순히 이 세계의 질서를 파악하는 것에 머무르지 않는다. 자연의 질서를 수학적 언어로 표현될 수 있는 법칙 속에 가두어두자 자연을 통제하고, 나아가 우리의 필요에 따라 변화시킬 수 있는 힘이 생겼기 때문이다. 물론 이는 인간 이성의 가능성에 대한 단순한 믿음에 불과한 것이기는 했다. 그러나 세계를 새로운 관점에서 이해하고 설계하기에는 충분했다. 근대 과학의 세계관을 예리한 필치로 그려낸 프리고진은 이를 이렇게 표현한다.

오히려 뉴턴의 법칙은 예측과 조작의 한 방편을 마련해주었다. 그리하여 자연은 혼란하고 제멋대로이며, 확률적인 대신 법을 준수하고 양순하며 예측할 수 있는 것이 되었다.[3]

학문의 진화

뉴턴의 과학은 사실상 행동적인 과학이다. 이것의 근원은 중세 장인들의 지식이며 기계 제조자들의 지식이다. 이러한 과학은 이 세계에 체계적으로 작용하는 수단과 자연적인 과정들의 진행 방향을 예측하고 수정하는 수단 그리고 자연의 힘과 물질 자원을 길들이고 이용할 수 있는 장치를 고안하는 수단이 되었다.[4]

이제 자연은 하나의 기계, 특히 수학적 법칙을 준수하는 자동화 시스템으로 간주되었고, 자연에 대한 통제력은 자연스럽게 인간과 사회를 변화시킬 수 있는 힘으로도 전이되었다. 자연을 지배하는 질서와 마찬가지로 사회를 지배하는 질서 역시 법칙적 성격을 갖고 있다면, 사회에 내재한 질서를 파악함으로써 사회를 통제할 수 있다는 믿음 또한 자연스럽기 때문이다. 그래서 이러한 전이는 결국에는 진보적 역사 이념으로 귀결될 운명을 지니고 있었다.

이런 의미에서 계몽주의는 근대 전반을 규정짓는 하나의 이념, 즉 인간 이성에 대한 무한 신뢰를 상징하는 이념으로 자리매김할 수 있었다. 계몽을 하나의 이념으로 간주하는 이유는 그것이 어떤 완성된 상태를 말하는 것이 아니라, 하나의 과정을 뜻하기 때문이다. 칸트는 그의 유명한 답변서, 「계몽이란 무엇인가에 대한 답변」[5]에서 계몽은 "우리가 마땅히 스스로 책임져야 할 미성년의 상태로부터 벗어나는 것"이며, 그 미성년의 상태란 "다른 사람의 지도 없이는 자신의 지성을 사용할 수 없는 상태"라고 규정한다. 따라서 계몽이란 인간 이성이 미성숙의 상태에서 벗어나 자신의 사유와 행위에 대해 책임질 수 있는 성숙한 상태에 이르는 것을 의미한다.

본래 '계몽En-lightment'이라는 말은 빛을 비춘다는 뜻이다. 빛이 비춰지는 곳은 물론 인간 이성이 관장하는 영역이다. 따라서 계몽은 그 이전 시대를 어둠으로 규정할 때 비로소 그 의미가 드러난다. 근대 이후의 역사가들은 중세를 '암흑시대'로 묘사하곤 했다. 근대를 돋보이게 하려는 정치적이고도 과장된 표현이었지만, 어쨌든 중세가 이성의 광휘로 번뜩이던 시대가 아니었던 것만큼은 분명하다. 몽테뉴가 인간 지성의 불완전성을 강조하며 회의주의적 태도 속에서 관용의 정신을 강조했던 이유는 그가 살던 시대를 지배했던 것이 종교적 광기였기 때문이다. 가령 마녀사냥이 일종의 정치적 수단으로서 맹위를 떨치는 상황은 건전한 상식을 가진 지성인이라면 용납하기 어려운 시간이었을 것이다. 마녀를 판별하는 다양한 종류의 방법을 보자.[6] 마녀로 의심되는 사람들은 천칭 저울의 한쪽에 올려지고, 다른 쪽에는 성서를 놓아 성서보다 가벼우면 마녀로 판결받기도 했고, 오래된 주술적 신앙에 기초해서 두 손과 발을 묶은 뒤 물속에 던져져서 물 위로 떠오르면 마녀로 간주되었다. 심지어 마녀는 고통을 느끼지 못하는 신체 부위가 있다고 여겨져 온몸 구석구석을 바늘로 찔러 확인하는 감별법도 있었다.

1438년에 일어난 한 재판은 마녀 재판이 어떻게 이루어졌는지를 보여주는 전형이다.[7] 피에르 발랑이라는 이름의 노인은 반복된 고문과 심문 과정에서 언제나 두 가지 선택지 중 하나를 택할 수 있었다. 자신의 죄를 고백하든지 아니면 다시 고문을 받는 것이었다. 결국 그는 자신의 죄를 아주 '상세하게' 고할 수밖에 없었고, 실제로는 아무런 관련도 없는 주변 사람들을 공범자로 지목해야 했다. 그렇게 알려진 '공범자'들의 운명이 어떻게 될지는 불 보듯 뻔했다. 그들의 재산은 모조리 몰수되었고, 그들의 몸은 형장의 재로 사라졌다. 몰수된 재산은 교회와 이단을 처벌하는 신성한 노동을 수행한 재판관, 그리고 그 일에 관련된 이해 당사자들의 주머니를 채워주었다.

18세기가 되어서야 비로소 가라앉기 시작한 이 광기를 그저 종교적 열광으로만 설명할 수는 없다. 때로는 정적을 제거하기 위해, 때로는 오직 치부를 위한 수단으로도 사용되었고, 감당하기 어려울 정도의 질병이나 흉년이 닥쳤을 때는 사회적 불만을 해소시킬 희생양도 필요했을 것이다. 문제는 그 의도가 무엇이었든 간에 대다수의 사람이 마녀와 마법에 대한 믿음을 지녔으며, 성직자나 재판관 등 사회 지도층의 말을 그대로 믿었다는 것이다. 칸트가 계몽을 미성숙의 상태로부터 벗어나는 일이라고 말한 것은 당대의 시대적 배경을 고려할 때 당연한 것이었는지도 모른다. 칸트가 요청한 계몽의 표어는 '감히 생각하기를 시도하라sapere aude!'였다.

칸트적 표현에 따라 계몽된 인간은 자신에게 '강요된' 지식과 행동이 아니라, 스스로 판단한 바에 따라야 한다. 이때 몇 가지 문제가 자연스럽게 따라붙는다. 무엇이 우리가 믿고 따를 만한 지식인지를 결정해주는가이다. 비록 데카르트 역시 같은 문제의식을 갖고 '생각하는 자아'라는 버팀목을 찾기는 했지만, 그는 중세적 세계관에서 완전히 벗어나지는 못했다. 외부 세계에 대한 우리의 지식을 보증해주는 존재로서 신을 상정할 수밖에 없었기 때문이다. 그러나 이제 신이 궁극적인 진리의 보증자로서의 역할을 하지 않는다면, 무엇이 우리를 인도할 수 있는가? 대답은 어렵지 않았다. 결국 인간 이성 스스로가 책임져야 했다. 마치 성년의 날이 되자 가족에게 독립을 선언한 애송이처럼 비록 처음에는 좌충우돌하겠지만 언젠가는 성숙한 어른이 될 것이라는 믿음이 있었기 때문이다. 이러한 믿음은 철학적으로 '이성의 자기 정당화'라는 문제의식을 낳는다. 누군가에게 의지하지 않는 자는 스스로의 판단을 정당화해야 하기 때문이다.

그래서 르네상스의 지식인으로서 몽테뉴가 자조적으로 '내가 무엇을 아는가Que sais-je?'라고 물었을 때, 데카르트는 『방법서설』을 통해 우리가 어떻게 이성을 사용해야 하는가로 대답했던 것이다. 데카르트는 이후의 근대인들에게 그 무엇이든 함부로 진리라고 속단하지도 말고, 어려운 것일수록 잘 분석해야 하며, 단순하고 분명한 것으로부터 복잡한 것으로, 또 빠진 것이 없는지 면밀히 검토할 것을 권한다. 물론 이것은 인간 이성이 스스로를 정당화하는 문제와는 상관없다. 비록 데카르트가 사유하는 존재로서 인간의 존재 확실성을 입증했다고 믿었더라도 사정은 다르지 않다. 생각하는 자아의 존재라는 사실 자체가 이 세계에 대한 진리의 보증자 역할까지 해주지는 않기 때문이다. 따라서 인간 이성이 자기 자신을 정당화하는 문제는 헤겔에 이르기까지 근대 사유의 숙제로 남겨진다. 반면 근대인이 선택할 수 있는 차선은 데카르트가 그랬던 것처럼, 또 칸트가 지식을 구하는 방식을 나누었던 것처럼 '방법'의 문제에 집중하는 것이었다. 그리고 그런 한에서 자연과학은 철학에 비해 놀랄 만큼 앞서갔다.

자연과학은 경쟁하는 이론 간의 승패를 결정지을 확실한 절차를 보유한 것처럼 보였으며, 앞선 실패들을 누적시킴으로써 결과적으로 지식을 쌓아올릴 수 있었다. 이런 점에서 계몽이라는 이념은 철학에

학문의 진화

서보다는 자연과학에 더 잘 들어맞는 이념이라고 해도 좋을 것이다. 칸트가 말한 계몽적인 지적 성숙에 걸맞게 자연과학은 세계에 관한 우리의 지식이 성장하고 성숙한다는 증거를 내놓을 수 있었다. 이제 무엇이 학문의 전형인지를 둘러싼 인문학과 자연과학 사이의 경쟁적 갈등이 시작되었다. 비록 그 갈등이 밖으로 공공연하게 표출된 것은 19세기 말에 접어들어서였지만, 일단 그런 문제를 고민해야 하는 분야는 자연과학이 아니라 철학이었다. 설령 칸트의 선험 철학이 자연과학적 지식을 정초하고자 시도함으로써 철학과 자연과학 사이의 위계적 관계를 설정했다며 자조적인 안도감을 갖고 있었다 해도, 그 사실에 주목했던 이들은 오직 철학자뿐이었다.

___

학문 개념의 변화와
사회 변혁의 동력

___

베이컨에서 백과전서파에 이르기까지 학문의 혁신을 통해 새로운 세계상을 그려보려고 했던 이들에게서 공통되게 확인할 수 있는 사실 중 하나는 신에 관한 학문과 인간적 학문의 구별이었다. 이것은 신성한 지식과 세속적인 지식을 구분하는 것이기도 하지만, 그들이 실제로 관심을 가진 지식 체계는 더 이상 신성한 지식이 아니라 인간적인 학문의 체계들이었기 때문이다.[8]

학문의 체계를 분류하는 일은 세계의 부분들을 분류하는 일에 상응한다. 바꿔 말하면 세계 체제를 재편하는 일이다. 이 거대한 프로젝트의 주체는 물론 인간 이성이다. 자연, 나아가 세계 전체가 인간 이성이 바라보는 시선에 의해 재편되는 계몽의 프로젝트는 학문의 개념이 근본적으로 변화했음을 단적으로 보여준다. 학문은 더 이상 신성한 진리의 체계가 아니라, 인간적이고 세속적인 욕망들이 투사될 수 있는 지식의 체계다. 물론 진리의 신성성이 일격에 무너지지는 않았다. 오히려 변형된 형태의 신성성이 등장한다. 그래서 신이라는 절대자가 은퇴한 뒤의 권력 공백을 인간이 발견해낸 진리가 넘겨받는다. 한때 진리는 오직 신들의 도움으로 알려지는 신성한 힘이었다. 카시러가 캄파넬라를 언급하면서 르네상스적 지식인들에게 있어 "'인식함'이란 다름 아닌 자연에 드러난 신의 글을 읽는 것"[9]이라고 묘사했듯이, 진리와 지식의 신성성이 창조주로부터 연원하던 시절이 역사의 뒤안길로 사라진 것이다. 진리는 이제 그 자체로 신성한 성격을 부여받는다.

더 나아가 진리의 신성성은 새로운 측면에서 주목받기 시작했다. 근대 과학이 발견한 객관적인 지식, 즉 보편타당한 지식이 인간 지성의 불완전성을 극복하는 상징으로 여겨졌기 때문이다. 따라서 근대적 의미의 학문은 불완전한 인간이 자신의 불완전성을 극복하는 하나의 방법이다. 계몽이 미성숙한 상태에서 성숙한 존재로 성장하듯이, 인간 지성 역시 학문을 통해 지적으로 성장함으로써 더 완성된 상태를 지향할 수 있게 된 것이다. 더욱이 과학적 지식의 발전이 기술의 발전을 가져오고, 결과적으로 인간 지성이 자연적 힘을 통제할 수 있다는 것이 확실해지자, 학문은 진보를 위한 변혁의 수단으로 간주된다. 이러한 변화는 홉스봄의 말처럼 이중적이다.[10] 프랑스 혁명이라는 정치 혁명과 영국의 산업혁명은 그 이중성을 대변한다. 한편으로는 사회를 변혁시키고, 다른 한편으로는 자연이 인간에게 봉사하도록 길들이는 것이다.

제임스 와트가 1769년 '화력기관에서 증기와 연료의 소모를 줄이는 새로운 방법'으로 특허를 출원하고, 그로부터 7년 후에 마침내 증기기관이 상업적으로 이용될 수 있었을 때, 근대 학문은 미래를 향한 혁명의 중요한 내연기관을 얻었다. 이는 무엇보다 과학적 지식의 성장이 기술적 진보와 무관하지 않다는 것, 특히 인간 삶의 구체적인 현실을 변화시킬 수 있다는 것을 보여주었기 때문이다. 게다가 과학적 지식의 성장과 기술적 진보는 일방적이 아닌 상호 간에 시너지를 일으키는 관계였다. 예컨대 근대에 접어들어 새로운 학문으로 등장한 지질학과 고생물학의 경우, 기술자와 건축가들이 땅을 뒤지고 파는 일에 열심이었기 때문에 폭발적으로 성장할 수 있었다. 물론 그 기술자들은 자연의 신성한 질서를 이해하기 위해 노력했다기보다는 석탄과 철광석처럼 돈이 되는 일을 찾았을 뿐이다. 비록 세속적인 욕심이었지만, 그 욕심이 결과적으로는 우리에게 과학적 지식의 양을 늘리는 계기를 마련해준 것이다.

정치 혁명에 있어서도 마찬가지였다. 르네상스 시기에 새로 태어난 인간은 프랑스 혁명을 통해 인간 존엄성을 불가침의 신성한 권리라고 천명했다. 혁명 기간 동안 국민의회는 시민의 인권을 보장하는 선언문을 채택했고, 그 선언문의 제1조는 사회적 존재로서 인간이 어떤 권리를 부여받았는지를 명백히 한다.

모든 인간은 권리에 있어 자유롭고 평등한 존재로 태어났으며, 또한 생존한다. 사회적인 차별은 오직 공익에 바탕을 둘 때만 가능하다.

학문의 진화

이미 영국의 로크나 프랑스의 루소를 통해 사회의 구성 자체가 '신성한 계약'에 의한 것이라는 자연법 사상이 혁명을 이끄는 이념이 되었다. 이러한 변화는 오랫동안 사람들이 당연하다고 여겨온 신분질서에 기초한 이른바 구체제ancien regime를 붕괴시켜버렸다. 마치 오랜 세월 동안 태양이 지구 주위를 돈다는 당연한 믿음이 부서졌던 것과 마찬가지나. 비록 과학적 지식과 달리 혁명은 진퇴를 거듭하는 우여곡절을 겪었지만, 인간 사회를 공학적으로 설계하고 변혁할 수 있다는 믿음은 이후의 역사에서 사회주의라는 거대한 실험을 가능케 했다.

사회를 혁신할 수 있다는 믿음은 무엇보다 자연과학의 성공에서 강한 동기를 부여받았다. 예컨대 혁명의 소용돌이에 휘말려 차가운 감옥 바닥에서 생을 마감해야 했던 콩도르세의 다음 말은 과학적 지식의 성장과 그에 따른 사회 진보에 대한 당대의 희망이 어떠했는지를 격정적으로 보여준다.

만일 인간이 현상들에 대한 법칙을 알고 있어서 거의 전적으로 확신하고 현상들을 예견할 수 있다면, 자신이 알지 못하는 미래의 사건들을 과거의 경험에 따라 확률 높게 예견할 수 있다면, 역사의 결과에 따라 인류의 미래 운명에 대한 도표를 그럴듯하게 그려보는 것을 비현실적인 기획이라 할 수 있는가? 자연과학에서 믿음의 유일한 기초는, 알려졌든 알려지지 않았든 우주의 현상을 지배하는 일반 법칙이 필연적이고 항구적이라는 생각이다. 그런데 이 원칙이 자연의 다른 활동에 대해서는 유효하면서도 지적이고 도덕적인 분야에서는 진리가 되기에 미흡한 까닭은 무엇인가?[11]

자연과학적 성과를 사회적 변혁으로 투사함으로써 콩도르세는 인간의 역사가 진보한다는 믿음을, 그리고 그것을 통해 인간 사회의 진보를 전망할 수 있었다. 이는 칸트와는 또 다른 의미에서, 그러나 다른 한편으로는 더욱 적극적인 의미에서 계몽을 말할 수 있었다. 그것은 바로 교육을 통한 사회적 혁신이었다.

과학의 진보는 가르치는 기술의 진보를 약속하고, 가르치는 기술의 진보 자체는 이어서 과학의 진보를 더욱 가속화한다. 이 상호 영향은 부단히 활동을 갱신하는 것으로, 인류 완성의 가장 활기차고 가장 힘 있는 수많은 원인 가운데 하나로 간주되어야 한다. 오늘날 학교를 졸업하는 젊은이는 수학에서 뉴턴이 깊이 연구해 배운 것이나 혹은 그가 천재성을 통해 발견한 것 이상을 안다. (…) 각각의 과학 영역이 확장됨에 따라, 더 좁은 공간에 더 많은 진실에 대한 증거들을 압축하고 그것을 이해하는 데 도와주는 수단들 역시 완전해진다. 따라서 (…) 각 세대에 있어 같은 지력과 주의를 가지고 같은 시공간에서 사람들이 배울 수 있는 것은 반드시 증가할 것이다. 그리고 모든 사람이 도달할 수 있는 각 과학의 기초 부분은 점점 더 확장되어, 공동의 삶으로 가기 위해, 이성을 완전히 독립적으로 행사하기 위해 각자가 알 필요가 있을 만한 것을 더욱 완전하게 포함할 것이다.[12]

비록 정치적인 압박을 피해 지인의 집에 숨어서 쓴 책이었지만 콩도르세는 인류의 미래를 전망하는 글을 마감하면서 다음과 같은 자신

학문의 진화

감과 희망을 내비친다.

이 마지막 시대를 끝내면서 검토해야 할 문제는 이것이다. 진보의 적국에서 해방되듯이 우연의 제국에서 벗어나고 모든 족쇄로부터 해방되며, 진실과 덕성과 행복의 길에서 확고부동한 발걸음으로 걷는 인류에 대한 이러한 도표가 철학자에게는 얼마나 좋은 구경거리가 되는가?[13]

콩도르세의 강한 신념은 근본적으로 근대의 학문이 자연을 탐구해서 얻은 '필연성'에 대한 관념에 기초한 것이다. 이러한 필연성이 사회와 인간의 역사 전체에서도 작동할 것이라고 본 것이다. 비록 머지않아 자연의 법칙이 적용되지 않는, 인간의 자유에 대한 문제의식이 부상할 터였지만 적어도 인간에 대한 법칙적 학문, 사회에 대한 법칙적 학문이라는 이념은 근대 지식인의 가졌던 계몽적 신념의 중요한 한 축이었다.

그런데 여기서 주목해야 할 문제가 하나 있다. 그것은 자연과학적 탐구가 찾아낸 법칙의 이념적 성격과 관련된 문제다. 이념이란 그것이 옳음에도 불구하고, 경험적 현실에서는 제대로 적용되지 않을 때가 있다. 예컨대 원리적으로 생각하면 물은 100도씨에서 끓고, 0도씨에서 얼기 시작해야 한다. 그러나 실제로 물은 100도씨가 되지 않아도 끓기 시작하고, 0도씨가 되어도 얼지 않는다. 순수한 물이 아니기 때문이다. 실험을 통해 알게 되는 법칙적 진술들은 모두 어떤 이상적인 상황을 가정한다. 갈릴레오가 사고 실험을 통해 낙하운동을 $\frac{1}{2}gt^2$으로 정식화할 때, 그것은 실제 낙하 실험과는 다르다. 공기의 저항과 같은 다른 조건들을 고려하지 않았기 때문이다. 이른바 자연과학에서 발견한 법칙들은 언제나 '다른 사정이 모두 같다면ceteris paribus'이라는 조건을 전제로 한다. 이렇게 자연과학에서 가정하는 이상적인 상황은 때로 현실적으로는 불가능한 것일 수도 있다. 현실에서는 법칙의 구현을 끊임없이 방해하고 교란하는 일들이 일어나기 때문이다. 인간과 사회에 관한 법칙적 진술은 더 말할 것도 없다. 예컨대 완전경쟁 시장에서 가격이 수요와 공급의 균형을 맞춘다는 원리를 생각해보자. 이때 가정되는 전제는 적절한 수준의 이성적 시장 참여자로 가득한 완전경쟁 시장이다. 그러나 현실적으로 완전경쟁 시장이나, 또 시장 참여자가 모두 합리적으로 판단한다는 것은 충족되기 어려운 조건이다.

계몽이 인간의 이성을 일깨우고, 자신의 권리와 책임을 강조할 때도 마찬가지다. 모든 사람이 신성한 자연권을 가지며, 오직 자신의 신체와 자산을 지키기 위해 스스로의 자유를 내놓는 계약에 의해 정부가 성립한다는 신성한 계약은 하나의 이념이다. 물론 로크나 루소의 자연 상태 역시 하나의 이념일 뿐이다. 그러나 이 이념적 조건은 현재의 어떤 상황을 정당화해주는 근거로 작용한다. 다시 말해 우리가 정부에 대해 어떤 요구를 할 수 있는 이유는 정부의 성립 자체가 자연적 시민의 계약적 권리 이양에 기초해 있기 때문이다.

원래 인간은 이 세상에 태어날 때부터 모두 자유롭고 평등하며 그리고 독립되어 있으므로, 어느 누구도 스스로 동의함 없이 이러한 상태로부터 추방되어 다른 사람의 정치적 권력에 복종될 수는 없는 일이다. 인간이 이 세상에 태어날 때부터 갖게 되는 자연적인 자유를 포기하고 시민적 사회의 구속을 받게 되는 유일한 길은 다른 사람과 서로 결합하여 하나의 공동체를 형성하는 데 동의하는 것이다. 그런데 그렇게 하는 목적은 각각 자기네 재산을 안전하게 향유하며……**14**

자연 상태가 실제로 존재했느냐의 여부는 여기서 그다지 중요하지 않다. 중요한 것은 모든 인간이 자유롭고 평등하게 태어났다는 하나의 이념적 가치다. 자연 상태는 이 이념적 가치를 정당화하기 위한 이론적 도구일 뿐이다. 설령 그런 자연 상태가 역사적으로 존재하지 않았다고 해도 문제되지 않는다. 그것은 마치 갈릴레오가 낙하운동의 법칙을 실증하기 위해 피사의 사탑에 올라가서 바람이 불지 않기를 기다렸지만, 그런 고요한 날을 만나지 못한다고 해서, 혹은 결코 만날 수 없다고 해도, 그의 법칙에 아무런 문제가 없는 것과 같다.

칸트는 『순수이성비판』을 통해 어떻게 자연에 관한 보편타당한 법칙이 가능한지를 문제시한다. 이미 보편타당한 법칙이 실제로 존재하고 있다면, 그것을 이성적으로 납득할 수 있도록 재구성하는 문제인 셈이다. 칸트는 이러한 문제의식을 일관되게 역사의 문제로 확장한다. 「세계 시민적 관점에서 본 보편사의 이념」에서 칸트가 제시한 제9명제는 이렇다.

인류의 완전한 시민적 통합을 목표로 하고 있는 자연의 계획에 따라서 보편적 세계사를 편찬하려는 철학적 시도는 가능한 것으로서, 또 이런 자연의 의도에 공헌하는 것으로서 간주되어야 한다.[15]

칸트는 이 제9명제 뒤에 "비록 이념에 따라 역사를 기록한다는 것이 이상하게 보일지라도"라는 단서를 붙인다. 그럼에도 보편적 세계사에 대한 시도가 의미 있는 것은 '자연의 계획'이나 '자연의 의도'라는 표현에서 드러나 있듯이, 칸트가 바라보는 이성적 질서의 세계가 전제되어 있는 것이다. 신의 존재에 관한 도덕적 증명[16]에서도 마찬가지다. 만일 역사가 우리 눈에 보이는 그대로의 것이라면, 창조주의 질서가 존재한다는 믿음은 근거가 없어 보일 것이다. 그러나 분명한 것은 우리가 어떤 도덕적인 생활을 영위하고자 하며, 그런 생활은 불가피한 것이기도 하다는 점이다. 따라서 칸트에 따르면 역사에 관한 철학자의 과제는 역사의 실제 최초 모습이 어떻든 간에 역사는 우리가 이해할 수 있는 계획에 따라 진행하며, 도덕적 이성이 시인할 수 있는 목표를 향해 가는 과정이라는 의미에서 하나의 이성적 과정임을 입증하는 것이다. 마치 르네상스의 지식인들이 자연에서 창조주의 질서를 읽어냈듯이, 소우주인 인간과 사회에서도 자연의 합목적적인 질서가 있다고 가정하지 않으면 인간 사회의 현재 상황을 설명할 수 없다는 것이다.

계몽주의가 인간과 사회의 이념적 가치를 설정하는 순간, 역사는 진보의 도정으로 변한다. 자연과학이 지식을 축적시키고 기술을 발전시켜 인간의 물질적 조건을 혁신하듯이, 인간 정신도 교육을 통해, 그리고 제도를 통해 도야할 수 있는 것이다. 그러한 믿음이 하나의 과학적 법칙으로 전향된 예를 우리는 프랑스 혁명을 발판삼아 출발한 사회주의적 강령에서 볼 수 있다. 프랑스 혁명의 실패 원인을 진단하며, 자본주의 체제의 구조적 모순을 설명하고 역사의 진행이 어떻게 되어나갈지를 전망하면서 엥겔스는 이렇게 선언한다. "두 가지 위대한 발견, 즉 유물사관과 잉여가치에 의한 자본주의적 생산의 비밀의 폭로는 마르크스의 공적에 속한다. 이 발견에 의하여 사회주의는 하나의 과학이 되었다."[17] 그런데 이러한 선언은 본래 애덤 스미스 이후의 거의 모든 경제학자가 원했던 선언이었을 것이다. 자연뿐 아니라 인간과 인간 사회 모두를 '과학적으로' 설명하고자 했던 것은 법칙과 필연성에 대한 애착 때문이었다. 그것은 우리에게 미래가 어떻게 될지를 예측할 수 있게 해주기 때문이며, 그런 한에서 실제적인 힘이기도 했다. 그러나 자연에 내재한 질서와 사회가 지향해야 하는 이성적 질서는 고대 그리스 신화에 나오는 '프루크루테스의 침대'처럼 자연을, 그리고 인간 사회를 이미 재단된 어떤 틀에 끼워맞추는 일인지도 모른다.

과학의 역사는 진리를 발견해나가는 과정일 수 있다. 그러나 그와 똑같은 정도로 말할 수 있는 것은 오류를 발견해나가는 역사일 수도 있다는 것이다. 근대의 자연과학자들이 자신들의 이론을 입증하는 실험은 자연을 고문대에 올려놓는 것과 마찬가지다. 그래서 때로는 진실을 자복하지만, 때로는 심판관들의 의지를 살펴 대답하기도 한다. 설령 자연이 인간의 취조(이론)에 대해 명백한 거부 의사를 밝혔음에도, 즉 인간의 물음에 대한 자연의 대답이 부정적이라고 해도 인간은 자신들의 이론에 맞게 결과를 해석해내곤 하는 것이다.

이루어져야만 할 것은 물리적인 현실을 조작하는 것으로서, 즉 이론적인 기술에 가능한 한 아주 가깝게 부응하도록 그것을 [무대 위에 올려놓는] 것이다.[18]

오늘날의 영악한 사람들에게는 이미 익숙해져 있는 테제이지만, 우리가 무언가를 알기 위해 사실을 "관찰한다는 것은 곧 사실을 선택한다는 것을 말한다."[19] 따라서 그 선택의 기준에 대해선 의심의 여지가 있을 수 있다. 쿤이 말했듯이 당대가 받아들이는 지배적 패러다임일 수도 있고, 한 개인의 신념에 기초한 가치관일 수도 있으며, 특정 과학자 공동체가 받아들이는 방법론적 이념에 따른 것일 수도 있다. 그러나 근대는 아직 그런 복잡한 현실이 밖으로 드러나지 않던 때였다. 오히려 근대 실증주의자들에게 있어 경쟁하는 이론들을 심판하는 재판관으로서의 '사실'은 그 자체가 하나의 '이념'이었다. 철저한 실증주의자였던 에른스트 마흐는 사실을 '다 길어지지 않는 어떤 것 *Unerschoepliches*'으로 간주했으며, 파울 나토르프 역시 사실을 '사람들이 그저 주어진 것으로 간주해서 잘못된 출발점으로 삼는, 하지만 영원히 추구하는 어떤 것으로서의 X'로 간주한다.[20]

근대 과학자들에게 '사실'이, 또 계몽주의자들에게는 인간 사회를 설명하는 '이념'이 하나의 이상적 조건에서 설정된 개념이라는 사실은 그 이후 근대 학문들이 부딪히게 되는 역설을 설명할 수 있게 해준다. 마치 하나의 수수께끼처럼, 인간 이성의 진보를 경건한 신앙과 같이 마음에 새겼던 계몽의 기획이 왜 결과적으로 실패를 인정할 수밖에 없었는지, 또 새로운 학문의 전형이 되었고 많은 사람에게 인간과 사회의 혁신을 꿈꿀 수 있게 해준 동기를 제공했던 자연과학이 왜 인간 삶으로부터 유리되어 '학문의 근본 동기'를 잃어버리게 되었는지를 설명할 수 있게 해준다.

신화적이고 종교적인 설명 모델이 갖고 있던 신성성이 사라진 뒤, 근대 학문은 인간 이성의 결과물인 객관적 지식에 새로운 신성성을 부여한다. 과학적 지식은 적어도 그것이 객관적이며 보편타당하다고 공증되는 한, 그 자체로 신성불가침의 영역이다. 이로써 과학적 지식은 새로운 권위, 즉 권력을 갖게 된다. 그러나 그 권력은 프로이트가 분석한 오이디푸스 신화처럼 아버지를 살해함으로써 얻은 권력이었다. 이전의 역사를 살해한 죄책감과 자신의 권력이 후세에 의해 제거될지도 모른다는 불안감은 자신이 살해한 이전의 권력을 다시금 신성화하기에 이른다. 자연과 인간 그리고 사회를 이성적 질서로 재단하고자 했던 근대 학문은 다시금 자신들이 내쳤던 자연과 인간 사이의 내밀한 관계에 눈을 돌린다. 이는 근대 학문이 설계한 그물이 너무 성겼기 때문에, 그 그물에 담기지 않는 많은 것에 대한 향수이기도 했다. 시인이 경탄해 마지않고 귀 기울일 이야기가 많았던 자연의 장엄함이 마침내 수학의 공식들로 해체되자, 이내 견디기 힘든 침묵이 찾아온 것이다. 엘리아데가 현대인은 종교적이고 신화적 인간의 후예라는 역사를 지울 수 없다고 말한 것은 근대인에게서는 더 말할 필요가 없는 일이다.

간단히 말하면 '종교가 없는' 사람의 대다수도 여전히 유사 종교와 타락한 신화를 가지고 있다는 것이다. 이것은 하나도 놀라울 것이 없다. 왜냐하면 이미 말한 바와 같이, 세속적인 인간은 종교적 인간의 후예이며, 그는 자신의 역사를 지워버릴 수 없기 때문이다. 즉 오늘날의 그를 있게 한 종교적 선조들의 행동을 지워버릴 수 없는 것이다. 그의 실존의 큰 부분이 그의 존재 깊은 곳, '무의식'이라 불리는 영역에서 발하는 충동으로 키워진다고 생각하면 이 점은 더욱더 확실해진다. 순수하게 이성적 인간이란 하나의 추상일 뿐 현실 생활에서는 결코 그런 인간을 발견할 수 없다.[21]

지식의 권력화와 계몽의 그림자:
연금술의 경우

———

지식이 종교적 전통이나 신비주의적 권위로부터 해방되었을 때, 그 지식을 생산하는 주체로서 근대의 계몽적 이성은 이제 스스로를 정당화해야 하는 과제를 부여받는다. 이 자기 정당화의 부담은 새롭게 얻은 해방적 자유의 대가이기도 했다. 그런 점에서 그것은 자칫 스스로에게 부여한 자유를 포기하는 역설적인 위험에 처할 수도 있는 이념이었다. 예컨대 에리히 프롬이 20세기가 시작될 무렵에 경고했던 역설은 이미 계몽이라는 이념 속에 내재되어 있는 위험이었는지도 모른다.

근대인은 전통적인 권위에서 해방되어 '개인'이 되었으나, 그와 동시에 고독하고 무력한 존재가 되어 자기 자신이나 다른 사람에게서 분리된, 외부 세계로부터 들어오는 목적의 도구가 되었다는 것, 또한 이러한 상태는 그의 자아를 밑바닥에서부터 위태롭게 하고 약하게 하며 위협해서 결국 새로운 속박에 자진해서 복종하게 만든다는 것이다.[22]

칸트는 근대인들에게 두려워하지 말고 스스로 생각하라고 요구했지만, 당사자들에게 그러한 요구는 결국 자립을 강요당한 것이나 마찬가지다. 만약 스스로가 원한 것이 아니라 자립을 강요당한 사람들이라면, 계몽은 부담스러운 일이 아닐 수 없다. 그 경우 선택 가능한 대안 중 하나는 자신이 어찌할 수 없는 거대한 힘에 복종해버리는 것이다. 그것은 광기와도 같은 종교적 열정으로 표출되기도 하고, 감각적 쾌락에 대한 끝없는 탐닉으로 나타날 수도 있으며, 자신이 승인한 어떤 권위에 대한 맹목적인 복종으로도 드러날 수도 있다. 나치 전범 재판 과정에서 보고된 한 자료가 이런 사정을 보여준다.

제2차 세계대전 중 수용소에서 벌어졌던 끔찍한 사건에 대한 책임으로 재판을 받던 한 피고인은 당시 자신의 행동에 책임이 없음을 강변한다. 그는 대학을 다니던, 말하자면 지성인이었다.

– 판사: 가스는 어디로 투입되었습니까?

– 피고 12: 덮개가 있는 미닫이창을 통해서였지요.

(…)

– 판사: 피고 슈타르크 씨, 졸업시험을 준비하는 동안 당신의 행동에 대한 회의는 전혀 없었습니까?

– 피고 12: 의장님, 그것을 언젠가 한번 설명하고 싶었습니다. 우

리는 학창 시절에 툭하면 모두에게 책임져야 하는 사람과 선별적으로 제거되어야만 하는 사람들에 관해 논의했습니다. 이것이 민족을 위해 최선이라는 것이 우리 머릿속에 박혀 있었지요. 대원 양성학교에서 무엇보다 모든 것에 대해 침묵을 지키고 수용하라고 배웠습니다. 누군가가 뭔가 질문을 하면, 행해지는 모든 것이 법에 따라 이루어지고 있다고 이야기되었습니다. 오늘날 법이 다르다는 것이 그때에는 전혀 도움이 되지 못했지요. 사람들은 우리에게 너희는 배워야만 한다, 너희에게는 빵보다 교육이 더 필요하다고 말했습니다. 의장님, 사고란 것이 우리에게는 없었습니다. 다른 사람들이 우리를 위해 그것을 해주었습니다.[23]

이성적으로 판단해서 행동하고, 그에 대해 기꺼이 책임을 지려는 계몽주의적 태도는 사실상 매우 지난한 시시포스의 고행길일 수 있다. 그 길은 인간을 숨 가쁘게 몰아붙인다. 그래서 그에 대한 '개인들'의 반응은 때로 파국적일 수 있다. 재판정에 서 있는 슈타르크 같은 인물이 그 한 예일 것이다. 그는 계몽주의가 초석을 놓은 근대적 교육체제 아래서 배웠지만 역설적으로 가장 반계몽적 인물로 타락해버리고 만다. 이러한 역설이 어떻게 가능한가? 그것은 계몽주의가 놓치고 있는, 다시 말해 계몽의 빛 저편에 그림자에 가려져 있는 어떤 것들이 인간 현실의 아주 중요한 부분이라는 점을 분명히 보여준다.

18세기 계몽주의의 유산을 받아 성장한 실증주의는 19세기를 거치면서 역사가 진보한다는 이념에 사로잡혀 있었다. 그러나 그것은 소박한 긍정positivity이었다. 1890년대에 극명하게 드러난 반실증주의적 경향은 아마도 계몽주의적 인간형에 대한 거부로서만 설명될 수 있을 것이다. 1906년에 발표된 헤르만 헤세의 소설 『수레바퀴 아래서』는 규격화된 틀 속에서 이상적인 인간을 만들려고 했던 계몽주의적 프로젝트가 한 개인에게는 얼마나 폭력적일 수 있는지를 단적으로 보여준다.

계몽이 그토록 몰아내고자 했지만, 결과적으로는 또 하나의 새로운 야만으로 전락하게 된 사정을 분석한 호르크하이머와 아도르노는 그 사정을 이렇게 표현한다.

인류는 자기 자신을 포함해서 동일한 성격의, 목적 지향적 성격의, 남성적 성격의 인간이 만들어질 때까지 스스로에게 가공할 만한 짓을 저질러야만 했다. 그것들 중 어떤 것은 아직까지도 유년기의 어린이들에게서 반복되고 있다.[24]

한편으로 과학적 지식은 분명히 인간을 위해 봉사하는 도구였지만, 그 도구가 새로운 의미의 신성성을 갖게 되면서 모종의 권력관계가 새로이 발생한 것이다. 그 폭력의 양태는 배제와 획일화였다. 이는 단순히 학문적인 논의만이 아니라, 우리 일상과 삶의 양식에 모두 적용된다. 왜냐하면 계몽주의가 낳은 폭력은 '합리성'이라는 이름으로 스스로를 정당화했기 때문이다. 애덤 스미스가 발견한 분업의 미학은 모든 생산 작업을 단위별로 분절화하고 이를 전문화함으로써 생산량을 극대화한 혁명이었다. 그것은 효율성의 측면에서 보면 가장 합리적인 생산 양식이다. 따라서 이는 다른 종류의, 효율성이 떨어지는 생산 양식은 배제할 수 있는 힘을 갖게 된다. 그러나 이러한 작업이 노동에 있어서 인간 소외를 낳았다는 점 또한 부인할 수 없는 사실이다. 분업적 생산 과정에 매몰되어 있는 노동자는 전체를 보지 못한다. 마치 한눈을 팔지 못하도록 눈가리개를 하고 오직 앞만 향해 달려가는 경주마와도 같다. 그래도 경주마는 분명하게 설정되어 있는 목표점을 향해 내달리지만, 분업화된 기계적 노동에 종사하는 사람은 그 목표점을 설정할 수 없다. 반복된 일상이 기다리고 있을 뿐이다. 노동을 통한 자아실현이나 완성은 미사여구였을 뿐이다.

계몽이 빛을 상징한다면, 으레 그 빛의 그림자를 생각할 수 있다. 동전의 양면과도 같이 하나의 이념 아래 같이 묶여 있으면서도 마주할 수 없는 관계가 있다. 근대 화학의 발판이자, 근대 과학 전체를 추동하는 실험적 방법론의 기원이기도 한 연금술Alchemy이 바로 그 예다. 근대 과학의 입장에서 연금술은 온갖 신비주의로 무장하고 허황된 탐욕에 물들은 지적 사기였다. 따라서 학문의 영역에서 퇴출되어야 마땅한 것이었다.

근대를 인간 이성이 역사의 무대에 주인공으로 부활한 시기로 간주하는 것에는 재론의 여지가 없다. 그러나 그렇다고 해서 근대가 오직 인간 이성의 빛이 광활하게 펼쳐진 합리적인 시대이기만 했던 것은 아니다. 그것은 절반의 진실일 뿐이다. 한편에서 근대 과학이 혁혁한 공적을 쌓고 있을 때, 다른 한편에서는 여전히 신비주의적 세계관이 공존하고 있었다. 예컨대 홉스봄은 "독일인들이 뉴턴의 『프린키피아』의 명쾌한 완전성보다도 신비주의를 항시 달고 다니는 혼란스러운 케플러 쪽을 더 고집스럽게 좋아한다는 것은 그들로서는 도저히 이해할 수 없는 일이었다"고 말한다.[25] 홉스봄의 이러한 평가는 물론 상대적으로 계몽주의의 전파가 늦었고, 또 혁명적 변화가 온건하게 이뤄진 당시 독일의 지적 환경 덕분일지도 모른다. 그러나 그런 신비주의가 독일만의 사정이 아니었던 것은 분명하다. 근대의 신비주의 전통의 뿌리는 새로운 사상과 발전된 기술 덕에 인간의 새로운 창조성을 발견한 르네상스 시기에 드리우고 있기 때문이다.

예컨대 19세기 초에 파리에 있는 자연사 박물관의 교수를 지낸 일레르G. Hilaire는 자연에 내재한 일원론적 질서가 모든 생물에 그대로 적용된다는 이론을 표명했다. 그는 이를 '모든 피조물이 자연의 단일한 계획에 의해 설계'되었다는 방식으로 표현하곤 했다.[26] 이러한 이론의 연원은 자연에 대한 다분히 신비주의적인 해석에 있었다. 생물학의 발전이 물리학이나 화학에 비해 더뎠다는 사실을 감안하더라도, 우리가 계몽주의라고 부르는 시대의 끝자락에서조차 여전히 자연에 내재된 질서에 어떤 질적인 의미를 부여하는 신비주의가 지탱되고 있었던 것이다. 독일의 철학자 고트프리트 헤르더가 1784년에 쓴 글을 보자.

돌로부터 크리스털로, 다시 크리스털에서 금속으로, 그리고 이러한 것들로부터 식물이, 식물로부터 동물로, 그리고 동물로부터 인간에 이르기까지, 우리는 유기적 조직organization의 형태가 점점 더 상승하는 것을 알았다. 그리고 모든 피조물의 이러한 힘과 성향은 인간이라는 틀에서 그 모든 것이 하나로 통합될 때까지 더욱 다양해진다.[27]

우주와 인간이 서로 동조되는 질서를 갖고 있다는 생각은 오랜 연원을 지닌다. 점성술로 길흉을 점친 것은 우주 운행의 질서가 인간 삶에 영향을 미친다는 오랜 신화적 관념에 기초한 것이기도 하다. 이러한 관념은 르네상스 시기에 특히 인간에 대한 새로운 성찰을 통해 강화된다. 인간을 우주의 모든 요소가 응축되어 있는 '소우주'로 생각한 것이다. 우주를 유기체적으로 이해하고, 그 질서 관념을 그대로 유추해서 인간을 이해하고자 하는 시도는 아리스토텔레스로부터 19세기 헤르더를 거쳐 루돌프 로체에 이르기까지 부단하게 이어져왔다. 20세기가 되어서도 인간을 우주적 질서 속에 편입시키려는 경향은 언제나 하나의 대안적 세계관으로 끊임없이 시도되고 있다. 이러한 시도는 항상 신비주의로 기울 위험을 안고 있으며, 그런 한에서 이른바 제도권 과학에서는 늘 경계의 대상이 된다.

학문사에서 연금술이 지니는 역사적 의의는 앞서 말했듯이 자연을 지배하는 우주적 질서를 인간의 손으로 조작할 수 있다는 믿음을 구체적으로 실현한 데에 있다.

먼저 열두세 살의 건강하고 활기 넘치는 소년을 찾는다. 그 소년의 오줌으로부터 시작한다. 물론 그 오줌은 소년이 오직 포도주만을 먹고 배출해낸 것이어야 한다. 그렇게 받은 오줌을 나무통에서 발효시킨 다음 몇 차례의 증류를 거친 뒤에 다시 포도주 주정과 초석, 그리고 염화암모늄에 섞으면, 마침내 '제1의 물질'을 얻을 수 있다. 이 물질이야말로 모든 물질을 용해시킬 수 있으며, 금속, 광물질, 동물성 재료, 식물성 재료에서 힘을 끌어낼 수 있다.[28]

다소 우스꽝스러워 보이는 이 비법은 18세기 초반, 말하자면 계몽의 시대가 본격적으로 막을 열던 시기에 테오도르 슈마허라는 사람이 자기 논문에서 밝힌 연구 결과다. 18세기 초만 해도 연금술은 자연철학의 당당한 한 분과였다. 그 당시 출간된 학술 잡지인『파르나수스 보이쿠스Parnasus Boicus』에는 연금술과 관련된 글이 전체 자연학 분야에서 3분의 1에 달할 정도였다.[29] 비록 18세기와 19세기에 걸쳐 근대 화학이 발전하면서 학문의 영역에서 퇴출되기는 했지만, 연금술은 계몽주의와 더불어 근대를 이해하는 중요한 한 축이다.

갈릴레오의 업적이 온갖 신비주의와 종교적 관념들이 뒤엉켜 있는 자연 이해에서 수학적인 요소들을 골라낸 것과는 반대로 연금술은 물질에 대한 형이상학적 생각과 물질을 다루는 기술적 지식, 그리고 생명에 대한 신비주의적이고 종교적인 요소들이 온통 뒤엉켜 있는 자연철학이었다. 중세의 과학이 아리스토텔레스적 세계관에 기대어 있듯이, 연금술 또한 마찬가지였다.

선대 자연철학자들의 논의를 비판적으로 검토한 아리스토텔레스는 만물을 네 가지 원소, 즉 물, 불, 흙, 공기의 비율적 결합으로 설명했다. 이 네 가지 원소로 이루어진 존재자들은 모두 자연의 목적론적 체계에서 변화의 원리를 따른다. 모든 존재는 자기 안에 담겨 있는 가능성을 발현시켜 더 나은 존재로 변화해간다. 상수리나무가 작은 열매에서 시작해 마침내 커다란 나무가 되는 것이 단적인 예다. 자연에 대한 이러한 이해는 존재하는 모든 것에 위계를 부여하는 중세적 사고방식에 잘 들어맞았다. 금속과 인간에 대해서도 마찬가지다.

황금은 오랫동안 사람들의 관념 속에서 가장 완전한 금속으로 여겨졌다. 모든 존재자가 몇 가지의 근본 원소의 결합 비율에 따라 생성되며, 그것들은 결국 완전한 것을 향해 간다는 아리스토텔레스적 목적론적 체계가 야금술 지식을 가진 이들에게 황금에 대한 철학적 환상을 불러일으키는 일은 어렵지 않았을 것이다. 다만 문제는 자연이 아주 오랜 시간을 선호한다는 것이다. 예컨대 사람들은 값싼 금속을 땅속에 아주 오랫동안 묻어두면 결국 금으로 변할 것이라고 믿었다. 그러나 자연의 시간에 비하면 인간의 시간은 무척 짧다. 그 시간 격차를 줄일 수 있는 한 가지 방법이 바로 화덕이다. 철광석을 녹여 순수한 철을 정련해내는 작업이 그렇듯이 불은 물질의 변성을 일으키는 자연의 원리이자 원소였다. 그래서 흔히 연금술사는 '불의 철학자'로 불렸다.

연금술은 결국 자연적인 것에 인위적인 조작을 가하여 원래는 없던 성질을 새로이 만들어내는 것이다. 이 '기술'에 능한 사람이 바로 '장인master'이다. 르네상스 시기에 새롭게 주목받은 플라톤의 철학은 바로 이러한 관념들에 새로운 해석의 실마리를 주었다. 플라톤 철학에서 만듦의 문제는 곧 장인(데미우르고스Demiourgos)의 문제이기도 하고, 이 세계의 창조주야말로 가장 위대한 장인이라고 할 수 있기 때문이다. 르네상스 시기의 지식인들은 고대 그리스의 이교도적 세계관을 자신들의 종교적 신념과 결합시켰고, 그 결과 자연은 창조주의 지혜가 고스란히 반영되어 있는 진리의 보고였다. 이러한 생각은 한편으로 근대 과학의 발전을 촉진시키는 기폭제가 된다. 위대한 '장인'들은 자연을 탐구하는 일에 신성한 의미를 부여할 수 있었으며, 그에 따라 자연 탐구를 크게 고무할 수 있었기 때문이다.

연금술적 지식은 단순히 자연을 변화시키는 일만 목적으로 삼지는 않았다. 아니 좀더 정확히 말하자면 자연에 있는 모든 것, 즉 생명에도 연금술적 지식은 활용되었다. 자연 전체에 적용되는 해석이 인간에게 똑같이 적용될 수 있으리라 믿는 것은 자연스러웠으며, 창조주가 자연의 법칙으로 정해놓은 것을 인간이라고 예외로 삼는 것이 오히려 부자연스러웠다. 다만 여타의 피조물과 인간이 다른 점은, 여타의 피조물이 오직 자연의 질서에 복종하기만 한다면, 인간은 자연의 질서를 이해하는 능력, 즉 이성을 갖고 있다는 점이다. 물론 그것은 창조주가 인간에게 허락한 선물이다. 따라서 자연세계에 존재하는 것들 중에 인간이 가장 높은 자리를 차지한다는 것은 의심의 여지가 없다. 이것이 르네상스 시기의 지식인들이 발견한 인간의 새로운 자기 긍정이다. 이로써 인간은 세계를 변혁시킬 수 있는 존재라고 자각하게 된다. 연금술이 자연의 질서를 이해함으로써 쓸모없는 금속을 황금으로 변화시키는 기술이듯이, 인간 역시 좀더 완성된 존재로 고양시킬 수도 있는 것이다. 당시 연금술적 지식이 약을 제조하는 약학을 발전시켰다는 사실은 그에 대한 방증이다. 약을 만들어내는 일은 병든 인간의 육체를 건강한 육체로 바꾸어주는 기술이었기 때문이다.

16세기에 골칫거리 전염병 중 하나였던 매독에 대해 수은 화합물을 이용한 치료의 길을 열었던 유명한 의사이자 연금술사였던 파라켈수스에게는 황금과 약, 그리고 인간의 영혼이 모두 하나의 원리 안에서 설명될 수 있었다. 그가 이런 생각에 도달할 수 있었던 것은 목적론적 체계의 관점에서 우주적 질서를 이해했기 때문이다. 존재하는 모든 것이 완전성을 향해 나아가는 우주를 생각한 것이다. 앞서 인용했던 피코 델라 미란돌라의 말을 다시 새겨보자.

인간은 태어날 때 그 아비로부터 모든 생명 있는 것들의 씨를 부여받았다. 그중 어떤 것을 기르든지 그것은 인간 안에서 자라나 열매를 맺는다. 그것이 식물의 것이라면 식물이 되고, 감각을 추구하면 동물이 될 것이며, 만일 그가 이성의 능력을 키우면 그는 천상적인 생물이 될 것이며 지성을 따르면 천사나 신의 아들이 된다.[30]

르네상스 시기의 연금술은 기술적 지식과 고대 그리스의 자연철학적 형이상학, 그리고 이집트와 이슬람 문화권의 신비주의적 전통이 뒤엉켜 있었다. 따라서 그런 복잡한 세계관 속에서 갈릴레오가 자연의 수학적 질서만을 추출해내서 새로운 세계관을 제시한 것은 확실히 근대를 향한 중요한 진전이었다. 그러나 그런 과학혁명만 가지고서는 계몽주의를 온전하게 그려낼 수 없다. 오히려 계몽주의는, 적어도 인간관에 대해서만큼은, 그들이 거부한 이전 시기의 신비주의와 연금술적 세계관에 힘입은 바가 적지 않다. 그런데 비록 불완전하기는 하지만 인간에게 창조성이라는 새로운 가능성을 갖게 해준 연금술은 왜 학문의 역사에서 사라지고 말았는가? 연금술이 계몽주의의 그림자로 남게 된 것은 연금술이 의지하고 있던 유기체적이고 목적론적인 세계관이 근대의 기계론적 세계관에 의해 역사의 뒤안길로 물러나야 했기 때문이다. 이는 마치 수학에 대한 지식과 신비주의적이고 종교적인 생각들이 서로 뒤엉켜 있는 피타고라스학파의 유산 중 수학적 지식만이 살아남은 것에 비유될 수 있다.

근대 계몽주의자들이 연금술을 몰아낸 또 다른 이유는 실제로 수많은 연금술사가 사기꾼이었기 때문이기도 하다. 사실 새로운 이론을 입증하기 위한 현장 실험이라는 이벤트는 본래 연금술사들의 작품이었다. 연금술은 싸구려 금속을 황금으로 바꾸는 지식과 기술이다. 여느 지식과 달리 그것은 말 그대로 황금알을 낳는 비즈니스였다. 하지만 연금술적 지식을 활용하기 위해서는 실험실을 갖추는 일부터 약품을 만드는 일에 이르기까지 적지 않은 연구비가 필요했다. 연구자들이 귀족들 앞에서 자신의 연금술적 지식을 시연해 보이는 일은 말하자면 벤처 자금 투자 유치를 위한 일종의 이벤트이기도 했던 것이다. 근대 화학이 똑같은 방법으로 연금술을 과학의 무대에서 몰아낸 것은 역사의 아이러니이기도 하다. 비록 허황된 꿈을 입증하는 공허한 실험이었지만 그 방법론은 매우 주목할 만한 결과를 낳았다. 이론적 지식을 실험적으로 입증하려고 한 시도가 기술의 발전을 촉진시키는 결과를 낳았기 때문이다.

근대 학문사를 검토하면서 연금술에 다시 주목하는 이유는 계몽주의가 위기에 처했을 때, 연금술적 세계관이 새로운 형태로 부활했기 때문이다. 낭만주의가 바로 그것이다.

___

낭만주의적 반동

___

계몽주의를 추동시킨 것은 인간 이성에 대한 신뢰와 기계론적 세계관에 기초한 합리성 개념이다. 과학혁명기를 거치면서 드러난 자연과학의 성공은 확실히 계몽주의의 미래를 밝게 비추는 듯했다. 그러나 계몽주의의 사도들이 미처 짐작하지 못했던 점은 이성적 존재라는 사실만으로는 인간을 온전히 설명할 수 없다는 것이었다. 이성적 질서에 기초해서 세계를 혁신하고자 했던 계몽주의의 기획은 바로 그 지점에서 좌초한다. 무엇보다 계몽의 기획을 추진할 인간 자체를 제대로 이해하지 못했기 때문이다. 근대를 연 수학적 세계관과 기계론적 합리성이 그렇듯이 계몽주의는 객관성과 보편성을 지향한다. 따라서 엄격한 규준과 획일화된 양식을 요구한다. 더욱이 정량적으로 측정될 수 있는 것만을 과학적인 탐구의 대상으로 삼음으로써 측정 불가능한 가치의 문제가 진정한 의미의 학문적 탐구 대상의 자격을 상실하자, 남은 것은 오로지 사회를 합리화하는 것이었으며, 그 과정에서 인간 역시 미리 규격화된 합리성의 틀 속에서 재단되게 된다. 획일화된 근대적 보통 교육 제도의 확산이 그 증거다.

18세기 말에 등장한 낭만주의적 사조는 이처럼 규격화되고 획일화된 사회와, 그런 사회에 필요한 인재 교육에 저항하는 상징이었다. 낭만주의는 기계적 공정을 통해 생산되는 동일한 부품으로서가 아니라 개성을 지닌 창의적 인간들에 주목한다. 그런 의미에서 천재적인 개인들에 대한 동경 또한 확산된다. 물론 호르크하이머와 아도르노가 계몽주의의 획일화된 교육 과정을 폭력이라고 비판했다 하더라도 계몽주의의 그런 폭력은 모든 이성적 존재는 적어도 이성적이라는 점에 있어서는 동일하다는 보편성으로부터 나온 것이었다. 측정 가능한 것만 객관적 탐구의 대상으로 삼는다는 근대 과학의 방법론이 개별 대상들의 색깔을 지우고, 그에 따라 모든 존재자의 질적 차이를 소거하듯이, 효율성을 강조하는 사회의 합리화를 위해 모든 인간을 규격화된 부품처럼 만들어버렸기 때문이다.

물론 이러한 생각의 바닥에는 사회의 발전 양상을 미리 계산할 수 있다는 희망 섞인 진보의 이념이 놓여 있었다. 이런 점에서 19세기 말에 극단적인 반실증주의 경향을 조심스럽게 바라본 헨리 휴스의 진단은 옳았다. 그에 따르면 본래 "실증주의는 사회에 있어서의 인간의 문제는 쉽게 합리적으로 해결할 수 있다는 확신을 바탕으로 한 주지주의였다."[31] 가령 다윈의 이론이 자신의 실증주의와 잘 맞을 것으로 생각한 허버트 스펜서는 다윈주의를 옹호했다. 그러나 공교롭게도 그 결과는 하나의 역설이 되어버렸다.

학문의 진화

사회적 다원주의의 영향 밑에서 실증주의적 신조는 그 합리주의적 특색을 상실하기 시작했다. 곧 유전과 환경이 인간 행동의 주요한 결정 요인으로서 의식적이고 논리적인 선택을 대신하게 되었다. (…) 실증주의의 궁극적인 아이러니는 극단적인 주지주의로서 출발한 것이 결국은 철저한 반주지주의 철학이 되어버렸다는 것이다.[32]

사회적 환경과 교육 환경을 통제함으로써 어떤 특정한 이상향의 시민을 만들어낼 수 있다는 관념은 인간 고유의 개성은 물론이고, 그와 함께 근대 계몽주의를 추동시켜온 인간 이성의 자율성마저 함께 소거해버렸다.

본래 인간의 자율성을 강조했던 계몽주의가 일종의 강압적인 제도로 귀착된 것은 고도의 효율성을 보장했던 기계론적 합리성이 하나의 도식으로 변질됨으로써 급변하는 당대의 현실에 제대로 대응하지 못했기 때문인지도 모른다. 그래서 "1880년대가 종말에 가까워짐에 따라 젊은이들이 질식할 듯한 느낌을 받기 시작한 것은 정신생활에서만이 아니었다. 숨김없는 사실로서 그것은 숨 막히는 10년"[33]이라고까지 말할 정도가 되었다.

18세기부터 이미 하나의 대안처럼 계몽주의와 양립한 낭만주의는 그 숨 막힐 만한 보편성과 획일성의 짓누름에 대해 돌파구를 제시하는 듯 보였다. 당시의 예술가나 사상가들이 인간 내면에 숨겨진 비합리성과 방향을 가늠할 수 없이 분출되는 욕망 및 에너지에 주목했던 까닭은 한편으로는 이성이라는 단일 도식으로는 인간을 설명할 수 없다고 믿었기 때문이다. 그러나 그런 반주지주의적 성향이 부정적이기만 한 것은 아니었다. 낭만주의 시대가 천재에 열광했던 것은 획일화된 도식만으로는 설명되지 않는 인간 내면의 창조적 역량에 주목했기 때문이다.

물론 이런 낭만주의적 돌파구가 단순히 계몽주의에 대한 반작용이자 새로운 현상이라고 볼 수는 없다. 앞서 살펴보았듯이 또 다른 천재들의 시대인 르네상스 시기의 연금술적 세계관이 낭만주의의 역사적 뿌리라고 할 수 있기 때문이다. 루소의 에밀이라는 아이가 보여주듯, 낭만주의의 한 형태인 자연주의는 르네상스적 지식인들이 자연에 대해 갖고 있던 경외심을 드러낸다. 또한 낭만주의에는 인위적인 것의 불완전성이 분명함에도 불구하고 그것을 극복할 수 있는 영웅적 역량에 대한 열망 역시 그대로 살아 있다.

이러한 역사적 현실은 근대라는 한 시대를 설명하는 씨줄과 날줄을 제공한다. 계몽주의가 씨줄이라면 낭만주의는 날줄이다. 그것들은 모두 르네상스를 인도했던 길잡이 물음, 즉 '인간이란 무엇인가?'에 함축되어 있는 두 가지 경로였다. 따라서 계몽주의와 낭만주의를 단순한 길항관계로 보는 것은 문제가 있다. 그 둘은 오히려 인간이라는 복잡한 존재를 볼 수 있게 해주는 입체 안경의 구실을 한다. 서로 다른 거리감을 갖게 함으로써 근대를 입체적으로 볼 수 있게 해준다.

후설이 그의 말년 유고에서 유럽 문화의 위기를 초래한 장본인 중 하나로 실증주의를 지목하고, 자신의 현상학이야말로 '참된 실증주의'라고 강조했던 것은 극단화되고 경직된, 말하자면 과장된 실증주의적 경향 때문이었다.

학문의 진화

사실상 1890년대 세대의 이른바 반계몽주의적 감정은 그 목표가 다른 곳에 있었다. 이러한 사상가들은 원래의 18세기적 전통에 적의를 가진 것이 아니라, 오히려 19세기 후반에 재생되어—희화화된 형태로—실증주의로서 유행하게 된 것에 적의를 갖고 있었다.[34]

그 때문에 "엄밀 과학이라는 실증주의적 신앙에 대항하기 위해, 1890년대의 젊은 사상가들은 '직관'에 의지하려고"[35] 했는지도 모른다. 최소한 계몽주의적 신념이 좌초하고 있다는 징후는 사회적으로 만연해 있었기 때문이다. 홉스봄의 표현처럼 '이중혁명'의 미래를 제대로 가늠할 수 없었다. 풍요를 약속했던 산업혁명과 그것을 기반으로 하는 자본주의는 주기적인 공황으로 미래를 점칠 수 없게 되었고, '파리코뮌'으로 상징되는 정치 혁명의 결과는 심각한 사회적 무질서였기 때문이다. 그렇다고 해서 계몽주의적 신념이 완전히 좌초된 것만은 아니었다. 하버마스가 힘주어 말했듯이 계몽은 '미완의 기획'이었을 뿐이다.

분명히 1890년대의 주요한 지적 혁신자들은 인간 행동의 비합리적 동기에 깊은 관심을 갖고 있었다. 그들은 비논리적인 것, 비문명적인 것, 설명할 수 없는 것의 재발견에 사로잡혀 있었고 거의 심취해 있었다. 그러나 그들을 '비합리주의자'라고 부른다면 그것은 위험할 만큼 애매하다. 이것은 무의식의 영역에 대한 관용, 심지어 편애까지도 암시한다. 사실은 그 반대가 진실이었다. 1890년대의 사회사상가들은 비합리적인 것을 제거하기 위해 비합리적인 것에 관심을 가졌다. 비합리적인 것에 천착함으로써 그들은 이를 길들여 인간의 건설적인 목표를 위해 사용하려고 했다.[36]

조르주 소렐과 빌프레도 파레토 그리고 에밀 뒤르켐과 지그문트 프로이트 같은 혁신자들은 단순히 인간의 비합리적인 요소를 드러내는 것을 목표로 삼은 것이 아니라, 그에 대한 제대로 된 이해야말로 참된 의미의 사회적 진보를 위한 조건이라고 보았다.

철학의 혁신을 주장했던 후설도 참된 의미의 실증주의, 그리고 그런 실증주의를 낳은 계몽주의적 세계관의 진정한 의도가 무엇이었는지를 잘 알고 있었다. 지식의 보편성에 대한 강조, 참된 의미의 객관성에 대한 물음, 보편적 지식의 추구를 통한 자율적 이성에 대한 신앙 등 후설 현상학의 가장 중요한 이념인 '엄밀한 학으로서의 철학'은 근대 계몽주의적 이념의 20세기적 표현이었다고 할 수 있다. 물론 그런 점에 있어서는 그가 유럽 문화 위기의 또 다른 주범으로 비합리주의를 지목한 것은 부분적인 타당성만 지닌다고 해야 할 것이다. 계몽주의적 실증주의가 왜곡되었다면, 낭만주의적 비합리주의 역시 왜곡되었을 수 있기 때문이다. 따라서 과학을 통해 사회를 혁신할 수 있을 거라는 단순한 신앙이나 그 반대 극단으로 치달아간 태도 모두가 동전의 양면처럼 서로의 시선에서는 보이지 않았던 것들에 대한 민감한 반응이었다고 말할 수 있다. 물론 서로의 시선에 보이지 않았다는 사정이 그저 우연은 아니다. 어떤 한 입장을 취하면 그 시선의 지평에 들어올 수 있는 것은 언제나 제한적이기 때문이다.

학문의 진화

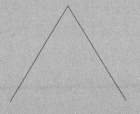

5장

학문 개념의 변화:
과학적 지식과
가치의 분리

0 1

과도한 실증성과
실증 과학이라는 모범

17세기가 끝날 무렵 보일은 이미 연금술적 전통에서 벗어나, 세계가
물 · 불 · 공기 · 흙과 같은 기본 원소들의 결합 비율로 이루어진 것이
아니라 모든 물질이 같은 종류의 최종 입자로 구성되어 있으며, 그 입
자 수는 대단히 많을 것으로 생각했다.[1] 그것은 낡은 아리스토텔레스
적 세계관과의 결별을 의미했다. 1661년 보일의 『회의적 화학자The
Sceptical Chymist』와 1687년 뉴턴의 『자연철학의 수학적 원리Philosopiae
Naturalis Principia Mathematica』는 그런 결별을 선언하고 명실상부한 과학
의 시대인 18세기의 도래를 알리는 서곡이었다.

    18세기라는 격동의 시대에서 주목할 만한 변화는 교육 제도였다.
정치적 혁명이나 상업자본주의의 등장이 학문 체계 바깥에서 변화
를 추동하는 간접적 압력으로 작용했다면, 교육 제도의 변화는 학문
에 대한 직접적인 변화의 요구였다. 이른바 '전문가'들을 양성하기 위

한 시스템이 활발하게 등장하기 시작한 것이다. 프랑스의 경우 18세기 초반부터 이러한 움직임이 뚜렷해서, "토목학교(1743), 공병학교(1749), 수의사학교(1762~1766), 광업학교(1783)와 같은 전문기술학교는 이전의 대학들과 달리 분명하게 목표로 제시된 전문화, 교원의 완전한 세속화, 충원과 관리에 대한 국가의 통제, 학생 정원의 제한과 학생 기숙사 제도 등을 갖추었고, 프랑스 혁명은 이 기관들을 고등 교육의 모델로 삼았다."[2] 고등 교육 제도의 혁신은 한편으로 순수 이론적, 혹은 기술적 이론가(지식 생산자)의 수를 늘리고, 무엇보다 지식의 성격을 세속화하는 데 결정적인 역할을 한다.

19세기 들어서도 대학의 제도적 혁신은 계속되었고, 지식의 체계와 인프라는 점점 더 전문화되었다. 이는 근대에 국민국가가 등장하면서 일종의 체제 경쟁이 격화되었기 때문이기도 하다. 인적자원의 확보는 중요한 경쟁력이었다. 지식과 기술에 있어 전문 교육 시스템은 강화되었고, 예상대로 그러한 과정을 통해 지식의 양은 폭발적으로 증가했다. 이러한 성장이 가능했던 것은 우선 지식의 생산을 담당했던 학문이 이러저러한 낡은 권위의 규제로부터 해방되었기 때문이다. 예컨대 중세시대만 하더라도 지식은 수도사와 같은 소수 계층의 전유물이었다. 그러나 근대는 지식을 그런 구속으로부터 해방시켰다. 인쇄기술의 발달과 출판 산업의 발전은 지식을 공유하고 확산시키며, 제도권 밖의 지식인들을 고무했다. 더욱이 갈릴레오가 재판정에 서야 했던 것과 같은 종교적인 억압도 과거와는 달랐다. 이렇듯 훨씬 더 자유로워진 분위기는 학문을 바라보는 관점 자체를 변화하게 만드는 간접적인 환경을 구성하게 된다. 지식은 더 이상 신성한 '그 무엇'이 아니었으며, 경우에 따라서는 전문적인 지식 생산자 집단의 생계를 유지시켜주는 하나의 수단으로 간주되었다. 간단히 말하면 근대가 점점 더 근대적으로 변하면서 학문 개념에 근본적인 변화가 일어났다.

하지만 어떤 역사든 변화의 속도를 진정시킬 완충 장치가 있기 마련이다. 지식의 세속화 과정에서 회의주의가 유행했듯이, 권위로부터의 해방은 날조된 허구와 진정한 지식을 구분시켜줄 이념적 장치를 필요로 했다. 근대 과학은 그런 권위의 망실을 '객관성'이라는 이념으로 보상했다. 따라서 객관성이라는 이념은 학문이 일종의 지식생산 공장 구실을 할 수 있게 해준 기반이기도 했다. 이 세계에 대한 객관적인 지식이라면 그 자체로 추구할 가치가 있다는 것이다. 그것이 인간의 삶과 어느 정도 관련을 맺고 있는가 하는 점은 다른 차원의 문제였다. 진리는 그것이 진리라는 이유만으로도 추구할 가치가 있는 것이기 때문이다. 실증과학이 새로운 학문의 전형으로 등장할 수 있었던 이유는 그것이 어떤 권위에도 의지하지 않고 오직 객관적인 사실에만 의지한다는 '신성한' 태도 때문이었다. 그러나 고대 그리스의 격언처럼 '무엇이든 지나치지 않아야 한다.' 과도한 실증성은 학문을 맹목적으로 만들기 때문이다.

사실 근대 과학이 전통이라는 권위로부터 사람들을 해방시켜줄 수 있었던 이유는 가치의 문제에 대해 거리를 두었기 때문이다. 그러나 과학이 가치의 문제에 대해 냉정을 유지함으로써 정치적 욕망이나 이해관계가 진리를 왜곡하는 위험으로부터는 자신을 지켜낼 수 있었겠지만, 그 반대로 학문하는 사람이 가치에 무관심할 때 생겨날 수 있는 새로운 위험이 잠복했다. 그것은 단순히 과학적 지식이 인간 삶의 영역에서 유리되는 '실존적' '심리적' 문제만이 아니다. 오늘날 우리가 상시적으로 경험하고 있듯이 새로운 지식들은 인류의 문명 자체를 위협하고 있기 때문이다.

20세기 전반은 바로 그런 문제들이 노출되는 시기이기도 했다. 앞서 이야기한 오펜하이머 사건이 그 한 예다. 정치적 이유야 어떻든 그는 과학적 지식이 얼마나 무서운 힘을 만들어낼 수 있는가를 실증해 보인 학자였으며, 동시에 과학적 발견이 낳을 수 있는 도덕적 문제들에 대해 사회적 관심을 환기시킨 인물이었다. 환경 문제에 대해 새로운 관심을 촉구한 레이철 카슨이 말한 것처럼, 과학과 기술적 지식으로 무장한 인간은 "자신이 속한 세계의 본성을 변화시킬 수 있는"[3] 놀라운 힘을 가졌으면서도 자신이 무슨 짓을 저지르고 있는지 모르거나, 안다고 하더라도 외면하고 있는 중이다.

또한 오늘날의 과학 연구가 막대한 자금을 필요로 한다는 사실을 고려한다면 사정은 더 복잡해진다. 과학이 사회 내 제 구성체 간의 이해관계에 묶여 본래의 과학 연구 자체와는 무관하게 이용될 수 있기 때문이다. 신약 개발과 백신 개발 과정에서 다뤄지는 수많은 파괴적인 위험을 생각해보자. 모든 병균에 대항하는 슈퍼 백신을 만들기 위해서는 그것을 테스해볼 균을 만들어내야 한다. 생화학 연구 실험실에서는 그런 유전자 조작이 이뤄지고 있다. 위험에 대처하기 위해 위험을 만들어내는 것이다. 로봇과 인공지능을 연구하는 경우도 마찬가지여서, 미래에 일어날 수도 있는 끔찍한 할리우드식 시나리오들은 호기심으로 극장을 찾는 관객들의 주머니를 일주일에 한 번꼴로 털어가고 있다. 이러한 사정을 울리히 벡은 완곡하지만 강한 어조로 이렇

학문의 진화

게 말한다.

자연과학과 기술과학이 자신들이 생산한 위험을 처리하면서 '현
실성 위기'에 빠지는 것도 기술자와 과학자가 소유한 위험 진단에
대한 독점권을 위태롭게 만드는 또 다른 요인이다. 안전하다는 것
과 '십중팔구 안전할 것이다'라는 것 사이에는 천양지차가 있다는
것이 체르노빌 이후에야 통용되는 진리는 아니지만, 이제는 거의
모든 사람이 경험할 수 있다. 기술과학은 항상 개연적인 안전에 대
한 재량권만 가지고 있다. 다시 말해 그 진술은 설령 내일 두세 기
의 핵발전소가 폭발해도 여전히 진리로 남을 것이다.[4]

정량적 계산이 주는 신뢰감은 그런 정량적인 평가가 객관적일 것
이라고 믿는 우리의 태도에서 나올 것이다. 뒤집어 말하면 객관성이
라는 버팀목에 의지해서 도덕적으로는 다소 무책임한 상태가 되어버
렸다는 것이다. 객관성에 대한 이념이 과학을 도덕적으로 무능력하게
만든 이유를 후설은 전통 학문 체계에서 '형이상학'이 맡아왔던 역할
을 넘겨받을 학문이 더 이상 존재하지 않는다는 점에서 찾았다. 학문
의 근본 동기를 고려할 때, 형이상학의 역할은 모든 개별 과학의 가능
성의 문제를 포괄하고 있다.[5] 그리고 그 가능성에는 학문의 존재 이유
가 포함된다. 그런데 근대 과학이 '객관성'이라는 이념으로 형이상학
의 학문성을 제거하자, 학문의 존재 이유를 성찰할 수 있는 장소도 사
라지고 말았다.

실증 과학이 하나의 지도적인 이념으로 자리잡으면서, 측정(계량)

가능한 것들만 학적 탐구의 대상으로 여기는 과도한 실증성은 학문과 그 학문을 수행하는 주체에게 가치의 문제에 대해서는 무심해도 된다고 인증해버렸다. 이로써 진리를 탐구하는 과학이 인간의 삶과 사회에 대해 어떤 역할을 해야 하는지를 묻는 것은 과학자 본연의 일이 아니라, 개개인의 철학적 취향의 문제로 전락하고 말았다.

낡은 권위로부터의 해방, 그러나 동일한 이유에서 길을 잃어버리는 이러한 이중적 역설의 상황은 오늘날의 첨단 융합 기술에 대해서도 마찬가지로 벌어지고 있다. 이미 1960년대에 맥루언은 근대 활자 문화가 인간의 감각을 왜곡시켰다고 진단한 뒤, 새롭게 열린 전자 시대는 우리에게 새로운 가능성을 제공할 것이라는 기대를 내비쳤다.[6] 이후 디지털 기술의 발전은 실제로 사람들에게 수많은 가능성을 보여주고 있다. 그래서 첨단 기술에 의해 학문은 물론이고 인간 삶마저도 근본적인 위기에 봉착할 것이라는 비관적인 전망도 있지만, 다른 한편으로는 소셜 네트워크와 같이 사회 변화의 새로운 동력과 그 동력을 기반으로 하는 시민운동들 역시 디지털 기술의 발전에 기대어 있다. 극도의 위험과 새로운 가능성이 공존하고 있는 것이다. 이러한 사정은 이미 근대 과학이 가속도를 내며 치닫기 시작할 때 내재되어 있던 가능성들이 펼쳐지는 것인지도 모른다.

기술을 포함하는 넓은 의미의 과학이 떠맡고 있는 사회적 역할은 이렇듯 이중적이다. 그런 점에서도 앞선 인용문에 나타난 벡의 비판처럼 과학 기술에 대한 인문학적 매개가 절실할 것이다. 달리 말하면 학문의 발전은 그 내적인 동역학에 따라 서로 분리되었다가 다시 매개되는 과정을 거치고 있는 것이다. 이러한 상황 인식이 오늘날 많은

학문의 진화

과학자에게 학문 일반에 대한 성찰을 새로이 요구하고 과학의 사회적 역할을 다시금 따져보게 하는 것이다.

0 2

___

지식의 민주화와 가치 :
다윈의 경우

___

근대 학문에서 지식이 폭발적으로 성장할 수 있게 된 또 하나의 배경
은 구텐베르크의 혁명이다. 간단히 말하면 지식의 소유와 소통이 폭
발적으로 증가했기 때문이다. 이전 중세시대에 비해 지식에 대한 접
근은 용이해졌고, 값싸고 질 좋은 책의 등장은 새로운 지식의 유통에
있어서 혁신을 일으켰다. 이러한 상황은 탐구정신으로 충만해 있던
재야의 학자들을 유혹했다.

더글러스 로버트슨이 지적했던바, 활판 인쇄의 시작은 문명사적
전환의 한 분기점이라고 할 수 있다.[7] 구텐베르크 혁명의 가치를 문명
사적 관점에서 추적한 엘리자베스 아이젠슈타인 역시 근대 과학의 발
전에 있어 인쇄술의 발전이 결정적이라는 점을 놓치지 않는다.[8] 그녀
는 구텐베르크의 혁명에 대해 이렇게 평가한다.

우리가 (…) 과거의 모든 역사를 다 탐구할 수는 없다. 그래서 지성적인 역사가들도 수많은 발명품에 대해서는 전문가에게 조언을 듣기를 기다릴 것이다. (…) 그러나 구텐베르크의 발명에 대해서도 마찬가지의 태도를 취한다면, 그것은 근대적 정신을 형성하는 데 결정적인 동력을 이해하는 기회를 놓치는 일이 될 것이다.[9]

아이젠슈타인은 구텐베르크의 인쇄 혁명을 천문학에 있어 코페르니쿠스의 업적과 의학에 있어 윌리엄 하비의 업적에 견준다. 종교개혁이 일어나게 한 원동력으로서, 또 르네상스기에 많은 지식인에게 고대 그리스의 지혜가 전달될 수 있도록 한 원동력으로서, 나아가 영국과 프랑스의 정치적 격변기에 수많은 팸플릿 문화를 통해 인쇄술은 이념적인 근대가 형성되는 데 결정적인 역할을 한다. 지식의 확산은 곧 이성의 확산이었기 때문이다.

그러나 아이젠슈타인이 충분히 짚어내지 못한 부분은 '신성한 책'이 일반화되면서 사람들이 사적으로 지식을 다룰 수 있게 되었다는 사실이다. 다시 말해 제도적으로 공인되지 않은 학자들이 '신성한' 지식을 다룰 수 있는 문화적 토양이 마련되었으며, 그것이 결과적으로는 지식의 '신성성'을 점차 약화시키는 효과를 낳았다. 물론 그런 현상은 지식을 탐구하는 자의 종교적 경건성과는 무관한 일이었다. 사심 없고 신앙심 깊은 과학자는 자신의 탐구가 결과적으로 이 세계를 설명하는 데 신의 존재를 반드시 가정하지는 않아도 된다는 주장에 힘을 실어줄 것이라고는 전혀 생각해보지 않았을 것이다. 지식의 확산이 진리와 지식의 신성성을 약화시키는 것은 근대라는 시대가 빚어낸 일종의 역설적인 효과였다.

이는 성공회 신부의 자격을 지녔고, 또 한때는 신에 의한 창조를 진실로 믿었던 다윈을 결과적으로는 세상 만물을 신이 창조하지 않았을 수도 있다는 기이한 결론에 이르게 만든 것과 비슷하다. 비록 제도권에서 대학의 혁신이 계속되었지만, 책을 통한 지식의 확산은 재야의 명망가들에게도 자연 탐구에 대한 '고상한' 취미를 자극했다. 그래서 이른바 '박물학Natural History'에 대한 호기심은 레오나르도 다빈치 이후 18세기와 19세기에 걸쳐 하나의 유행이 되었다. 제도에 의해 유지되던 '지식의 신성성'은 이제 '진리 그 자체'의 신성성으로 바뀌었고, 따라서 누구든지 원칙적으로 진리를 탐구하기만 하면 그 신성성을 누릴 자격을 갖게 되었다. 모든 사람이 권리와 권위를 누릴 수 있게 되었다는 것은 곧 누구도 권위를 독점할 수 없음을 뜻한다.

다윈의 연구 결과가 당시의 많은 사람에게 충격을 주었던 까닭은 진화라는 개념이 생명의 창조에 담긴 신의 위엄을 손상시킨다고 믿었기 때문이지만, 사실은 신의 위엄과 더불어 인간의 위엄마저 함께 사라질 위기에 처했기 때문이기도 하다. 사람과 원숭이의 조상을 거슬러 올라가면, 언젠가는 한 조상을 만날 수 있다는 발상은 코페르니쿠스가 태양이 아니라 지구가 돈다고 한 이야기에 비견될 만했다. 진화론은 오랜 세월 사람들의 생각을 지배해온 '종의 불변성' 테제를 침몰시키는 것이었다. 좀더 철학적인 표현을 쓰자면 이른바 '본질은 변하지 않는다'는 믿음에 균열을 일으켰다. 인간 이성 역시 진화의 산물이라고 보게 된 것이다. 거꾸로 말하면 인간의 과거는 전혀 이성적이지 않았던 시절을 포함한다. 전통적인 믿음에도 반할 뿐 아니라, 일부 계

학문의 진화

몽주의자에게서조차 그리 환영받지 못할 이 주장은 그러나 과학적 증거의 힘에 의해 지지받았다. 기계론적 세계관의 세례를 받은 근대 과학은 세계가 '어떠어떠해야만 한다'는 주장을 할 수 없다. 그저 세계는 '어떠어떠하다'고 기술할 수 있을 뿐이다. 다시 말해 탐구된 사실의 증언이 진화론을 편드는 한, 인간의 존엄을 위해 진화론을 받아들이지 않는다는 것은 결코 과학적인 태도가 아니다. 그런 태도는 진리의 신성한 객관성을 훼손시키는 일이다. 다윈의 진화론은 과학적 지식이 어떻게 탈가치적 태도를 취할 수 있게 되는지를 여실히 보여주는 한 상징이다. 진리의 신성성이 의심할 여지 없는 헤게모니를 장악하고 있다고 전제할 때, 객관성과 사실이 가치를 무대 밖으로 밀어낸 것이다.

이는 사실상 인간이 자연과학적 탐구의 대상이 되면서부터 예정되어 있었던 일이다. 렘브란트의 유명한 그림인 「툴프 박사의 해부학 극장」(1632)은 미켈란젤로가 「피에타 상」(1499)을 조각하던 시절에 비하면 드라마틱한 변화를 보여준다. 미켈란젤로는 죽은 사람의 근육을 묘사하기 위해 성당 지하에 있던 시신들을 해부하는 데 목숨을 걸어야 했다. 오랜 시간 인간의 신체는 금기 덩어리였다. 특정한 행동 양식이나 음식마저도 금기의 대상이었던 까닭에 인간의 신체를 해부하는 일은 생각지도 못할 터부로 여겨졌다. 오늘날에조차 어느 나라를 막론하고 장기 기증을 약속했던 사람의 수와 실제로 장기 기증을 하는 사람의 수에는 큰 차이가 있다. 하물며 중세의 여운이 가시지 않은 시대에는 말할 필요도 없을 것이다. 근대 과학은 그런 터부를 깨뜨렸다. 근대적인 의학 기술의 발전에 있어 필수적인 연구로서 인간 신체의 해부는 인간의 신체를 기계처럼 다루는 일이기도 하다. 또한 인간을 그저 '가치'의 대상이 아니라, '사실'의 대상으로 다루는 일이다.

물론 이러한 변화가 초래한 위험을 벗어날 탈출구는 어렵지 않게 마련되었다. 비록 진화론이 인간을 창조주 다음의 영예로운 자리에서 다른 생명체들과 마찬가지로 자연 법칙의 지배를 받는 자리로 끌어내린다 해도, 여전히 인간은 우주의 중심에 있을 수 있었기 때문이다. 예컨대 스펜서의 사회진화론은 기원의 신성성이 아니라, 현재의 신성성을 강조함으로써(왜냐하면 진화의 단계에서 현재는 가장 높은 수준의 진화를 달성하고 있으므로) 인간을 보잘것없는 조상을 둔 치욕으로부터 구해내주었기 때문이다. 물론 생물학과 진보의 이념을 기발한 아이디어로 엮은 이 입장이 인류의 도덕적 위상에 커다란 흠결을 남긴 것 또한 부인할 수 없는 사실이다. 잘못된 사회적 가치관과 착종해버린 진화론은 인종 위생학이나 제국주의 이념에 풍부한 자양분을 제공했기 때문이다. 결과적으로 20세기 중반에 들불처럼 일어났던 '근대에 대한 혐오'에 결정적인 계기를 제공한 셈이다. 바꿔 말하면 과학적 지식의 순수성은 언제나 그 어떤 '누군가의 의도'에 의해 위협받을 수 있다. 더욱이 그것은 '객관적이고 과학적인 지식'으로 포장될 가능성이 있어 더더욱 위험할 수도 있다. 그런 가면을 쓴 채 '진리의 신성성'을 주장할 것이기 때문이다.

인쇄술의 발달과 사실의 '중립성'은 지식을 낡은 독점적 권위로부터 해방시켜놓았으나 그것은 동시에 누구라도 자신의 의도를 위해 지식을 사용할 수 있는 상태로 만들어놓은 것이기도 하다. 여기서 앞서 고대 학문의 기원을 분석한 피쇼가 고대 그리스에서 학문이 시작

학문의 진화

될 수 있었던 토양이 고대 그리스의 민주주의였다고 말한 대목을 다시 떠올려볼 수 있다. 근대가 과학적 지식을 폭발적으로 성장시킬 수 있었던 것은 확실히 지식의 소유와 생산에 있어 낡은 억압들을 걷어냈기 때문이다. 대학은 성장하고, 전공은 늘어났으며, 그런 제도권의 사람들만이 아니라 비제도권의 사람들도 학문적 탐구를 수행할 수 있었던 것이다. 그러나 이렇게 지식을 탐구하고 소유할 권리가 분산됨으로써 그 반작용의 위험 또한 커졌다. 그것은 마치 준비되지 않은 상태에서 혁명적 전환이 일어날 경우 무질서를 초래하는 것과 마찬가지다. 이러한 상황을 우리는 이른바 '디지털 혁명'기에서 다시 한번 확인할 수 있게 된다.

—

객관성과 역사성: 근대적 합리성에 대한 반감과 역사성의 요구

—

인간과 사회 모두가 과학적 탐구의 대상이 될 수 있다는 근대적 믿음은 이중적인 반응을 불러일으켰다. 한편에서는 인간, 나아가 인간의 행동과 사회를 설명하는 법칙을 발견함으로써 이상적인 인간과 사회에 도달할 수 있다는 계몽주의적 신념이, 다른 한편에서는 그런 기계론적 해석으로는 결코 인간을 이해할 수 없다는 낭만주의적 반작용이 일어났던 것이다. 그것은 마치 이중 소실점처럼 근대라는 시대를 입체적으로 조명하게끔 해주는 조망대들이다. 프랑스 혁명의 상징이었던 로베스피에르는 사회를 혁신할 수 있다고 믿은 계몽주의자이자 루소의 열렬한 추종자로서 낭만주의자이기도 했다.

에너지는 언제나 평형을 향해 달려간다는 열역학적 통찰이 옳다면, 지식을 통한 사회 변화와 사회 변화를 정당화하는 지식들에도 마찬가지의 유비를 해볼 수 있다. 어느 한 입장이 극단화되면 결과적으로 그 반대의 극단으로 옮겨감으로써 균형이 이루어지는 것이다. 대혁명은 인간의 평등한 권리를 천명하며 새로운 질서가 태어나게 했지만, 그 혁명의 과정이 빚어낸 무질서는 역설적으로 인간 이성의 계획이 아직은 크게 부족하다는 것을 입증했다. 그것은 부르주아의 정치성을 가지고 설명해도 되고, 인간 이성에 대한 믿음의 소박성으로 설명해도 된다. 산업혁명의 경우도 마찬가지다. 결과적으로는 오늘날의 풍요를 가능케 했지만, 이 풍요는 수많은 사람의 희생을 통해 얻어진 것이었다. 그리고 그 희생의 메커니즘은 여전히 지구 어딘가에서 작동하는 중이다.

인간을 합리적이고 이성적인 존재로 규정함으로써 인간의 행동 양식과 사회적 양태를 분석하고 예측하려는 태도의 반대 극단은 인간을 과학적으로 측정 불가능한, 혹은 기계론적으로는 설명 불가능한 대상으로 보는 것이다. 무엇보다 인간은 목표를 가지고 행동하는 존재이기 때문이다. 한 개인의 목표가 오롯이 그의 과거로부터 인과적으로 결정되어 있다면 모르겠지만, 인간은 존재하는 모든 것 중에 가장 높은 수준의 자유를 지닌 존재자다.

흥미로운 것은 근대 과학이 인간 이성을 통해 얻은 것 또한 자유였다는 점이다. 과학혁명은 결과적으로 자연을 신의 지배로부터 해방시켰고, 근대 철학은 인간의 지위를 낡은 신분제도로부터 해방시켰다. 이때의 해방은 인간의 철저한 자유를 뜻했다. 과학은 인간에게 자연을 지배하는 주인으로서의 자유를 주었고, 근대 철학은 인간에게 자신의 정체성을 스스로 결정할 자유를 주었다. 말 그대로 '진리가 자유케 하리라!'(요한복음 8:32)는 약속의 세속적 구현이었다. 그러나 그 자유를 인정하는 순간 순수한 사실에 의지해서 인간을 설명하려는 과학적 인간 이해는 곧바로 어려움에 봉착하고 만다. 칸트의 말처럼 '인간이란 무엇인가?'라는 물음은 과학적으로나 철학적으로 여전히 열려 있는 물음이다.

인간을 이해하는 문제가 어려운 까닭은 '사실'을 파악하는 인식론적 딜레마가 매개되어 있기 때문이다. 자연에 법칙이 실재하느냐 하는 것은 형이상학적인 문제다. 그 형이상학적 문제의식을 걷어내고 나면 자연은 그저 하나의 투명한 '사실'일 뿐이다. 그런 사실에 법칙을 부여하는 존재가 바로 인간이다. 법칙은 말하자면 자연에 존재하는 사실이 아니라, 인간이 자연을 파악할 때 적용하는 인식론적 틀이다. 이것이 근대 철학이 자연과학의 보편적 타당성을 인준하는 하나의 방식이었다. 문제는 자연과학 자체는 이런 유의 형이상학적 문제에 대해 관심이 없다는 것이다. 그것은 무엇보다 과학적으로 입증될 수 없기 때문이다. 흄이 들추어낸 것처럼 법칙이 실재한다는 경험적 증거는 없다. 존재하는 것은 오직 법칙이라는 틀을 가지고 보면 우리가 이해할 수 있는 사건들뿐이다. 인간이 법칙을 부여하는 존재인 한, 문제는 더 복잡해진다. 인간 행동을 설명하는 법칙을 인간 자신에게 적용하는 순간 그 법칙 자체가 인간의 행동을 변화시킴으로써 법칙을 무력화시킬 수 있기 때문이다. 심리학적으로 말하자면, 반성적 자기규정이 자신을 변화시킴으로써 이전의 자기규정이 더 이상 적용되지 않는 것이다.

이러한 논의에는 근대 과학이 전제한 시간의 문제가 매개되어 있다. 생물학적 진화 개념이 그렇듯이 현재는 과거의 누적이고, 미래는 현재의 누적이다. 그러나 근대가 전제한 물리학적 시간 개념은 과거와 현재, 그리고 미래가 동일하다. 역학을 중심으로 하는 근대 과학의 세계관은 시간을 균질적이고 나아가 가역적인 것으로 본다. 프리고진에 따르면,

> 동역학에서는 시간의 반전 $t \rightarrow -t$와 속도의 전환 $v \rightarrow -v$ 같은 변화들이 수학적으로 대등한 것으로 정의되고 있다. 하나의 동적인 변화가 이루어놓은 것은 속도의 반전으로 정의된, 또 하나의 변화에 의하여 취소될 수 있으며, 이러한 방법으로 원래의 조건들은 그대로 회복된다.[10]

이러한 시간관에서 적용되는 법칙 개념은 생명 현상에서는 유효하지 않다. 생명 현상은 시간을 되돌릴 수 없기 때문이다. 하물며 인간에 대해서는 더 말할 것도 없다. 따라서 시간을 초월한 보편적인 법칙으로 인간을 설명하고 이해하려는 시도는 가장 중요한 전제를 방치하고 있다고 볼 수 있다.

박물학의 유행과 더불어 고조된 생물학에 대한 관심과 생물학적 지식은 낭만주의적 지식인들에게 중요한 논거를 제공하게 된다. 우선 진화는 진보로 여겨졌으며, 그 누적된 시간의 차이는 개체의 특수성을 설명하는 질적 차이를 이해하게 해주었다. 이런 사정은 19세기에 사람들이 왜 그토록 역사 문제에 대해 관심을 가졌는지를 짐작케 해준다. 더욱이 계몽주의적 보편성과 획일화에 지친 지식인들에게 역사는 인간과 생명 현상을 설명하는 새로운 틀을 제공해주었다. 또한 이

러한 관념은 과학이 계속 성장할 것이라는 계몽주의적 믿음과도 충돌하지 않았다. 예컨대 다윈의 진화론을 사회진화론으로 확장한 스펜서는 "과학의 진보는 우리가 현재 보고 있고, 앞으로도 계속될 것이지만 어떤 제한된 시간에서는 완벽에 도달하지 못할 사고와 사물 간의 균형equilibration"[11]이라고 말한다. 그에게 있어 과학적 지식이 진보하는 역사적 과정은 비가역적이다. 또 어딘가에서 완성됨으로써 끝나는 시간도 아니다.

낭만주의적 지식인들이 역사에 대해 관심을 갖게 된 또 다른 동기는 근대가 되면서 성장한 국민국가 사이의 체제 경쟁이 심화되던 당시 유럽의 상황을 반영한다. 계몽주의적 합리성이 개인의 차이를 소거해나가는 보편성에 초점이 맞춰져 있는 한, 문화의 차이는 결국 동일한 상태에 다다를 것이라는 전망 아래서 드러나는 정도의 차이로밖에는 여겨지지 않았다. 계몽적 지식인들이 야만을 문명으로 변화시키려는 역사적 사명을 스스로에게 부여했던 것은 인간의 본질이 동일하다고 믿었기 때문이다. 그러나 보편성에 기초한 혁명적 박애정신은 근대의 냉엄한 정치 현실에서는 현실을 모르는 이상적 관념일 뿐이었다.

그런 까닭에 19세기 들어 역사에 대한 관심이 드디어 역사학이라는 학문을 탄생시켰을 때, 그 반응은 이중적이었다. 한편에서는 랑케를 중심으로 하는 실증주의적 역사학이, 그 반대편에서는 크로체와 콜링우드를 중심으로 하는 이른바 '현재주의'라 불리는 반실증주의적 역사관이 대립했다. 실증주의적 입장은 계몽주의적 보편성의 관점 아래 역사학에 있어서도 객관적인 법칙을 탐구할 수 있으며, 그것이

학문의 진화

역사학을 객관적인 학문으로 자리매김할 것이라고 보았다. 반면 그 반대편에서는 과거 사실의 의미는 그저 투명한 사실이 아니라, 역사적 주체의 현재 조건에 따라 달리 새겨질 수 있으며, 따라서 역사 서술에 있어서도 더 중요한 것은 역사적 주체의 개성이라고 주장했다.[12] 물론 그 어느 편이라도 19세기적 신념, 즉 인간의 역사가 진보한다는 믿음에 있어서만큼은 차이가 없었다. 다만 논쟁의 핵심은 역사학이라는 학문이 과연 자연과학과 같은 정도의 객관성을 지닌 지식을 산출할 수 있느냐의 문제였다.

사실 이는 단순히 역사학의 문제이기만 한 것은 아니다. 인식론적 측면에서 보자면, 인문학적 탐구의 대상이라고 할 수 있는 모든 문화적 구성물의 의미를 '객관적'으로 해석할 수 있느냐의 문제가 관련되어 있기 때문이다. 슐라이어마하 이후 의미 해석의 객관성을 강조하는 입장과 끊임없는 지평의 융합을 강조한 가다머의 해석학적 입장 사이의 논쟁도 같은 뿌리를 갖고 있다. 그 뿌리는 다름 아니라 학문의 본성이 무엇인가에 관한 물음이다.

근대 이후 자연과학이 학문의 새로운 모범으로 등장한 이후, 철학을 비롯해 오늘날 인문학이라 불리는 탐구들은 자신의 학문성을 입증해야 하는 부담을 지게 된다. 가능한 전략은 둘이다. 인문학적 탐구도 자연과학이 내세운 객관성의 기준을 만족시킬 수 있다는 것을 보여주든지, 아니면 자연과학과 인문학은 성격상 완전히 다른 탐구 방식임을 분명히 하는 것이다. 역사학에 있어 실증주의적 입장이나 19세기 중반 빌헬름 분트를 중심으로 했던 실험심리학이 인간의 의식과 역사에 대해서도 객관적 탐구가 가능하다는 입장을 대변했다면, 하인리히 리케르트를 중심으로 한 신칸트학파는 비록 그 중간 영역을 인정했다고 하더라도 기본적으로는 인문학과 자연과학에 대해 분리 정책을 취했다. 이러한 사정이 스노가 '두 문화'라는 표현으로 지목한 학문의 위기 현상의 시작이기도 했다. 인문학은 이 세계와 인간에 관한 생산적인 지식을 내놓지 못하는 불임의 학문처럼 보였고, 자연과학은 마치 서번트 증후군이라도 앓는 듯 지식을 생산해내기만 했지 그것이 인간 삶에 어떤 의미를 갖는지에 대해서는 관심이 없었다.

학문의 탈가치적 중립성과
몰가치적 맹목성 : 베버의 경우

19세기는 학문적 지식이 가치의 문제와 어떤 관련을 맺을 수 있는지를 가장 생생하게 보여준 시기이기도 했다. 바로 '이데올로기의 시대'였기 때문이다. 프랑스 혁명기에 군인 출신이었던 드 트라시가 이 표현을 사용한 이후 그것은 지식을 통해 인간 삶을 혁신하려는 베이컨적 이상을 뜻하기도 하고, 또 때로는 추구하는 이상을 위해 현실의 삶을 투쟁 속으로 몰아가는 폭력의 또 다른 이름으로 여겨지기도 했다. 이는 프랑스 혁명이 당시 유럽의 복잡한 정치적 역학관계 속에서 본래의 취지를 잃고 좌초하면서 얻은 대가였다. 자연과학이 새로이 알게 된 지식을 통해 자연을 통제할 수 있듯이, 사회과학 역시 사회를 혁신시킬 수 있으리라는 유추는 계몽주의자들의 신념이었다. 프랑스의 혁명가들은 자유와 평등을 위해 싸웠지만, 그 방법은 과격했으며, 따라서 아직 혁명의 불길이 닿지 않았던 주변국들로부터 격렬한 저

항을 받아야만 했다. 혁명 정부가 지배하는 프랑스는 이내 고립되었고 따라서 그 혁명의 실질적인 선봉에 섰던 가난하고 힘없는 사람들의 삶은 더욱 피폐해졌다. 그럼에도 혁명가들 내의 노선 투쟁은 폭력적이었다. 나폴레옹은 이 시기를 틈타 프랑스인들에게 영예와 오욕을 동시에 맛보게 해주었다. 비록 나폴레옹의 전쟁이 결국에는 패배로 끝났지만, 그럼에도 혁명의 이념은 유럽 전역으로 퍼져나갈 수 있었다. 그 효과는 말하자면 이런 것이다.

> 일반 대중에게는 문제가 한결 더 단순했다. 앞에서 살펴본 바와 같이 서부 및 중부 유럽의 대도시와 제조업 지역에서 그들의 처지는 필연적으로 그들을 사회 혁명으로 몰아갔다. 당시의 부자나 세도가에 대한 증오와 좀더 나은 세계에 대한 환상이 절망에 빠진 그들에게 사물을 보는 안목과 목적의식을 제공해주었다. 그들에겐 조직적이고 집단적인 행동 능력이 힘이 되었다. 프랑스 혁명으로 말미암은 일대 각성은 민중이 부정을 보고도 힘없이 참고만 있을 필요가 없다는 것을 그들에게 가르쳐주었다.[13]

그러고는 마침내 홉스봄의 말처럼 1848년이 다가왔다. 1840년대 중반 경제는 참혹할 정도여서 공산주의자들은 드디어 자본주의의 종말을 볼 것이라고 말할 정도였으며, 이미 18세기에 있었던 대기근에 대한 기억, 잦은 전쟁, 아일랜드의 감자 기근이 빚어낸 여파 등은 굶주림에 시달리는 빈민들을 거리로 내몰았다. 혁명을 위한 에너지는 분출의 통로를 찾던 중이었다. 마침내 2월 프랑스에서 점화된 불길은

학문의 진화

유럽 전역으로 확산되었다. 이는 해방을 향한 거대한 혁신의 시작이었지만 동시에 무질서와 불안 또한 널리 퍼져나갔다. 희망과 불안의 역동성은 '혁명'이라고 이름붙일 수 있는 모든 영역에서 일어났다. 에두아르드 톰슨의 묘사는 그런 점에서 간결하면서도 상징적이다. 그는 1830년대와 1840년대를 바라보는 사람들은 모두 이른바 '공장제도'가 가진 생산력에 대해 경이로워했다고 말한다. 그러고는 마크 테일러의 말을 빌려 당시의 상황을 이렇게 묘사한다.

> 나그네가 방직공장과 날염공장 주위에 무리지어 살고 있는 사람들 사이를 지나갈 경우, 그는 반드시 거의 경악할 정도의 근심과 불안을 느끼며 이 '초만원의 벌통들'을 바라본다. 그곳 사람들은 그들이 속한 체제와 동일하게 새로운 사람들이었다. 그러나 사람들의 수와 힘은 시시각각 증가했다. 사람들은 큰 무리의 집단, 기괴하고 공포스럽다는 말로 표현할 수 있는 그런 무리였다. (…) 공장지대 사람들은 구성에서만 색다른 것이 아니었다. 그들은 사상이나 행동거지도 달랐다. 그들의 사상이나 행동은 어떤 외적 요소들로부터의 교훈이나 지도에 기인한 것이 아니라 바로 자신들의 환경의 산물이었다.[14]

급격한 사회적 변화에 대응하는 하나의 방식은 자유로운 정치적 의사의 표현이다. 그러나 이러한 정치적 의사 표현은 언제나 위험한 것이기도 하다. 가진 자들의 협박을 각오해야 하는 현실적인 이유가 있기도 하지만, 좀더 근본적으로는 자신이 옳다고 믿는 가치를 타인에게 강요하는 일이 될 수도 있기 때문이다. 그리고 때로는 자신의 믿음을 관철하기 위해 폭력적인 방식이 동원되었으며, 그런 폭력적인 수단을 자신의 믿음이 '옳기 때문에'라고 정당화해버리곤 했다. 목적이 수단을 정당화한 것이다.

19세기 말엽부터 20세기 초엽에 이르기까지 정치 사회적 격변은 서로 다른 가치관과 세계관들이 충돌할 때 어떤 파국을 낳을 수 있는지를 잘 보여주었다. 예컨대 수많은 나라를 식민지로 만들었던 유럽 열강의 제국주의 열풍은 지구촌 곳곳을 착취의 현장으로 바꾸어놓았다. 사실 한 나라가 다른 나라 사람들을 어떤 방식으로든 착취하는 것, 혹은 누군가는 지배계급이 되고 다른 누군가는 복종의 의무를 져야만 하는 것은 인류 역사에서 결코 낯설지 않다. 그러나 이 오랜 전통은 근대가 시작되면서 붕괴되었고, 비록 속내는 어떠했을지 모르나 프랑스의 혁명군은 '해방'의 기치를 걸고 전진했었다. 그러던 중 19세기에 이르자 그 비난받아 마땅했던 전통이 새로운 형식의 정당화를 얻게 된다. 진화론이 '과학적 지식'으로 간주되면서 사회적 진보와 결합되자 한 나라의 문화가 다른 나라의 문화를 통제하고 지도할 수 있다는 생각이 합리화되기에 이른 것이다. 그런 생각을 하는 사람이 계몽주의자든 낭만주의자든 상관없었다. 비록 여러 부작용이 드러났지만, 사회적 진보를 위한 희생은 불가피하다고 생각하면 되었다.[15]

이러한 사정은 국제적인 관계에서만이 아니라 각 나라 안에서도 마찬가지였다. 1917년 뮌헨 대학의 진보적 학생 단체인 '자유학생연합'이 주최한 강연에서 막스 베버는 학자의 본분에 대해 설명한다. 그것은 그 당시 학생들이 기대하고 있던 생각에 비춰보면 대단한 용기

를 필요로 했던 일이기도 한데, 학생들은 자신들이 믿고 따를 실천적
(정치적) 이념과 지침을 듣길 원했기 때문이다. 베버는 사실 판단과
가치 판단을 철저하게 구분하면서 이렇게 말한다.

만약 내가 대중 집회에서 민주주의에 대해 강연한다면, 나는 내 개
인적인 입장을 숨기지 않을 것입니다. 이런 대중 집회에서는 분명
하게 알아볼 수 있도록 편을 드는 것이 연사의 마땅한 의무이며 책
임입니다. 그러한 경우에 사람들이 사용하는 말은 학문적 분석의
수단이 아니라, 정치적으로 다른 사람들의 지지를 얻기 위한 수단
입니다. 이 말들은 관조적 사색의 토지를 일궈주기 위한 쟁기의 날
이 아니라, 적에 대항하기 위한 칼, 즉 투쟁 수단입니다. 이에 반해
서 강의에서나 강의실에서 말을 그런 식으로 사용한다면, 그것은
방종한 짓을 하는 것입니다. 강의실에서 가령 '민주주의'에 대해
논한다면, 우리는 먼저 민주주의의 여러 형태를 제시한 다음, 그것
들이 기능하는 방식을 분석하고, 또 각각의 민주주의의 형태가 우
리의 생활 조건에 어떤 결과를 가져다줄지를 확인할 것입니다. 그
다음 이 민주주의 형태들을 비민주적 정치 체계들과 비교하면서,
청중이 자신의 궁극적 이상을 기준으로 민주주의에 대해 입장을
취할 수 있다는 생각이 들 수 있을 정도까지 분석을 시도해야 합니
다. 그러나 진정한 교사라면 교단에서 청중에게 어떤 특정한 입장
을 노골적으로든 아니면 암시적으로든 강요하는 것은 삼갈 것입
니다. 특히 '사실로 하여금 말하게 하는' 척하면서 자신의 입장을
암시한다면 그것은 가장 악의에 찬 방법일 것입니다.[16]

베버의 이 확신에 찬 주장은 사실 그가 그 강연에서 던진 하나의 물음, 즉 '학문의 의미는 무엇인가?'에 대한 대답이었다.

> 이제 우리의 주제로 되돌아갑시다. '진정한 존재로의 길' '진정한 예술로의 길' '진정한 자연으로의 길' '진정한 신으로의 길' '진정한 행복으로의 길' 등 이전의 그 모든 환상이 무너져버린 이상, 직업으로서의 학문의 의미는, 상기한 내적 전제를 고려할 때, 무엇입니까? (…) 학문이 답을 주지 못한다는 사실에는 전혀 이론의 여지가 없습니다.[17]

학문이 답을 주지 못한다는 사정은 아래와 같다.

> 모든 자연과학은, 만약 우리가 삶을 기술적으로 지배하고자 한다면, 우리가 무엇을 해야 하는가라는 물음에 대해 답을 줍니다. 그러나 자연과학은 우리가 삶을 기술적으로 지배해야 하는지 또 지배하고자 하는지의 여부, 그리고 이 지배가 궁극적으로 도대체 의미가 있는지의 여부에 관한 문제는 전적으로 제쳐놓거나 아니면 자신들의 목적을 위해서는 당연한 것으로, 즉 삶을 기술적으로 지배하는 것이 의미 있다고 전제합니다.[18]

이렇듯 학문이 답을 주지 못하는 상황임에도 불구하고, 베버는 학자가 자신의 정치적 입장을 사실의 입을 빌려 말하는 것은 "가장 악의에 찬 방법"이라고 본다. 그가 강조하고 싶었던 것은 학자라면 문제

사안에 관련된 모든 이론적인 가능성을 개진하고, 자신의 삶과 정치적 입장에 관련된 판단은 개인이 스스로 해야만 한다는 것이었다. 칸트가 말한 계몽의 표어처럼 스스로 생각하고 판단하는 이성적 존재가 되기를 원한 것이다. 그러나 유감스럽게도, 적어도 역사적으로는 베버의 소망이 이루어지지 못했다. 베버가 그 강연을 한 뒤 오래지 않아 독일은 나치의 지배권 아래 들어갔고, 그 결과는 20세기 역사를 잔혹한 시기로 기록하게 만든 폭력의 난무였다. 수많은 사람이 자신들의 생각을 멈추었고, 권력을 가진 자를 추종했다. 어떻게 살아야 하는지를 말해주지 않고, 스스로 결정하라고 하는 것은 프롬이 말한 자유의 역설처럼 갑자기 자유를 얻은 근대인에게는 커다란 심적 부담이었는지도 모른다.

근대 혁명의 발원지였던 프랑스에서도 사정은 다르지 않았다. 19세기 말엽 사람들의 집단적 광기를 보여준 '드레퓌스 사건'이 그 생생한 증거가 된다.

라투르의 표현처럼 근대 과학이 이전 세대의 신비주의와 어두움으로부터 스스로를 구원해낼 수 있었던 원동력은 기계론적 세계관에 기초한 객관성이라는 이념을 방패로 삼았기 때문이다. 그러나 이 해방의 이념은 결과적으로 기계론이라는 획일적 세계관 속에 자신을 가두게 되고, 그에 따라 낭만주의적 반동에 직면해야 했다. 이는 인간이라는 이중적인 존재자의 역동성에 기인한 것인지도 모른다. 때로 합리적인, 그러나 온전히 합리적이지만은 않은 존재, 르네상스가 묻고, 칸트가 다시 물었던 것처럼 '인간'은 해명되지 않은 신비였다. 이로써 생겨나는 역동적인 과정은 학문 개념을 유동하게 만든다. 오래된 관넘처럼, 진리가 변하지 않듯 또 본질이 변하지 않듯, 학문의 본성도 변하지 않는 것이 아니라 학문 역시 변화해가는 것이다.

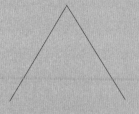

6장

—

다원주의적 세계관과 과학

수학의 위기와
합리성의 위기

확실히 19세기는 자연과학을 모범으로 삼는 실증주의적 학문과 그에 저항하는 낭만주의적 지적 경향이 대립하는 시기였다. 물론 뭔가를 이분법적으로 구별하는 일이 대부분 그렇듯이 그 구분은 그리 정확하지 않다. 사실은 두 지적 경향이 서로 뒤엉켜 있다고 보는 편이 더 정확한 묘사일 것이다. 예컨대 역사에 대한 관심은 낭만주의적이지만, 그런 역사 안에서 법칙을 찾아내 사건을 설명하려는 것(예를 들면 역사주의의 경우)은 또한 계몽주의적이고 실증주의적이다. 또 자연사를 설명하려는 시도는 자연과학적이지만, 그것에 '진보'의 이념을 씌우는 일은 목적론적이고 철학적이다. 이렇게 지적 경향이 혼재되어 있는 상황에서도 묵묵히 위기와 새로운 가능성을 증폭시킨 분야는 바로 수학이었다.

근대 학문의 역사에서 수학의 중요성은 새삼스럽게 강조할 필요조차 없다. 무엇보다 근대 과학이 형이상학과의 전투에서 승리할 수 있었던 주요 이유는 형이상학에 비해 탁월한 장비(즉 방법)를 갖춘 데 있었고 그 장비는 다름 아닌 실험과 수학이었기 때문이다. 특히 수학의 발전은 세계를 기술할 수 있는 투명한(그래서 한없이 객관적으로 보이는) 언어를 확보했다는 점에서 의미가 있다. 갈릴레오의 혁명이 가능했던 것은 그가 세계를 수학적으로 기술할 수 있다는 아이디어를 구현했기 때문이다. 물론 전체 학문사에 있어서 수학의 역할과 그 중요성을 평가하기 위해 오직 근대만 바라볼 이유는 없다. 가령 화이트헤드는 수학의 중요성을 다음과 같이 강조한다.

> 각 시대의 수학적 관념들에 대한 깊은 연구 없이 사상사를 알려고 하는 것은 마치 「햄릿」이라는 제목의 연극에서 주인공 햄릿을 빠뜨린 것과 같다고까지는 말하지 않겠다. 그것은 수학에 대해서 지나친 요구가 될 것이다. 그러나 그것은 확실히 오필리어 역을 제외시킨 것과 비슷하다.[1]

그럼에도 근대 학문의 이상적인 모델이 뉴턴의 역학이었다는 점을 고려한다면, 근대 학문사에서만큼은 수학의 역할을 오필리어가 아닌 햄릿에 견주어도 될 것이다. 가령 운동하고 있는 물체의 순간가속도를 정확하게 표현할 방법적 장치(미분에 관한 이론) 없이 뉴턴의 역학이 가능했을까? 또한 수학이 단지 세계에 대한 이론적 해석에만 멈춘 것도 아니다. 예컨대 공병장교 출신으로 혁신적인 터빈 기관을 디자인했던 수학자 장 빅토르 퐁슬레는 수학이 실제 세계를 어떻게 바꿀 수 있는지도 보여주었다.

그러나 무엇보다 근대 수학의 의의는 어떤 유의 문화적 혹은 주관적 세계관의 차이를 극복하는 보편적인 진리 체계를 위한 강력한 기술descriptive 수단을 마련했다는 점에 있다. 말하자면 수학은 인간 지성이 통찰한 세계의 질서를 하등의 오해 없이 선명하게 진술해낼 수 있는 언어적 수단으로 여겨졌으며, 따라서 수학적으로 입증된 지식은 지식의 보편타당성을 보장하는 가장 분명한 증거였다. 칸트가 그의 선험철학에서 경험과학의 가능성을 문제시하면서 시간과 공간이라는 경험의 형식을 수학에 의지한 것도 바로 그 때문이다. 그만큼 수학은 근대 학문에 있어 '확실성', 그리고 '보편타당성'을 상징했다. 그런데 19세기가 되자 이런 수학의 견고한 확실성이 의심받게 된 것이다. 그것은 다소 과장해서 말하면 수학에 의지해 있는 모든 개별 과학 전체가 흔들릴 가능성이 있다는 게 드러난 것이다.

수학적 사고가 지닌 강력함은 수학이라는 학문 자체가 그 어떤 군더더기도 필요 없는 증명의 형식으로 구성되어 있다는 체계의 우아함에 있다. 스피노자가 자신의 『윤리학』을 기하학적 구성으로 쓴 것은 그런 사정의 방증이라고 할 수 있다. 요약해서 말하면, 수학은 적어도 근대 이후 지식 상황판을 바꾸기 시작한 개별 학문들의 이론적 전형이었다. 그런데 이런 수학의 견고한 확실성이 의심받는다면 어떨까? 조금 호들갑스럽게 말하자면 그런 수학을 안전한 발판으로 삼은 학문 전체가 위기에 봉착하게 될 것이다. 모리스 클라인의 말처럼 인간 지성의 '재앙'일 수 있는 것이다.[2] 물론 수학의 위기를 그와 같은 방식으로 표현하는 것은 분명 과장이라고 해야 할 것이다. 그러나 그런 사정

이 보여주는 것은 최소한 수학마저도 의심할 여지 없이 안전한 학문
은 아니라는 사실이다. 우선 비유클리드 기하학의 등장이 우리의 수
학적 '고정관념'을 바꾸는 첨병으로 나섰다.

다른 공준들에 비해 복잡하기 짝이 없는 제5공준은 오랫동안 유클
리드 기하학의 천덕꾸러기가 되어왔다. 체계의 우아함을 생각할 때,
단박에 직관적으로 이해되는 여느 공준들과 달리 제5공준은 꽤 많은
지적 노력을 기울여야 한다. 예를 들어 "임의의 점에서 다른 임의의
점까지 직선을 하나 그을 수 있다"나 "모든 직각은 서로 같다"와 같은
공준들을 이해하는 데는 특별한 노력이 필요하지 않다. 우리는 그런
공준들을 직관적으로 이해할 수 있다. 그런데 제5공준의 내용, 즉 "한
직선이 다른 2개의 직선과 서로 만나고 그 직선 한쪽에 있는 내각의
합이 2직각보다 적을 경우, 2개의 직선을 한없이 연장하면 그 내각이
있는 쪽에서 만나게 된다"는 말은 여러 차례 읽어야 그 의미를 이해할
수 있을 만큼 복잡하다. 체계의 토대라고 할 수 있는 공준이 복잡하다
는 것은 확실히 이론 체계의 우아함을 선호하곤 하는 미적 취향을 거
스르는 것이었다.

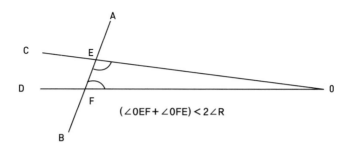

$(\angle OEF + \angle OFE) < 2\angle R$

학문의 진화

이미 18세기가 시작될 무렵 제로니모 사케리를 비롯한 수많은 수학자가 이 공준을 가지고 씨름한 것은 이것이 혹시 다른 공준으로부터 연역 가능하든지, 아니면 좀더 명료한 다른 공준으로 대체될 수 있지 않을까 하는 기대 때문이었다. 분명한 것은 그 공준을 둘러싼 싸움이 유클리드 기하학의 가치를 평가절하하기 위해서나 의심스럽다는 것을 증명하려는 시도는 아니었다는 점이다. 오히려 유클리드 기하학을 더 우아하고 완전한 체계로 만들기 위한 시도였다고 할 수 있다. 그러나 사건은 정반대로 흘러갔다.

19세기가 되자 니콜라이 로바체프스키와 야노시 보요이 그리고 베른하르트 리만 등은 유클리드 기하학이 묘사한 공간과는 다른 공간을 생각해낸다. 이러한 비유클리드 기하학의 등장은 유클리드 기하학이 공간에 관한 보편타당한, 그리고 유일한 해석이라는 통념을 뒤집는 것이었다. 예컨대 유클리드 공간에서는 임의의 한 직선과 평행한 직선은 오직 하나뿐이지만, 로바체프스키-보요이 공간에서는 평행선이 무수할 수 있고, 리만 공간에서는 하나도 없다는 상호 모순적인 공간 해석이 가능한 것이다. 이것이 엄청난 논란을 불러왔으리라는 점은 어렵지 않게 짐작할 수 있다. 무엇보다 유클리드 공간은 인간이 경험하고 있는 공간의 특성을 가장 직관적으로 보여주기 때문이다. 비유클리드 기하학이 묘사하는 공간들은 유클리드적 관점에서 보면 일종의 휘어진 공간들이다. 공간이 곡률을 갖는다는 생각은 공간에 대한 우리의 경험적 해석과 충돌했다. 따라서 그런 기하학은 반드시 논리적으로 문제가 있어야만 했다. 많은 사람이 비유클리드 기하학의 논리적 문제를 밝히기 위해 애썼다. 그러나 결과는 그들의 기대를 빗나갔다. 오히려 난공불락의 요새 같았던 유클리드 기하학이 우리의 기대만큼 논리적으로 완전한 체계가 아니었음이 드러났다. 유클리드 기하학과 비유클리드 기하학은 양립 가능한 체계였다. 유클리드 기하학은 공간에 대한 유일한 학문이 아니라, 다양한 모델 중 하나일 뿐이었다.

수학의 확실성에 대한 불안감과 관련해서 비유클리드 기하학의 등장은 일종의 예고편이었을 뿐이다. 19세기 들어 수론을 집합 이론으로 환원하려는 시도들이 등장하고, 무한에 대한 논의가 본격적으로 시작되면서 그 불안감은 증폭되었다. 게오르그 칸토르가 실무한 개념을 도입했을 때, 많은 사람은 그 시도가 무척 위험하다고 여겼다. 예컨대 부랄리-포르티의 역리를 생각해보자. 흔히 순서를 매기는 수를 서수라고 부른다. 그러면 그런 서수들의 전체집합을 생각할 수 있을까? 초등학교 때부터 우리는 전체집합이라는 말을 어렵지 않게 이해했고, 또 사용해왔다. 그런데 우리가 순수하게 개념적으로라도 서수의 전체집합을 생각하는 순간 곧바로 그다음 수를 생각할 수 있다. 그러나 개념적으로 서수의 전체집합은 그 자체가 가장 큰 서수여야 한다. 그러므로 자연스럽게 묻게 된다. 서수의 전체집합은 개념적으로 불가능한 것인가? 이런 유의 생각들은 수학의 논리적 엄밀성에 계속해서 흠집을 냈다. 실제로 칸토르는 임의의 기수보다 더 큰 기수가 존재한다는 것을 하나의 정리*Theorem*로 간주했다. 서수의 경우와 마찬가지로 가능한 모든 집합을 원소로 하는 어떤 전체집합이 가능할까? 그 경우 어떤 것도 문제의 전체집합보다는 클 수 없으므로, 어떤 초한수도 문제의 전체집합의 기수 이하가 되어야 한다. 이는 임의의 기수보다 더 큰 기수가 존재한다는 앞서의 정리와는 모순된다. 도대체 전체집합이라는 개념이 가능하기는 한 걸까? '전체는 부분보다 크다'라는 유클리드의 공리는 직관적으로 매우 자명해 보인다. 그러나 무한집합을 대상으로 하면 그 공리도 더 이상 그렇게 명료해 보이지 않는다. 우리가 어떤 집합이 다른 집합보다 크다는 것을 아는 방법은 두 집합의 원소들을 나열해놓고 비교하는 것인데 무한집합은 그런 비교가 무의미하기 때문이다. 그래서 칸토르는 우리가 원리적으로 하나씩 세어갈 수 있다고 보는 가산집합과 비가산집합을 구분한다. 무한집합을 그 성질에 따라 분류한 것이다. 무한에 대한 논의는 이제까지 생각해보지 않았던 새로운 탐구 영역을 열어젖혔다. 그러나 새로운 발견의 대가는 불확실함과 모호함이었다.

1902년 버트런드 러셀이 찾아낸 역리는 집합론의 이같이 불안한 상태를 마침내 폭발시켜버렸다. 어떤 집합 S가 자기 자신을 원소로 하지 않는 집합들의 집합이라고 하자. 자기 자신을 원소로 하지 않는 집합은 예를 들어 '말의 집합'이나 '책상의 집합'과 같은 것이다. 그런 집합들이 '말'이나 '책상'은 아니므로 '말의 집합'이나 '책상의 집합'이 다시 그 자신의 원소가 될 수는 없다. 반면 '집합의 집합'은 다시 하나의 집합이므로, 그 자신이 다시 원소가 될 수 있는 집합이다. 이제 자기 자신을 원소로 하지 않는 집합들의 집합을 생각해보자. 그것을 $S = \{x \mid x \notin x\}$라고 하고, S가 다시 S의 원소가 되는지 물어보자. 그 물음은 우리의 지성을 매우 곤혹스럽게 만든다. 만약 S가 S의 원소가 된다고 한다면, S는 S의 원소가 될 수 없다. 왜냐하면 S는 자기 자신을 원소로 하지 않는 집합이기 때문이다. 같은 이유로 S가 S의 원소가 되지 않는다고 한다면, S는 다시 S의 원소가 되는 모순적인 결론에 도달하게 된다. 사실 러셀의 역리는 "수학 전반에서 사용되고 있는 개념인 대상들의 모임이라는 바로 그 개념을 강타한 것이다."[3]

17세기에 해석학이 발전한 이후로 19세기에는 본격적으로 기하학의 산술화 작업이 이루어진다. 이런 산술화 작업이 성공적이려면 수론이 안정적인 이론적 토대를 가져야 한다. 칸토르의 집합론은 확실히 수를 어떤 방식으로 다루어야 하는지를 보여주는 좋은 모델이었다. 그런데 그런 집합론이 내부 모순에 봉착한 것이다. 이것이 클라인이 '재앙'이라고 표현한 이른바 '수학의 토대 위기'다. 만약 수학이 위기라면, 수학에 의지해 있는 자연과학의 이론적 엄밀성 역시 위기에 처할 것이다. 따라서 학문의 체계상 학문 전체가 이론적으로 불확실한 토대 위에 세워진 체계들이라고 생각해볼 수 있다. 물론 이런 골치 아픈 문제들과는 상관없이 오직 자기 앞에 놓인 문제들을 푸는 데 집중하는 현장의 과학자들에게 이런 이야기가 얼마나 생생하게 들렸을지는 미지수다. 아니 좀더 솔직히 말하면 수학의 토대 위기에 관심을 가졌던 사람들은 일군의 수학자와 소수의 철학자들뿐이었다. 그러나 수학의 확실성이 의심받는다는 것은 근대 학문 전체가 의지하고 있는 합리성이 위기에 처했다는 말에 다름 아니다.

물론 여기서도 위기는 새로운 기회라는 공식이 여전히 유효해 보인다. 아인슈타인의 상대성 이론에서 가정된 공간은 당시 사람들이 그토록 받아들이기 어려웠던 비유클리드 기하학의 리만 공간이었고, 그런 아인슈타인마저도 받아들이기 어려울 정도로 새로운 세계관을 보여준 양자역학은 근대 역학의 '결정론'의 관념을 포기한 것으로부터 가능했으며, 디지털 세계의 기초를 놓은 앨런 튜링이 보편 튜링 기계를 생각하게 된 것도 집합론과 수론의 위기로부터 촉발된 논의에서 시작되었기 때문이다. 새로운 시작은 위기를 전제로 한다는 공식, 그것은 학문의 역사에서 전형적이다. 수학의 기초 문제가 폭로한 합리성의 위기는 결국 근대적 합리성의 위기였다. 그것은 지식의 보편타당성을 믿는 믿음에 대한 새로운 도전이자, 근대 과학의 객관성이라는 이념에 대한 도전이었다. 그리고 이는 근대적 세계관이 드디어 그 효력을 다했음을, 나아가 그 세계관을 이론적으로 지지해주던 학문 개념이 다시 한번 변화하고 있음을 예고한 것이었다.

근대성에 대한 거부와
새로운 세계관

넓은 의미에서 근대성에 대한 거부는 다양한 영역에서 일어났다. 문화적 측면에서 보자면 계몽주의적 보편성과 동일성에 대한 저항, 사회진화론의 관점에서 왜곡된 진보 개념에 대한 저항으로서 다원주의적 대안들이 등장하기 시작했다. 비록 근대를 상징하는 입장들이 전개되는 양상은 달랐지만, 그 뿌리를 보면 사실상 동근원적이었다. '진보'에 대한 근대적 신념이 그것이다. 19세기 말 낭만주의적 비합리주의가 마치 전염병처럼 번졌다 해도, 현실의 역사는 유럽의 팽창과 함께 유럽적 근대의 이념적 확산이라고 말하지 않을 수 없기 때문이다. 예를 들어 제3세계 국가들에 대한 제국주의적 착취는 인간의 보편성을 강조한 계몽주의로도, 또 야생의 생존 법칙을 개인과 국가 차원의 논의로 끌어들인 사회진화론으로도 정당화되었다. 계몽주의자에게는 뒤처진 문화와 문명을 유럽적 수준으로 끌어올리는 것이 일종의 '도덕적' 사명처럼 여겨졌고, 사회진화론자라면 강한 국가가 약한 국가를 지배하는 것은 자연적으로 정당화되는 일이다. 말하자면 어떤 이론적 입장에 서든, 현실적 이해관계를 정당화해줄 수 있었던 것이다.

이러한 사정은 학문이 사실상 현실적 이해관계의 도구가 되었음을 보여준다. 그것은 또한 학문이 현실을 인도하리라는 계몽주의적 신념이 그 스스로의 변형으로 인해 붕괴되었다는 것을 뜻하기도 한다. 실제로 제1, 2차 세계대전을 거치면서 사람들은 과학적 지식이 인류 전체에 얼마나 파괴적인 영향력을 가져다주는지를 목도했다. 일본 히로시마에 떨어진 폭탄은 그런 파괴력이 얼마나 무서운 것인지를 상상케 해주는 증폭제였을 뿐이다. 또한 지구촌 곳곳에서 벌어졌던 제국주의적 전쟁과 그로 인해 생겨난 수많은 피해자를 보면서 사람들은 계몽적 신념이 하나의 이념적 허구에 불과할지도 모른다고 생각하기 시작했다. 콩도르세의 말처럼 사람들이 교육을 받음으로써 더욱 합리적으로 행동할 수 있다면, 세계는 도덕적으로도 더 아름다운 세계가 되어야만 했다. 그것은 계몽주의자들에게는 하나의 신앙과도 같았다. 적어도 중세의 마녀사냥과 같은 비합리적이고 반문명적인 일이 다시 일어날 수는 없었다. 그러나 그런 합리성에 대한 믿음은 세기 전환기에 벌어진 수많은 일, 예를 들면 민족 간의 전쟁이 얼마나 잔인할 수 있는지를 보여주었고, 또 홀로코스트와 같은 사건들은 인간이 과연 합리적으로 판단하는 존재이기나 한지를 의심하게 했다.

이러한 시대에 철학은 무슨 일을 하고 있었을까? 20세기 전반의 혼란스러웠던 정치적 상황만큼이나 철학의 본성에 관한 논란 또한 시끄러웠다. 예컨대 수리논리학의 전문가이자 분석철학자였던 프랭크 램지의 다소 과격한 표현을 살펴보자.

철학은 확실히 어느 정도 유용한 것임에 틀림없다. (⋯) 철학은 우리의 사고를, 나아가서 우리의 행동까지도 명료하게 해야 한다. 그렇지 않다면, 철학은 우리가 통제해야 할 성향이며, 다음과 같은 것을 알기 위한 탐구다. 즉 철학의 가장 중요한 명제는 철학이 헛소리라는 것이다. 그렇게 되면 우리는 다시 철학이 헛소리라는 것을 진지하게 받아들여야 하며, 비트겐슈타인이 한 것처럼 철학이 중요한 헛소리라고 가장해서도 안 된다.[4]

철학의 임무를 우리의 사고를 명료히 하는 것으로 제한하고, 그 이상은 통제해야 할 성향이라는 말은 전통적으로 철학이 해왔던 일을 포기하라는 일종의 협박성 제안처럼 들린다. 의심의 여지 없이 세계에 대한 실질적인 탐구는 과학이 할 일이다. 비록 문화적인 면에서는 실존주의 철학의 바람이 거셌던 상황이었다 하더라도, 세계에 대한 탐구의 주체가 과학이라는 주장은 상식이 되었다. 따라서 새로운 학문의 표준으로 등장한 과학의 탐구 방식 자체에 대한 연구는 당연한 것이었는지도 모른다.

사람들의 일반적인 믿음은 과학적 탐구야말로 이 세계에 관한 객관적이고 합리적인 탐구 방식의 전형이라는 것이었다. 이러한 믿음은 실제로 귀납적으로도 지지받고 있었다. 과학적 지식은 성장하던 중이었기 때문이다. 세계에 대한 인간의 기술적 통제력이 증가하고 있다

학문의 진화

는 사실은 그런 믿음에 대한 좋은 증거였다. 그러나 1960년대가 되자 사정이 좀 달라졌다.

과학사가였던 토머스 쿤은 그의 저서『과학혁명의 구조』에서 과학의 발전이 우리가 생각하는 것처럼 그렇게 합리적으로 이루어지지 않으며, 과학적 지식의 성장도 누적적이라기보다는 불연속적이고 비약적일 수 있음을 보여주었다. 쿤은 과학혁명기를 분석하면서 과학의 지식은 누적적으로 성장하는 것이 아니라, 일종의 정치적 혁명처럼 패러다임 전체가 바뀜으로써 비약적으로 일어난다는 것을 설득력 있게 논증했다.

과학혁명이란 옛 패러다임이, 전반적으로 혹은 부분적으로, 서로 양립되지 않는 새것으로 대치되는 비축적적인non-cumulative 발전과정의 에피소드들로 이루어진다고 설명했다. 그러나 이외에 말해야 할 것이 더 있는데, 그 본질적 요소는 다음과 같은 물음을 제기함으로써 파악할 수 있다. 패러다임의 변화는 어째서 혁명이라 불려야 하는가? (…) 서로 경쟁하는 정치 제도들 사이의 선택과 마찬가지로, 경쟁하는 패러다임들 사이의 선택은 서로 양립되지 않는 과학자의 사회생활 양식 사이의 선택이라는 것이 밝혀진다. 따라서 선택은 단순히 정상과학의 특징을 평가하는 방법에 의해 결정되는 것이 아니며, 또 그렇게 결정될 수도 없다. 왜냐하면 선택은 부분적이고 특정 패러다임에 의존하고 있으며, 그 패러다임이 바로 논의의 주제가 되고 있기 때문이다. 패러다임은 반드시 선택에 관한 논쟁으로 이어지며, 여기서 패러다임의 역할은 필연적으로 순환성을 띠게 된다. 이는 그룹마다 제각기 그 패러다임을 옹호하는 논증에 그 고유의 패러다임을 이용하기 때문이다.[5]

과학적 지식의 성장에 대한 이러한 견해는 쿤 이전에 카르납을 중심으로 하는 논리경험주의적 입장(넓게 보면 앞서 철학의 유용성을 극도로 제한했던 램지 역시 이러한 입장에 속했다고 할 수 있다)과 포퍼가 제안한 반증주의 사이의 논쟁과는 전혀 다른 국면에 위치했다. 비록 논리경험주의와 반증주의가 과학적 방법론의 본성이 무엇인지를 두고 논쟁을 벌였지만, 그럼에도 두 입장 모두 과학이 합리적인 절차를 지닌 객관적 지식의 체계라는 점에서는 의견의 일치를 보였기 때문이다. 오히려 그런 합리성이 어떻게 확보되는지를 두고 논란을 벌였던 셈이다.

만약 쿤의 이야기대로라면 결국 임레 라카토스가 말했던 것처럼 과학적 지식의 성장은 목소리 큰 사람이 이기는 싸움을 의미하는 것이 될지도 모른다. 과학의 발전이 합리적인 과정을 거쳐 일어나는지, 아니면 라카토스가 염려했던 바처럼 목소리 큰 사람들의 '힘'에 의해 결정되는 것인지를 판단하는 일은 결코 간단히 대답할 문제가 아니다. 그래서 실제로 과학의 역사가 어떠했는가의 문제는 (비록 그 중요성에도 불구하고) 많은 과학사가의 직업 전망을 밝게 해주는 가치 외에는 별다른 소득이 없는 것인지도 모른다. 더군다나 이언 해킹의 위트 넘치는 비판처럼 현장의 과학자들은 과학의 발전을 '합리적'으로 설명할 수 있는가 그렇지 못한가에는 아무런 관심도 없을지 모른다.[6] 그 문제는 오히려 은근슬쩍 당위적 개념들을 끼워넣기 좋아하는 철학

학문의 진화

자들만의 관심사일 가능성이 높다.

과학의 발전과 합리성의 문제를 당위의 관점에서 본다면, 아마도 이렇게 물을 수 있을 것이다. '왜 과학은 합리적이어야 하는가?' 사실 '합리성'이라는 기준은 '근대'라는 특별한 시기에 대한 특별한 관점을 전제하지 않는 한, 인간 삶의 거의 모든 영역에서 별다른 저항 없이 받아들일 수 있는 평가 기준이다. 그런데 왜 하필 과학에 대해서만큼 은 특별한 논란을 일으키는 주제가 되는가? 이는 문제의 핵심이 '합리성' 자체가 아닌 '객관성'에 있기 때문이다. 사실 근대 과학이 대결한 이전 시대의 형이상학적 논증들에는 논리적인 완성도를 지닌 치밀한 논증이 적지 않다. 따라서 과학에서 말하는 '합리성'이라는 요구에는 철학적 이성의 개념적 사유가 보여주는 합리성 이상의 의미가 들어 있다.

일상적으로 '과학적 지식'이라는 말에는 '객관성의 요구가 만족된'이라는 의미가 내재되어 있다. 그래서 포퍼는 "과학적 객관성에 대한 요구를 우리는 방법론적 규칙으로 파악할 수도 있다. 즉 오직 상호 주관적으로 입증 가능한 명제들만이 과학 안으로 입장할 수 있다"[7]고 말하기도 한다. 지식이 객관적이어야 하는 이유는 분명해 보인다. 그것은 지식과 지식 아닌 믿음을 구획하는 중요한 기준이기 때문이다. 그러나 '무엇이', 그리고 '어떻게' 객관적인가 하는 문제는 결코 대답하기 쉽지 않다. 적어도 인간이 언제나 오류를 범할 수 있는 존재라는 점을 감안하면 그렇다. 유력한 대안 중 하나는 객관적 지식의 체계인 학문의 방법론적 절차를 검토하는 것이다. 우리가 그 방법론을 신뢰할 수 있다면, 다시 말해 문제가 되고 있는 '지식'이 어떻게 얻어진 것인지를 확인할 수 있다는 조건이야말로, 불완전한 지성을 가진 인간에게 허락된 '차선'일 것이다.

포퍼의 반증주의나 라카토스의 연구 프로그램 등의 방법론적 고찰이 겨냥하고 있는 것이 바로 이와 같은 일종의 당위적 요구가 포함된 과학성의 기준이라면, 실제로 과학의 발전이 합리적이었느냐 그렇지 않느냐 하는 논쟁의 의미는 금방 퇴색해버리고 만다. 과거야 어찌됐든 앞으로는 잘해야 한다는 다짐일 수 있기 때문이다. 그 경우 그렇게 잘할 수 있다는 최소한의 가능성만 확보할 수 있으면 된다.

과학의 합리성을, 예컨대 포퍼나 라카토스처럼 방법론적으로 해명하려는 시도들은 과학적 탐구에서 '인간'이라는 주체의 개별적 특성에 대해서는 주목하기가 어렵다. 아니 더 정확히 말하자면 탐구 주체의 개별적 특성에 대해서는 가능한 한 외면해야 한다. 근대 과학이 의도하진 않았지만 가치의 문제를 학적 탐구의 대상에서 배제했던 것과 마찬가지로, 과학적 탐구 방법을 합리적이고 객관적이게 만들려면, 그 방법을 일종의 알고리즘화함으로써 탐구 주체의 고유한 특성들을 가능한 한 배제하는 것이다. 2차 방정식을 풀기 위해 근의 공식을 사용하듯이, 또 주어진 명제의 타당성을 검사하기 위해 후건 부정식과 같은 논리적 정식well-formed formula을 사용하듯이, 과학적 탐구 프로그램에서도 누가 참여하느냐와는 상관없는 방법론을 구상함으로써 객관성을 확보하려는 것이다. 연구 참여자가 정치적으로 어떤 색깔을 띠든, 또 종교적으로나 윤리적인 면에서 어떤 성향의 소유자이든 상관없이 동일한 결과가 나올 수 있게 하는 연구 프로그램이 있다면, 그것은 확실히 객관적인 탐구 방법이라고 부를 만하다. 그러나 주관적 차이를 소거하기 위한 이러한 방법론 이념은 결국 주체를 소거하는 결과를 낳을 수도 있다.

그런 까닭에 이러한 문제는 다시금 인문학과 과학 사이의 경계에 관한 문제를 촉발시킨다. 그 사이 잠시 수그러들었던 학문의 정체성에 관한 논의에 다시금 불을 붙인 것이다. 1971년 출간된 폴 벤느는 자신의 책, 『역사를 어떻게 쓰는가Comment on écrit l'histoire』의 머리말에서 역사학은 결코 과학이 아니라고 선언한다.[8] 이는 사실상 학문은 객관적 지식의 체계여야 한다는 근대적 규범에 대한 도전이었다. 앞서 소개했던 진즈부르그의 『치즈와 구더기』나 로버트 단턴의 『고양이 대학살The Great Cat Massacre』과 같은 미시사적 연구들은 사실 근대적 관점에서는 학술적 주제라고 말하기 어려울 정도로 '사소한' 것들이었다. 말하자면 전통적인 의미에서 이론적이고 개념적인 논의들을 담아낼 거대 담론이 없었다. 그럼에도 많은 사람이 그런 작업들에 열광했다. 그들의 열광에는 충분한 근거가 있었다. 그런 미시사적 연구들은 거대 담론에서는 등장할 순서가 오지 않았던 과거 시대의 실제적 삶에 대한 보고였기 때문이다. 다시 말해 그 시대를 살아간 사람들의 진짜 이야기들이 등장했던 것이다. 이러한 변화는 무엇보다 과학적 합리성에 의지한 방법론으로는 설명할 수 없는 인간과 인간의 삶을 이해하는 대안적 통로에 대한 갈증의 반영이었다.

사실 계몽주의자들의 소박한 신념은 20세기 초반 두 번의 커다란 전쟁을 겪으면서 극적으로 무너졌다. 과학적 지식의 힘이 인류 전체를 파국으로 치닫게 할 수 있다는 것이 명백히 입증되었지만, 그런 힘을 가진 과학자들이 자신의 행동 자체에 대해 아무런 반성적 사유도 하지 않는 듯 보였다. 아니 경우에 따라서는 자신의 내밀한 욕망을 '과학자는 결코 가치 판단을 하지 않는다'는 근대적 이념으로 파렴치하게 정당화하는 경우조차 있었다. 이것은 그저 한두 명 과학자의 이기적인 욕망이나 잘못된 판단으로 돌릴 문제가 아니라 과학적 탐구의 본성 자체에 담긴 문제이기도 했다. 예컨대 앞서 베버의 경우처럼 과학자들에게 요구되는 덕목 중 하나는 개인적인 이해관계에 철저하게 무관심한 태도다. 그들은 진리의 사도로서, 오직 과학적 지식이 전하는 객관적 진실만을 추구하도록 면허증을 받은 사람들이다. 그들의 탐구가 어떤 결과를 낳을 것인지에 대해서는 다른 관점에서 생각해봐야 한다. 그리고 그것은 과학의 본질적인 부분이라기보다는 다른 차원, 경우에 따라서는 군더더기와 같고 부수적인 문제일지도 모른다.

이러한 문제는 과학 연구가 점점 더 전문화되고 막대한 비용이 들어가는 실험 장비가 필요한 경우처럼, 한 개인이 감당하기에는 경제적인 부담이 지나치게 클 때 심각한 문제가 될 수 있다. 연구에 소요되는 비용이 어디서 나오느냐에 따라 연구 내용과 그 결과에 대한 해석이 달라질 수 있기 때문이다. 더 근본적으로는 경제적으로 지원 가능한 연구만이 과학적 연구의 목록 안으로 들어올 가능성이 있다.[9]

오늘날 선진 산업사회에서 수행되는 연구들, 가령 양자물리학적 실험이나 생명공학 관련 연구와 실험들은 막대한 자금을 필요로 한다. 예컨대 빅뱅 당시의 상황을 재현해보고자 하는 실험은 한 나라만이 아니라 여러 나라가 공동 연구를 해야 할 정도로 규모가 크다. 또한 의료 산업과 관련된 연구들은 전 세계를 시장으로 하는 다국적 제약회사의 지원을 받아야만 한다. 어떤 경우든, 국제정치적 이해관계

학문의 진화

나 경제적 이해관계로부터 자유롭지 못하다. 근대 과학이 가치로부터 자유롭고자 했던 것은 과학적 지식의 객관성을 담보하기 위해서였다. 현실은 그러나 그 정반대를 향해 치달아가고 있는지도 모른다.

전문화의 반전 :
과학 연구의 거대화와 자본

—

앞선 장에서 이야기했듯이 베이컨은 자신의 책을 여왕에게 바치는 헌사에서 국가의 발전을 위해서는 지식의 증대와 학문의 진보가 필수적이라는 주장과 더불어, 학문의 진보를 위해 국가가 해야 할 일들이 무엇인지를 상세하게 설명한다.[10] 그중에는 대학에 면세특권을 허용하는 일, 학자들이 연구하고 가르치는 일을 할 때 보수를 지급하는 일, 도서관을 확충하는 일 등등이 기록되어 있다. 이전 시대의 학문적 탐구가 주로 수도원과 같은 종교적 시설에 의존해 있던 상황임을 고려한다면, 이러한 변화는 학문 탐구에 있어서 중요한 제도적 변화를 예고한 것이었다. 그리고 결과적으로는 학문의 세속화 과정을 가속화시켰다고 말할 수 있다.

르네상스를 꽃피운 예술가들 뒤에는 후원자patron들이 있었고, 연금술사들이 자신의 역량을 보여주기 위해서는 실험실 장비가 필요했듯이, 세계의 신비를 파악해나가는 것은 단순히 지적 열정만으로는 할 수 없는 일이었다. 더욱이 연구가 심화되고 전문화될수록 더 많은 돈이 들어가기 시작했다. 실제로 오늘날 우리가 관심을 갖는 많은 과학 연구는 천문학적인 자금을 필요로 한다. 갈릴레이가 달의 울퉁불퉁한 면을 직접 확인하는 데 쓰인 망원경의 제작 비용과 우주 관찰을 위해 칠레의 아타카마 고원에 설치되어 있는 전파망원경의 제작 비용을 비교해볼 수 있다.

오늘날 의미 있는 과학적 실험을 하는 일은 한 개인의 힘을 넘어서 있다. 스위스 제네바에 있는 CERN(유럽핵입자물리연구소)은 우주의 기원을 밝히는 작업으로도 유명하지만, 총 27킬로미터에 이르는 입자가속기로도 유명하다. 이 세계 최대의 입자가속기 덕에 얼마 전에는 힉스 입자의 존재를 증명하는 기념비적인 성과를 내기도 했다. 현재 세계에서 가장 큰 이 입자가속기의 건설 비용은 약 11조 원이었다. 한 개인이나 집단이 감당할 수 있는 규모가 아니다.

이러한 현상은 지난 300년 동안 과학이 전문화되면서 빚어진 결과이기도 했다. 마치 애덤 스미스의 분업의 원리가 옳다는 것을 증명이라도 하듯이, 과학의 전문화는 지식의 양을 폭발적으로 증가시켰고, 그에 따라 적은 비용으로도 인류의 지식수준을 고양시켜줄 연구는 선대에서 이미 다 해버렸다. 이제까지 밝혀지지 않은, 그래서 이 세계의 신비에 좀더 가까이 다가갈 수 있는 연구는 막대한 비용을 필요로 한다.

전문화가 가져온 기대하지 않은 결과는 이렇다. 과학혁명 이래로 우리가 세계 창조의 비밀에 가까이 다가갈수록 우리는 과거 우리 조상들이 믿었던 종교적 구속으로부터 해방되었지만, 전혀 새로운 형태의 구속을 받게 되었다는 점이다. 자본이 그것이다. 과학 저널리스트인 도로시 넬킨의 보고서 제목은 '셀링 사이언스Selling Science'다. 넬킨은 과학과 미디어가 어떻게 결합하는지, 또 그런 결합을 통해 어떻게 과학을 하나의 상품으로 만들어가는지를 보여주었다.[11] 실제로 지식은 거대한 이익을 창출할 수 있는 상품이 되었다. 이른바 새로운 기술을 둘러싼 특허 전쟁은 거대하고 비옥한 토지를 놓고 싸우는 영토 전쟁과 다를 바가 없다. 글로벌 시장이라는 천문학적 이익을 독점할 수 있는 기회이기 때문이다.

국가 자체가 하나의 기업처럼 글로벌 시장에서 경쟁해야 하는 상업적 세계에서 이제는 국가도 수익을 낼 수 없는 연구에 대해서는 지갑을 열기 힘든 처지가 되었다. 장기적으로는 기초과학에 대한 투자가 중요하다는 것을 알지만 정책 당국자 중에 막대한 예산을 책정하는 이유가 순수한 지적 호기심 때문이라고 말할 수 있는 사람은 없다. 어떤 연구에 정책 자금이 투입된다면, 그런 투입에 대한 대가로 무엇을 기대하는지는 분명하다. 국가가 이렇다면, 기업에서 연구 자금을 끌어온 경우는 더 말할 것도 없다.

이러한 현상이 자본주의가 심화된 20세기 후반에 나타났다고 말하는 것은 절반의 진실일 뿐이다. 이미 근대가 시작된 이후 과학기술은 한 국가의 무기 수준과 국방력을 결정하는 중요한 준거가 되었기 때문이다. 오늘날 전 세계의 정보가 유통되는 통로인 인터넷이 본래는 군사 통신을 위해 개발되었던 것과 마찬가지로, 갈릴레이의 자유 낙하에 관한 연구와 포탄의 탄도에 관한 연구가 무관할 수 없다.[12] 물론 과학 연구와 군사적 목적 사이의 연관관계를 과장할 필요는 없다. 군사적 목적을 위한 과학기술 연구는 전체 연구에 비하면 매우 작은 비중에 불과할 것이다. 설령 군사적 목적으로부터 연구가 시작되었다고 하더라도, 그것은 이내 과학자의 순수한 호기심 및 애초의 동기와는 무관한 독자적인 연구로 발전함으로써 중립적인 성격을 지니게 될 수 있다. 그러나 주목해야 할 것은 과학 연구를 위한 자금이 움직이는 방식이다. 군사적 목적을 위한 연구와 기업의 이익 창출을 위한 연구는 적어도 연구 자금의 출연과 계속적인 지원이 결정되는 과정에 있어서는 다르지 않기 때문이다. 물론 과학 연구의 자금을 대는 주체의 동기가 순수할 수도 있다. 그 가능성마저 부정하는 것은 지나치게 회의적으로 보인다. 그러나 단지 가능성만으로 과학 연구의 순수성을 말하는 것 또한 지나치게 순진한 것이다.

객관적 지식의 사도로서 근대 과학자들이 신봉했던, 또 머튼이 강조했듯이 과학자들이 지켜야 할 방법론적 규범으로서 이해관계의 중립성은 하나의 이념일 뿐이다. 순수 학문 분야 연구자들은 대학과 정부출연연구소에서 연구계획서가 통과되기를 기다리고, 응용 학문 분야 연구자들은 정부와 기업에서 자신의 연구가 창출할 미래의 이익에 대해 관심을 기울여주기를 기대한다. 그것이 실질적으로 이윤을 창출하는 것이든, 사회적 비용을 줄여주는 것이든 말이다.

과학 연구와 자본 사이의 유착관계가 외면하고 싶은 주제인 것만은 틀림없는 사실이다. 여전히 우리는 마음속으로나마 과학적 지식이 모든 이해관계로부터 벗어난 불편부당한 진리이기를 바라고 있기 때문이다. 물론 자본이 매개되어 있다고 해서 그 지식의 가치가 훼손될 이유는 없거니와 그럴 필요도 없다. 불순하거나 위험한 동기로부터 시작된 연구의 성과가 그 동기로 인해 거짓이 되는 것은 아니기 때문이다. 그러나 그렇다고 해서 지식과 힘 사이의 관계를 외면해서도 안된다. 원자력에 대한 연구가 실증했듯이 지식의 힘은 어느새 우리의 통제 수준을 넘어서 있기 때문이다.

7장

—

자본재로서의 지식과
공공재로서의 지식

0 1

시장경제 체제 아래에서의
학문 연구

___

지식이 인간의 삶과 사회를 변화시킬 힘을 가지고 있다는 점에서 권력과 금력으로부터 완전히 자유로웠던 적은 사실상 없다고 봐야 옳다. 고대 국가 시절에 야금술이 권력을 유지하는 비밀스러운 지식이었던 것이나, 별자리를 읽고 길흉을 가늠하는 기술 역시 사회를 통제하는 중요한 지식이었던 점도 그렇다. 그런 점에서 지식을 생산하는 자로서 학자들은 대체로 권력 집단의 엄격한 관리 체계 안에서 통제를 받기 쉽다.

근대 학문은 적어도 그 시작에 있어서 보면 그런 외적 압력으로부터 자유롭고자 했다. 자연과학은 종교적 권력과 싸웠으며, 인문학은 사회적이고 정치적인 낡은 권력과 싸웠다. 그러나 과학이 발전하고, 사회가 발전하면서 사정은 다르게 전개되어갔다. 근대 국민국가 간의 경쟁이 치열해지면서 과학의 발달과 질 좋은 인적자원은 일종의 경

쟁 수단으로 간주되었으며, 대학을 중심으로 하는 교육 제도의 개혁
은 '직업적 학자'들을 양산했다. 비록 베버가 직업적 학자의 '양심'을
그토록 강조했다고 하더라도, 생계를 학문 연구에 의지해야 하는 사
람들이 자신의 생계를 책임져주고 있는 바깥의 힘들로부터 자유롭기
란 결코 쉽지 않다. 그러나 적어도 근대 과학의 합리성과 객관성이라
는 이념 및 계몽주의적 신념은 여전히 많은 과학자에게 하나의 이념
적 규범이었다. 문제는 그들이 자연과 인간 사회에 대한 연구를 계속
할 수 있는 지원 시스템이 과연 공정성을 가질 수 있는가이다.

시장경제가 들어선 이후, 그리고 그 시장경제가 전 지구적으로 확
산되면서 모든 것의 평가 기준은 경제적 효율성이 되었다. 그리고 그
기준은 이미 그 시스템의 개발자 중 한 명인 애덤 스미스의 입에서 예
측되었다.

노동이야말로 최초의 가격, 즉 모든 것에 대해 지불된 근원적인 구
매화폐였다. (…) 그러나 노동이 모든 상품의 교환가치의 참된 척
도라고는 하나, 그 상품의 가치가 보통 평가되는 것은 노동에 의해
서가 아니다. 두 가지 다른 노동량의 비율을 확인하는 것은 때때로
어려운 일이다. (…) 그러므로 그 교환가치를 평가하는 데는 그것
이 구매할 수 있는 노동의 양보다도 어떤 다른 상품의 양에 의하는
편이 더 자연스럽다. (…) 한쪽은 손으로 만질 수 있는 확실한 물체
인 반면 다른 쪽은 추상적인 관념이며, 충분히 이해할 수 있다 해
도 전자만큼 자연스럽고 명백한 것은 아니다.[1]

지식과 학문의 경우도 시장경제의 원칙이 적용되었다. 이유는 간단했다. 학문 연구가 밑 빠진 독에 물 붓는 일은 아니라고 생각하기 때문이다. 물론 이는 근대 계몽주의적 학문 개념과는 정면으로 상치되는 일이다. 예컨대 머튼이 제안했던 과학 규범, 즉 "과학에서 이루어진 중요한 발견들은 사회적 공동 노력의 소산이며, 공동체에 귀속된다. (…) 과학 윤리를 근서로 할 때 과학에서의 재산권은 최소한으로 줄여야 한다"[2]는 규범은 오늘날의 학문 현실과 맞지 않을뿐더러, 지적재산권이라는 법적 문제까지 야기할 수 있다. 머튼이 그런 규범을 제안할 수 있었던 이유는 앞서 베버가 말했듯이 과학자는 지식의 객관성을 위해 그 어떤 이해관계에서도 자유로워야 했기 때문이다. 그것이야말로 지식의 보편성과 공공성을 지킬 수 있는 중요한 토대였던 것이다.

문제는 과학적 지식이나 새로운 기술, 혹은 새로운 아이디어가 커다란 경제적 이익을 가져다줄 수 있는 현실이다. 생명공학 연구에 기초한 신약 개발은 제약회사에 막대한 이익을 안겨주고 있으며, 첨단 디지털 테크놀로지는 오늘날 황금알을 낳는 거위라고 할 만하다. 환경 문제와 관련된 지식과 기술, 대체 에너지에 관한 연구 등 거의 모든 것이 시장경제의 원리와 무관하지 않다. 선진 산업사회에서 이른바 '산학 연구'가 하나의 표준적인 과학 연구 지원 시스템으로 자리잡고 있는 것은 우연이 아니다. 그런 결합이 위험할 수 있다는 점은 어렵지 않게 상상할 수 있다.[3]

그 위험은 단순히 돈이 되지 않는 학문에는 연구비를 지원할 수 없다는 것 정도가 아니다. 대학은 경쟁력을 이유로 전공의 구조조정을 기획하고, 경제적 생산성을 기대하기 어려운 분야의 학문은 그저 대학이라는 상아탑의 구색 맞추기로 자신의 존재 의미를 확인한다. 그결과 그런 분야의 학문에는 유능한 후속 세대들이 모이지 않는다. 바로 그 점이 가장 심각한 문제라고 할 수 있다. 투입과 산출을 산술적으로 비교하는 시장경제의 효율성과 그 효율성을 높이기 위한 수단으로서 경쟁 개념의 도입이 학문에 어떤 결과를 가져올지는 많은 사람이 낭만적으로 생각하곤 하는 자연 생태계에서 벌어지는 경쟁을 통해확인해볼 수 있다. 즉 닫힌 체계 속의 부적절한 경쟁은 체계 전체를붕괴시킬 수도 있다는 사실이다.[4] 한 체계 내에서 다양성이 감소하고획일화되어간다는 것은 곧 그 체계의 변화 적응성도 감소함을 의미한다. 그 체계가 겪어보지 못했던 사소한 변화가 그 체계의 안전 전체를위협할 수도 있기 때문이다. 이러한 생태적 균형에 관한 이야기는 아마 학문세계에서도 적용될 수 있을 것이다.

물론 이러한 유추가 과장된 것이라고 할 수도 있다. 가령 다양성이감소한다고 할 때의 학문은 전통 학문일 뿐이며, 새로운 영역에서 새로운 논의들이 생산되고 있다고 말할 수도 있기 때문이다. 오히려 대학이 낡은 전통을 고집하는 바람에 사회적 변화에 탄력적으로 대응하지 못하고 있다는 비판마저 가능하다. 그리고 이런 비판이 그리 근거없는 것도 아니다. 시장경제적 학문관에서 가장 위기에 처한 인문학을 생각해보자.

한편에서는 신자유주의로 무장한 자본주의의 경제적 원리가 대학을 지배할 경우, 결국 인문학을 무장해제시키고 마침내 인문학은 고사하고 말 것이라고 말한다. 그러나 다른 한편에서는 그런 자본주의

학문의 진화

에 새로운 생명력을 불어넣고 있는 디지털 혁명과 관련해서, 종이책이 점차 사라지고 디지털 매체가 지배하는 세상이 도래했으므로 인문학도 변해야 할 것이라고 말한다. 그러나 이러한 어조는 단순히 위기에 대응하고자 하는 전략만이 아니다. 이러한 변화는 인문학을 위기에서 벗어나게 해주는 것만이 아니라, 인문학적 탐구의 새로운 영역을 개척하는 것이라는 낙관적인 기대마저 담고 있다.

로버트슨은 20세기 후반부에 시작된 정보처리 혁명을 '제2의 르네상스'라고 부르며, 문명의 발전 단계를 정보처리 속도와 능력으로 구분하는 흥미로운 모델을 제공한 적이 있다.[5]

레벨 0: 구술 언어 이전의 문명 단계
레벨 1: 구술 언어적 문명 단계
레벨 2: 문자와 쓰기의 문명 단계
레벨 3: 인쇄에 기초한 문명 단계
레벨 4: 컴퓨터에 기초한 문명 단계

로버트슨에 따르면, 우리 주변을 배회하며 처분을 기다리는 지식과 정보의 양은 한 개인으로서는 도저히 감당할 수 없을 정도다. 로버트슨은 이에 의지해서 "교육의 변화는 컴퓨터 기술에 의해 촉발된 실천적 혁명들 중 가장 중요한 것이 되어버린 것 같다"[6]고 말한다. 그는 정보 저장소로서의 책이 컴퓨터에 의해 대체되기 시작했으며, 이것이 교육의 형태에 근본적인 변화를 가져오리라고 본다. 예컨대 인터넷의 검색 엔진은 연구자와 학습자들에게 시간과 공간을 절약시켜주고 있다. 그 결과로 과거에 비해 비교할 수 없을 만큼 광대해진 사이버 영역에서 전개되는 실시간적 정보 교환은 연구와 학습에 있어서도 효율성을 증대시키고 있다. 연구실에 가만히 앉아서도 외국 대학에 소장되어 있는 최신 논문을 PDF 파일로 읽어보며, 특정 주제에 대해 최근 10년 동안 국내외를 막론하고 어떤 논의들이 있어왔는지를 검색하는 일 역시 힘들지 않다. 지식과 정보의 빠른 유통 속도는 지식의 생산성도 증대시키고 있다. 가령 네트워크라는 열린 공간 내에 한 지점을 차지하고 온갖 종류의 접근을 허용하는 지식과 정보는 다양한 관점과 문맥 아래서 재해석되고, 더 나아가 이질적인 체계의 지식들 간의 횡적 결합을 고무한다.

이렇게 인터넷에 기초한 정보화 시대의 이념은 포스트모던적 해체를 정치철학 삼아 각종 문화적 속박과 경계를 허무는 행위의 이론적 토대를 제공했다. 경계를 넘나드는 전위적 행위들은 흔히 '창조성'으로 묘사되곤 한다. 가령 인문학의 미래를 위한 다양한 모색들, 예컨대 정전Canon의 한계를 극복함으로써 중심 문화와 주변 문화 사이의 장벽과 계급적·지역적 장벽을 넘어 문학의 탐구 영역을 넓히려는 시도, 고급문화와 대중문화 사이의 경계를 허무는 다양한 전위적 문화 연구culture studies, 인문학, 사회과학, 자연과학, 더 나아가 첨단 기술까지 학문적 경계를 넘어 융화함으로써 새로운 탐구 영역과 관점을 겨냥하는 학제적 활동 등은 디지털 기술을 기반으로 하는 환경이 빚어낸 새로운 연구 양상들이다.

그런데 이러한 변화들을 큰 틀에서 보자면 인문학의 위기의식이나 새로운 기회 모두가 일종의 상품시장의 상황을 연상시킨다. '생존의 문제'나 '경쟁' '효율성'과 '생산성' 같은 표현들은 상품시장의 첨병인 기업들이 애호하는 표현이다. 네덜란드와 유럽연합의 교육 정책에 깊이 관여했던 조 리츤은 자신의 책[7]에서 유럽 대학의 경쟁력에 대해 염려하며 혁신을 요구한다. 세계적인 대학들의 비교 순위와 함께 실질적인 조건들을 면밀히 분석하며, 글로벌 시장에서 벌어지고 있는 인재 전쟁에서 유럽의 대학들이 취해야 할 전략에 대해서도 제안을 아끼지 않는다. 리츤의 진정성 어린 분석과 제안은 대학이 확실히 사회적 구성단위라는 것을 보여준다. 대학의 경쟁력이 곧 국가와 지역의 경쟁력이라는 전제로부터 출발하는 리츤의 보고서에는 그러나 '진리'에 관한 언급은 없다. 적어도 최근까지만 해도 학문이라는 단어는 언제나 '진리'를 연상시켜왔다. 그러나 오늘날 '진리'는 훨씬 더 멀리 떨어져 있는 것처럼 느껴진다. 확실히 전문화된 체제 아래의 학문 연구를 통해 엄청나게 많은 지식이 쏟아져 나오고, 그렇게 생산된 지식들은 우리 삶을 근본적으로 바꿔가고 있다. 하지만 대학의 순위를 평가하는 정량적인 기준들을 보면서 학문의 근본 동기와 진리 탐구에 대한 순수한 열정이라는 생각은 마치 이제는 더 이상 이야기해봐야 부질없는 낭만적인 향수처럼 느껴지곤 한다.

지식의 공공성과
자본재로서의 지식

오늘날의 학문이 시장경제 체제를 일종의 위협으로 여기는 까닭은 경제적 효율성이라는 이념 아래 도입된 '경쟁'의 파괴적 부작용 때문이다. 그 부작용은 이른바 '세계화globalization'를 통해 증폭되었다. 1990년대 이후 세계화 논의가 많은 사회과학자의 입을 통해 논란의 초점이 된 이유는 그것이 경쟁의 이념을 정당화하는 기제인 동시에 그 가능성에 있어 양날의 칼처럼 작동할 여지가 있기 때문이다. 무엇보다 세계화의 저변에 깔려 있던 신자유주의가 논란의 핵심이었다. 신자유주의의 기조는 매우 강력하지만 작은 정부, 또 시장 개입을 최소화함으로써 자유 경쟁과 구조 개혁을 통한 시장의 자율적 기능을 강화시키고, 그에 따라 개인의 효용을 극대화하는 것이었다. 이는 이전의 복지국가 정책으로부터 급선회하는 것을 의미했다. 실제로 대규모 파업과 방대한 정부 조직 때문에 경제 위기를 겪어야 했던 영국은

'대처리즘'이라 불리는 강력한 개혁을 단행했다. 미국 역시 1970년대와 1980년대의 불황기를 신자유주의적 개혁 정책을 통해 성공적으로 극복하고, 1990년대 들어 IT 산업의 폭발적인 성장과 함께 유례없는 장기 호황을 경험했다. 그러나 오늘날 신자유주의는 마치 재앙의 유령처럼 여겨지고 있기도 하다. 효율성 및 그에 따른 성장의 과실과 더불어 심각한 빈부격차를 피할 수 없었고, 무엇보다 경쟁을 정당화하는 목표로서의 성장이 장벽에 부딪혔기 때문이다. 성장이 계속될 수는 없다. 새로운 수요를 창출해내는 시장이 개발되지 않는 한 성장이 무한할 수는 없다. 제로섬 게임과 같은 상황에서 과도한 경쟁은 시스템 전체를 붕괴시킬 위험을 갖고 있다.

학문의 경우도 마찬가지다. 일반적인 의미에서 세계화란 자본, 노동, 상품뿐만이 아니라 서비스, 정보, 기술에 이르기까지 모든 것이 국경이라는 틀을 넘어 조직되고 교환되는 현상을 말한다. 이러한 변화를 가능하게 해준 것은 무엇보다 인터넷으로 상징되는 IT 산업의 성장이었다. 인터넷에 기초한 새로운 정보통신기술 혁명은 단순히 경제적인 측면에서만이 아니라 지식의 저장과 유통 방식에서도 혁명을 가져왔다. 이 혁명은 파괴적이기도 하고 생산적이기도 했다.

예컨대 정보통신 혁명은 세계의 물리적 시공간의 거리를 없애버림으로써 누구라도, 또 세계 그 어느 곳에서도 동시에 서로 만날 수 있는 공간을 마련해주었다. 이로써 원리적으로는 교환가치를 갖는 모든 것이 교류 가능한 시장이 형성되었다. 인터넷에 기초한 세계화는 새로운 기준들을 만들어나갔다. 광역화된 시장과 자유로운 경쟁은 시장에 나오는 모든 것을 효율성과 이윤의 극대화라는 잣대로 재평가했으며, 그 평가 대상에는 전통적인 유형의 상품만이 아니라 지식, 정보, 문화 같은 무형의 대상마저도 포함시켰다. 이 새로운 정보 기술은 학문 연구자들에게 지식 상품과 그것들이 거래되는 시장이라는 새로운 가능성을 열어주었다.

우리의 지극히 통념적이고 낭만적인 전통은 학문이 진리를 탐구하는 활동이라고 여긴다. 그런데 그런 진리는, 아니 인식론적으로 조금 더 조심스러운 표현을 사용해서 지식은 특정인의 전유물일 수 있을까? 다시 말해 지식은 공공재인가? 아니면 자본재, 좀더 극단적으로 말하면 사유재산인가? 적어도 우리가 알고 있는 많은 주변 증거는 지식이 자본재이거나 사유재산일 수 있다고 말한다. 차분히 정리해서 본다면, 어떤 지식은 모든 인류에게 공유될 수 있고 또 그래야만 하는 반면 또 다른 종류의 지식은 개인의 소유권을 인정해주어야만 할 것이다. 우주가 어떻게 생겨나게 되었는지, 또 민주주의가 잘 작동하기 위한 조건들이 무엇인지에 관한 지식들은 마땅히 인류가 공유해야 하는 지식들이다. 반면 특정 전자제품의 성능을 좋게 만드는 지식이나 새로운 소재를 만들어내는 화학적 기술 등은 그런 지식을 얻기 위한 연구에 들어간 비용을 고려한다면, 그리고 그런 지식을 활용해서 상품을 만들어낼 경우, 지식의 사적 소유권을 인정해주어야 할 것이다. 그런데 이런 구분이 그렇게 쉽지만은 않다. 인류 문명이 처한 에너지 위기를 획기적으로 해결할 수 있는 지식이나 기술, 혹은 인류를 치명적인 위험에 빠트릴 위험이 있는 전염병을 퇴치할 수 있는 지식 등은 어떨까? 그런 지식을 얻어내는 데 많은 연구 비용이 들어가므로 그 연구자의 사적 소유권을 인정해주어야만 할까?

지식과 기술에 사적 소유권을 인정하는 것은 얼핏 생각해봐도 정의로운 일일 수 있다. 그 지식과 기술을 발견해내기 위해 투입된 인력과 자금에 대가를 지불하는 일은 당연하기 때문이다. 문제는 어느 정도의 대가가 우리의 직관적인 정의감에 부합하는지를 결정하는 일이다. 확실히 시장경제 체제의 원리는 우리에게 실용적인 지식을 산출해내는 데 효과적이다. 자신이 발견해낸 지식을 통해 막대한 이익이 예상될 경우 많은 연구자를 밤새워 실험실에 붙잡아둘 수 있기 때문이다.

최근 미국 대학의 지나친 상업화를 고발한 제니퍼 워시번은 자조적인 뉘앙스로 이렇게 말한다.

> 오늘날 대부분의 미국 대학에서 가장 존경받는 교수는 교육에 자신의 시간과 에너지를 바치는 교수가 아니라, 연구비를 많이 따오는 자, 그리고 연구 결과를 수익성 높은 제품으로 탈바꿈시키거나 기업에 독점권을 넘겨 수수료를 벌어들일 수 있는 아이디어를 가진 이들이다.[8]

1960년대 서유럽 사회에 불어닥친 거대한 변혁의 시간에서 대학 공간은 극단적이라고 할 만큼 사회의 기득권에 대한 비판을 감행했다. 그러나 1970년대와 1980년대의 경제 위기를 지나면서 대학의 사회적 역할 중 경제적인 측면이 강조되기 시작했고, 그리하여 대학은 서서히 상업화되어갔다. 한국의 대학 역시 그런 시대적 조류를 벗어나지 않았다. 비록 서유럽의 대학보다는 늦었지만 1980년대 국내 대학들은 건전한 사회비판자의 역할을 수행해냈다. 하지만 서유럽의 대학들이 밟았던 전철처럼 1990년대 후반 커다란 경제 위기를 겪으면서 국내 대학들에서도 생존 경쟁과 시장경제의 원리가 지배하게 된다.

대학이 사회의 중요한 구성 부분인 한 다양한 요구에 대응할 수 있어야 함은 분명하다. 인재를 양성하고, 새로운 지식과 그것을 응용한 기술로 사회와 국가, 나아가 인류 문명의 발전에 기여도 해야 한다. 그런 사회적 역할 중에는 정치나 사회적 권력이 사회를 잘못된 방향으로 이끌어가는 것에 대해 비판하는 견제 세력의 역할도 포함된다. 이는 두 가지 이유에서 그렇다. 대학생은 미래에 사회를 이끌어갈 주역이라는 점에서 그렇고, 좀더 본질적인 두 번째 이유는 대학이 자유로운 지성의 공간이며, 그런 한에서 잘못된 것에 대해서는 언제나 비판 가능한 공간이라는 점 때문이다. 특히 마지막 요구와 관련해서 대학에, 혹은 학문에 필요한 것은 자율성이다. 적어도 오랜 시간 동안 대학은 자율적이고 민주적이며 지적으로 정의로운 공간이어야 한다고 믿어져왔다. 그러나 오늘날 학문 탐구의 전당이라고 할 대학은 자율성을 유지하기 어려워졌다. 더욱이 연구에 많은 자금이 들어가는 오늘날의 대학은 연구 자금을 대는 곳의 입김으로부터 자율성과 독립성을 지키기가 점점 더 어려워지고 있다.

워시번에 따르면 1999년 4월 미국의 버클리 대학은 다국적 제약회사의 연구지원금을 받는 문제로 뜨거운 논란이 벌어졌었다. 노바티스 사가 5년간 2500만 달러의 기초연구 지원금을 제공하는 대가로 노바티스는 향후 연구 성과물 중 3분의 1 정도에 사실상 노바티스의 권리

학문의 진화

를 인정해달라고 대학 측에 요구했기 때문이다. 협정을 맺을 것인가를 두고 설문조사를 한 결과 과반수가 넘는 사람들이 그 협정에 반대했는데, 그 이유는 연구의 자율성을 위협받고, 지식의 공공성을 후퇴시킬 것이라는 점 때문이었다.[9] 이러한 반대에도 불구하고 버클리와 노바티스 간의 협정은 성사되었다. 워시번이 이 사건에 주목했던 것은 산학 협력이 학문 연구에 어떤 구조적인 영향을 미치는지를 이 사건이 잘 보여주었기 때문일 것이다. 가령 버클리 대학과 노바티스 사간의 협정 이면을 살펴보면, 많은 식물종의 유전자 정보를 몇몇 기업이 거의 독점한다는 사실을 알 수 있다. 다시 말해 단순히 연구 자금만이 아니라 버클리 대학의 생물학 연구자들이 연구를 하기 위해서 많은 식물종의 유전정보를 소유하고 있는 회사와 협력관계를 맺는 일은 중요했던 것이다. 조금만 상상력을 발휘해보면, 미래의 식량 자원에 대한 독점적 이익을 주장하는 일이 불가능하지는 않을 것이다. 마치 야금술에 관한 지식을 가졌던 집단이 여전히 청동기에 머물러 있던 집단을 무력으로 정복했던 것처럼, 어떤 종류의 지식들은 거대한 힘이 될 수 있다.

지식의 소유권을 둘러싼 논의가 오늘날의 이야기만은 아니다. 미분을 둘러싸고 일어난 뉴턴과 라이프니츠 사이의 스캔들처럼 새로운 지식과 진리를 발견했다는 명예를 차지하기 위한 다툼은 그리 드문 일이 아니다. 오늘날에도 그러한 명예 경쟁은 계속되고 있다. 그것은 학문적 연구를 촉진하고 고무하는 중요한 동기이기도 하다. 하지만 지식이 거대한 상업적 이익을 창출해낼 가능성이 커지면서 경쟁의 양상은 달라졌다. 과거의 경쟁이 오직 학자로서의 명예를 위한 경쟁이었다면, 오늘날에는 그 명예에 경제적 보상이라는 부상이 하나 더 추가되었기 때문이다.

더욱이 대학만이 지식 생산자는 아니다. 기업들은 많은 비용을 들여 고유의 연구소들을 운영하고 있으며, 그곳에서 막대한 양의 기술적 지식이 쏟아져 나오고 있다. 그런 연구를 통해 얻어진 지식에 대해서도 공공성을 주장할 수 있을까? 그나마 대학은 공적이고 사회적인 기관이며, 국민의 세금을 이용해서 연구를 할 수 있으므로 그 연구 성과에 대해 공공성을 주장할 수도 있겠지만, 철저하게 사적인 투자에 의해 이루어진 영리 목적의 연구와 그 성과에 대해서도 공공성을 내세울 수 있을까? 틀림없이 누군가는 영리 목적의 연구와 순수한 학문적 연구는 구별되어야만 한다고 주장할 것이다. 그래서 어쩌면 영리 목적의 연구는 결코 학문적 연구가 아니라고 할지도 모른다. 앞서 말한 머튼이 제시한 과학 연구의 규범 중 하나는 이해관계로부터 중립적이어야 한다는 것이기 때문이다. 그러나 상황은 점점 더 비관적인 듯 보인다. 무엇보다 연구를 지속하기 위해서는 많은 자금을 필요로 하고, 세금에 의지하고 있는 정부의 주머니는 늘 빠듯하기 때문이다. 더욱이 오늘날에는 기초과학적 지식과 응용 기술적 지식 사이의 경계가 그리 선명하지도 않다. 아마도 머지않은 미래에 우리는 특정 지식의 공공성을 둘러싸고 시민사회와 기업 간에 엄청난 전쟁을 치러야만 할지도 모른다.

학문의 진화

___

지식기반사회의 명암

___

인류 역사에서 지식기반사회knowledge-based society라는 세련된 표현이 등장한 지는 그리 오래되지 않았다. 그 어느 때든 지식이 소중하지 않았던 시기는 없었다. 그러나 오늘날 회자되는 지식기반사회는 정보통신기술의 혁명 이후 지식과 정보가 가장 중요한 사회적 가치가 된, 바로 오늘날의 세상을 말한다. 지식이 더욱 중요해진 까닭 중 하나는 앞서 살펴보았듯이 지식과 정보가 시장경제의 주요한 구성 인자가 되었기 때문이다. 지식기반사회의 또 다른 면모는 학문 체제에 변동을 가져오기 시작했다는 것이다. 융합, 통섭, 하이브리드 등이 모두 이 시대를 상징하는 표현들이다.

물론 전공 영역을 가로지르는 횡적 결합, 혹은 하이브리드적 지식이 정보통신 혁명의 결과가 가져온 새로운 양상은 아니다. 이미 20세기 초부터 첨단 연구 분야 간의 학제적 연구는 그 생산성을 입증한 바 있다. 1940년대 물리학 분야에서 발전한 방사성 동위원소에 대한 연구는 멜빈 캘빈 같은 생화학자에게 새로운 생물학의 가능성을 열어주었고, 아울러 윌러드 리비가 방사성 탄소 연대 측정법을 개발하자 고고학적 연구는 새로운 추진력을 얻을 수 있었다. 서로의 장벽 안에 갇혀 있던 지식들이 경계를 넘어서고 소통하자 기대 이상의 시너지 효과를 내기 시작한 것이다.

정보통신 분야의 기술적 발전은 이런 효과를 기대하기에 최적이었다. 지식과 정보가 학문 영역 간의 장벽을 자유롭게 넘나들 수 있다는 상상은 새로운 탐구 영역을 열어주고 새로운 지식을 창출할 수 있으리라 기대하게 한다. 기술의 발전이 새로운 대상 영역과 그에 대한 학문적 연구를 진작하고, 그것은 다시 새로운 기술적 발전을 고무한다. 이러한 경험이 말하자면 우리를 흥분시키는 정보화 시대의 장밋빛 얼굴이다. 정보화 시대는 지식 체계 간의 횡적 결합을 자극하고, 새로운 영역들을 개척할 수 있는 인프라를 제공하리라 믿어지기 때문이다. 그러나 다음 장에서 다시 살펴보겠지만 정보화 역시 세계화와 마찬가지로 양날의 칼이다. 따라서 오늘날의 학문은 마치 두 날의 검을 손바닥으로 잡고 있는 검투사의 처지에 빠져 있다. 확실히 변화는 더 이상 유예할 수 없는 지상 과제다. 그 변화를 우리가 긍정적으로 보든, 부정적으로 보든 변화해야 한다는 것은 하나의 '사실'이 되어버렸다. 문제는 오직 변화의 방향일 뿐이다.

양날의 칼이 지닌 이중성은 20세기 후반부를 장식한 포스트모던적 운동에서도 확인할 수 있다. 이제는 이미 그 힘이 다한 듯 보이긴 하지만 여전히 문화의 한구석에서 영향력을 발휘하고 있는 포스트모던의 특징 중 하나는 딱딱한 규범들로부터의 해방이라고 말할 수 있다. 물론 포스트모던이 기존의 권위를 붕괴시키고 해체하는 등 파괴적인 전략을 상징한다고 해서 꼭 부정적이기만 한 것은 아니다. 뭔가 새로운 것이 나오려면 기존의 것이 부서지는 아픔을 기꺼이 감내해야 한다고 말할 수 있다. 조지프 슘페터가 말한 '창조적 파괴'와 같은 것이다. 그러나 만약 그 새로운 뭔가가 과거의 권위를 대체하는 새로운 권위라고 한다면 이는 진정한 의미의 '포스트모던'이 아니다. 포스트모던은 어떤 종류의 권위적 주체도 인정하지 않으려는 태도이기 때문이다. 그래서 많은 사람이 '포스트모던'을 가리켜 대안 없는 파괴 행위, 혹은 자기 파괴적 상대주의라고 비판하기도 한다. '포스트모더니즘'으로 일컬어지는 일련의 전략적 분석과 그에 따른 행위들이 현재 우리 사회를 옳게 파악한 결과로부터 나온 것인지는 좀더 두고 봐야 할 일이다. 최소한 아직 우리는 그들이 말하는 사회 속에 살고 있기 때문이다. 달리 말해 우리는 아직 '포스트모던' 사회를 냉정하게 볼 수 있는 시간적 거리를 갖고 있지 못한 듯하다.

학문의 역사와 변화에 관심을 갖고 있으면서 '포스트모던'을 말하는 이유는 우선 그 표현이 전통적인 경계를 무너뜨리는 전위적 문화를 상징하기 때문이다. 어떤 표현으로 말해지든, 사회 구성 인자로서의 학문 역시 그런 문화로부터 자유롭지 않다. 물론 과학기술 분야에서 전통적인 경계를 허물고, 새로운 융합 기술을 만들어내는 일을 두고 '포스트모던'적이라고 말하는 것은 틀림없이 조급하거나 부주의하다. 학제적 혹은 학문 간 융합을 통해 새로운 지식과 신기술을 찾아내고, 인류의 청사진을 새롭게 그리는 '건설적'인 일과, 전통적인 주체에게 사망선고를 내리고, 객관적인 진리의 세계를 다이어트의 표적으로 삼는 '파괴적'인 지적 놀이와는 엄연히 다르다고 열변을 토하는 사람들이 있기 때문이다. '통섭'이라는 개념으로 우리에게 친숙한 윌슨이 그렇다. 심지어 알랭 소칼같이 재치 있는 학자들은 일군의 포스트모던 철학자들의 작업을 아주 '우아한 무의미fashionable nonsense'라고 평가해버린다.[10] 그들이 자신들의 지적 통찰을 설명하기 위해 도입한 위상수학과 집합론 그리고 현대 물리학의 논의들은 착한 백성의 눈에만 보이는 허영심 많은 왕의 비단옷쯤으로 여기는 것이다.

자신들을 객관적인 진리의 세계가 있다고 믿는 '건전하고' '소박한' 과학자라고 소개하는 사람들이 이른바 '포스트모던' 계열의 지식인들을 못마땅한 눈초리로 비아냥거리는 까닭은 '포스트모던'에 '상대주의'라는 라벨이 붙어 있기 때문이다. 그러나 포스트모던의 경계 해체와 학문 간 융합의 차별화에도 불구하고 자본의 위력 앞에서 과학이 얼마나 순수하고 자유로울 수 있는지는 여전히 회의적이다. 오직 그것이 진리이기 때문에 탐구해야 한다는 순수한 학문적 열정이 오늘날의 사회에서 무사히 살아남을 수 있을까? 아직 디지털 기술이 대중화되지 않았던 1980년대 초에 리오타르가 예상한 지식의 상업화는 점점 더 심화되는 중이다. 첨단 과학기술의 개발과 관련한 각종 이권 싸움은 물론이고, '자유와 평등' 같은 인간 사회의 '공공재적 지식'에 대해서조차 사적 재산권 싸움이 일어날 수 있다. 누군가가 시민의 자유와 평등을 획기적으로 신장시킬 수 있는 아이디어를 가지고 있다고 해보자. 오늘날의 사회에서 그에게는 그런 지식을 상품화할 수 있는 무수한 가능성이 열리게 된다. 이것이 전통적인 권위가 해체된 포스트모던 사회가 부딪힌 학문적 현실이다. 그리고 어쩌면 이는 근대 과학이 신성한 지식으로부터 벗어나 '세속화'의 길을 걸었을 때 이미 예정되어 있던 수순인지도 모른다.

권위의 세속화는 역사 과정에서 끊임없이 진행되어왔다. 때로는 혁명이라는 명시적인 과정을 통해, 또 때로는 아주 은밀한 자리 교체를 통해 이뤄져왔다. 포스트모던은 그런 세속화 경향의 한 말단이다. 포스트모던적 문화운동에서 등장했던 모든 파괴적 단어의 표적은 근대 '계몽 프로젝트'의 기안자인 '이성'이다. 그 이성은 냉정한 판단력을 무기로 교묘한 억압을 일삼은 독재자였기 때문이다. 하지만 계몽 역시 본래는 해방의 기획이었다. 그리고 그 해방은 철저하게 공공성의 영역이었다. 인간 탄생의 신성한 권리를 천명함으로써 근대 시민 의식을 촉발시킨 계몽은 공공성에 일종의 신성한 권위를 부여했다. 그러한 자리 교체는 인간을 종교적 권위로부터 해방시키기 위한 전략이었지만, 동일한 전략에 의해 이제는 공공성이 사적 이익을 억압하는 장치로 간주되고 있는 것이다. 역설적인 것은 이미 로크가 천명했듯이 사적 이익은 신성한 개인의 권리 중 하나로 간주되고 있다는 사실이다.

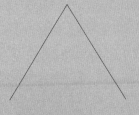

8장

—

지식의 상업화와
학문의 혼종

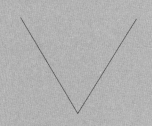

0 1

지식의 상업화:
리오타르의 경우

오늘날과 같은 디지털 기반의 상업사회에서 과학적 지식의 위상에 대한 리오타르의 분석에 의하면, "이제 공공연하게든 암묵적이든 전문 학생, 국가, 고등교육 기관이 제기하는 질문은 더 이상 '그것은 진실인가?'가 아니라 '그것이 대체 무슨 소용이 있는가?'이다. 지식의 중상주의화라는 맥락에서 이 질문은 '그것은 잘 팔리는가?'와 똑같은 물음이다."[1] 경제적 효율성을 기초로 재편되고 있는 학문 현실은 새로운 시장의 개척과 함께 더욱 빠르게 변화하고 있다. 이는 무엇보다 얼핏 보기에도 무궁무진한 수요가 창출될 수 있는 새로운 시장이 등장했기 때문이다.

인터넷을 기반으로 하는 디지털 네트워크는 지식의 생산과 소비 측면에서 새로운 시장을 만들어내는 데 성공했다. 그러나 이러한 변화가 긍정적인 기능만 갖고 있는 것은 결코 아니다. 정보 혹은 지식이 디지털화한다는 것은 이중적인 의미를 지닌다. 그 하나는 정보나 지식의 소통 속도가 대단히 빨라진다는 것이고, 다른 하나는 그렇게 빠른 처리 속도에 비례해서 파편화된 지식이 늘어난다는 것이다. 이러한 두 가지 상황은 소위 지식산업사회의 특성과 맞물려 생겨난 현상이기도 하다. 지식을 '생산성'이라는 가치 척도로 가늠하고자 하는 지식산업사회와 자본주의는 지식과 정보에 대해서도 소위 '유통기한'을 만들어가고 있다. 소비자의 기호에 맞지 않는 지식과 정보는 빠르게 사장되어버린다.[2] 더욱이 그 한계를 알 수 없는 가상공간cyberspace 속에서 파편화된 정보와 지식의 유통기한은 점점 더 짧아지고 있다. 지식이 소통되는 경로는 다양해졌고, 네트워크를 통해 생산과 소비가 동시적으로 쌍방 간에 이루어지는 시스템이 구축되었다. 이러한 과정은 이른바 지식 생산자들이 누려왔던 전통적 권위를 약화시킨다.

리오타르는 이러한 상황을 지식의 정당화 과정이 해체됨으로써 생겨나는 결과로 보고 있다. 그가 소위 '포스트모던 사회'라고 부른 고도 산업사회에서 지식은 하나의 상품과 같다. 리오타르에 따르면, 정보통신 혁명을 토대로 재구조화된 오늘날에는 진리나 정의 같은 가치를 지향하고 그것을 준거점으로 삼아 지식의 정당화를 시도하는 거대 담론은 거부되며, 그 대신 일종의 중상주의적 관점에서 지식의 유용성만이 평가되고 있다.

지식의 사변적 정당화가 무력해짐으로써 전통적으로 지식 생산자에게 부과되었던 윤리적인 권위 또한 붕괴된다. 결과적으로 지식인과 도덕적 건전함은 별개의 문제가 되고, 그와 더불어 이른바 지식인이 담당했던 사회 지도적 기능도 무력해진다. 이로써 학문이 사람들에게 삶의 방향성과 도덕성을 명령하던 시대는 마감된 것이다. 이것은 앞서 로버트슨이 이야기한 새로운 르네상스라는 활기찬 전망 뒤에 숨겨진 함정이기도 하다.

물론 이러한 현상은 평등을 지향하는 현대 사회의 특성을 지식 생산과 소비의 관점에서 보여주는 것인지도 모른다. 즉 지식 생산자와 소비자 간의 불평등 관계가 방향을 가늠할 수 없는 네트워크의 확장성을 통해 은폐되고 더 나아가 아예 그 관계 자체가 해소되어버리는 것이다. 그러나 그에 따른 부정적인 결과 중 하나는 디지털화를 통해 파편화된 지식들과 이로 인해 야기되는 '기원의 소실'이다. '기원의 소실'은 한 지식 혹은 정보의 문맥적 역사가 은폐되는 것을 의미한다. 지식을 '생산성'이라는 척도 아래서 가늠하므로 지식을 소비하는 자에게 가장 중요한 것은 바로 용도다. 그런데 오늘날 고도로 상업화된 사회에서 이 사용가치는 곧 유통가치에 의해 결정된다. 지식을 더욱 파편화된 상태로 만드는 것은 지식의 용도를 유통가치에서 찾는 문화가 팽배해 있기 때문이다. 다시 말해 클릭 수에 따라 그 지식의 가치, 즉 가격이 결정되는 것이다. 심지어 순수한 목적의 학술 논문의 가치 역시 그런 클릭 수로부터 자유롭지 않다.

전통적인 관점에서 어떤 지식, 특히 이론적인 지식이 지식으로서의 지위를 갖기 위해서는 그것이 속한 이론 체계 내에서 자리를 잡아야 한다. 그러나 유통가치로 결정되는 사용가치만이 문제시되는 경우, 그러한 체계성은 군더더기에 불과할 뿐이다. 체계의 완결성은 오히려 폐쇄성으로 여겨진다. 체계로부터 벗어난 지식은 부유하며, 결국 자신의 기원을 잃어버리게 된다. 따라서 지식의 파편화와 기원의 소실은 서로가 서로를 고무하는 시너지 효과를 보여준다. 간단히 말해 '신성한' 지식의 세속화 과정이 속도를 높인다. 전통적으로 지식을 생산하는 일은 소수 특정 계층의 임무였다. 하지만 이제는 누구라도 그 '신성한' 지식의 생산자가 될 수 있다. 이른바 '지식기반사회' 혹은 '지식산업사회'는 원리적으로 누구든 주인공이 될 수 있으며, 따라서 모든 사람에게 개방되어 있다.

니체나 푸코가 계보학을 통해 근대적 이성의 허구성을 폭로했다면, 리오타르는 근대적인 체계 이론이 어떻게 스스로 붕괴되어갔는지를 분석한다. 제2차 세계대전 이후 변화된 사회에서 지식의 문제를 다루면서, 근대성을 "메타담론과 관련하여 자기 합법적인 모든 과학 (…) 정신의 변증법, 의미의 해석학, 합리적 혹은 작용하는 주체의 해방, 혹은 부의 창조와 같은 모종의 대서사에 자신의 정당성을 호소하는"[3] 것으로 규정한다. 리오타르는 비트겐슈타인의 게임 이론과 화용론적 분석에 의지해서 논의를 전개시킨다. 그에 따르면 언어는 일종의 게임과 같다. 리오타르는 그것을 장기에 비유한다. 말을 하는 사람과 말을 듣는 사람이 있고, 그 사이에 '말'이 있다. 말을 하는 사람은 자신의 의사를 전달하기 위해 전략적인 수를 두게 되고, 말을 듣는 상대방은 그에 따라 대응한다. 물론 말을 하는 사람은 언제든지 말을 듣는 사람이 되기도 한다. 장기를 두는 모습을 연상해보면 된다. 차를 움직이면, 상대방은 포를 움직여 대응한다. 그렇게 수를 주고받는 과정이 바로 대화다. 또한 말이 진리와 지식을 전달하는 수단인 한, 말하는 행위는 곧 권력관계를 드러내는 상징으로, 혹은 정당화 과정 속에서 작동한다.

삶의 다양한 경험이 존중되는 사회에서 지혜로운 노인의 말은 그 상황 자체가 곧바로 정당화 과정이다. 호메로스가 헬라스의 영웅들이 트로이를 벌하기 위해 어떻게 싸웠는지를 말할 때, 그 이야기는 그렇게 전달되는 과정 자체를 통해 정당화된다. 신탁을 전하는 사람들이 존경받는 것은 그 이야기가 신성한 말씀이기 때문이다. 이러한 구조적 관계는 호메로스의 이야기가 전승되는 과정에서도 그대로 반복된다. 영웅들의 이야기가 갖는 힘 때문이다. 인생을 어떻게 살아가야 하는지를 가르쳐주는 지혜에 관해서도 마찬가지다. 어머니는 철없는 아이에게 혼자서 숲에 가면 얼마나 위험한지를 가르쳐주기 위해 빨간 모자 이야기를 들려준다.

호메로스에게서 위대한 영웅들에 대한 이야기를 들은 사람은 다시 다른 이들에게 이야기를 해주는 위치에 놓이고, 어머니에게 빨간 모자 이야기를 듣고 자란 아이가 다시 어머니가 되어 그 딸에게 빨간 모자 이야기를 해줄 때, 정당성의 관계는 그대로 전승된다. 정당화의 과정은 이렇게 시작한다. "옛날 말씀에⋯⋯." 그런 전승 과정이 정당성의 권위를 지켜준다.

리오타르는 이러한 방식을 서사적narrative 정당화라고 부른다. 서사적 정당화는 진리를 어떻게 옮기는가가 문제될 뿐, 그 이야기의 옳고 그름을 따지는 과정을 필요로 하진 않는다. 신화가 그렇고, 위대한 깨달음을 전하는 설교가 그렇다. 그런데 근대를 거치면서, 특히 과학이 발전하면서 사정은 달라진다. 과학적인 언어 게임에서는 이야기되고 있는 문제와 관련하여 동의나 반박 같은 상호 간의 의견 교환이 있기 마련이다. 달리 말해 과학이 언어 게임으로 작동하기 위해서는 문제가 되는 진술을 검증해주거나 반증해줄 상대방을 필요로 한다. 서사적 정당화와는 전혀 다른 문맥에서 정당성을 필요로 하는 것이다. 또한 그런 정당화 과정은 대화 상대자가 원칙적으로는 서로 평등한 관계가 됨을 함축한다. 결과적으로 과학적 언어 게임은 전통적인 권위를 해체하게 되는 것이다. 그런데 문제는 과학이 그렇게 낡은 서사의 권위를 해체시키고 나자, 이번에는 자신의 정당화 과정 자체를 다시 정당화해줄 또 다른 권위를 필요로 한다는 역설적인 상황에 직면했다는 것이다.

예컨대 과학이 종교와 신화를 골방에 가두고 권력을 차지했다고 하자. 그런데 그런 과학 전체의 정당성은 과학적 언어 게임의 정당화 과정으로는 얻어지지 않는다. 달리 말해 전통적인 서사적 정당화 방식을 포기한 이상 과학이 스스로를 정당화할 수는 없다. 왜냐하면 스스로를 정당화하는 방식 자체가 과학이 포기한 서사적 정당화이기 때문이다. 이 점을 좀더 분명히 하기 위해 데카르트나 헤겔이 시도한 정당화 방식을 보자.

데카르트는 모든 것을 진리가 아니라고 의심하는 방법적 회의를 시도하고 그로부터 "나는 생각한다. 그러므로 존재한다cogito ergo sum"라는 제1명제를 끌어낸다. 그 명제는 데카르트 철학의 입장에서만 보자면 원리적으로 가능한 모든 의심을 열어놓은 상태에서 타당하다고 입증된 것이므로, 그 자체로 정당화된다. 또한 헤겔이 시도하는 정당화 방식은 그야말로 아무런 규정도 없는 그저 순전한 '존재'에서 시작된다. 그리고 그 순수한 존재로부터 어떻게 개념에 이르게 되는지를 보여줌으로써 하나의 완결된 증명 연쇄를 제시한다. 이 역시 어떤 애매한 가정도 전제하지 않고 출발했다는 점에서 그 자체로 정당화되는 체계다.

그러나 과학의 경우는 사정이 다르다. 과학은 그 출발부터 '가정'과 '전제'에서 시작한다. 코페르니쿠스만 하더라도 '천구는 완전한 존재이므로 원운동을 할 것'이라는 전제를 의심하지 않고 그의 체계를 구상했다. 아주 단식으로 말하자면, 모는 과학은 일단 이 세계가 존재한다는 전제를 의심해본 적이 없다. 그런 의심은 책상머리에 앉아서 온갖 가능성을 가지고 씨름하는 고리타분한 철학자들의 지적 놀이기구에 불과할 뿐이다. 그러나 과학이 그렇게 비아냥거리는 철학자들의 '증명 놀이'는 사실상 과학 전체의 정당화와 관련이 있다.

누군가가 "과학이라는 학문의 방법론은 어떻게 정당화되는가?"라고 물었다고 해보자. 그러면 과학자는 이제까지 과학은 잘 작동했다는 사실을 들어 과학의 방법론을 정당화하려고 할 것이다. 그러나 이런 사실이 앞으로도 과학이 계속해서 잘 작동할 것이라고 '정당화'해주지는 못한다. 다만 그럴 가능성이 높다는 것뿐이다. 만약 그것이 제대로 정당화되려면, 이제까지 과학이 잘 작동해왔다는 경험적이고 사실적인 믿음과 함께 자연이 이제까지 움직여온 것처럼 앞으로도 그렇게 움직이리라는 이른바 '자연 진행의 일관성'이 전제되어야만 한다. 그러나 그것은 과학적으로 '검증'되거나 '반증'될 성질의 지식이 아니다. 따라서 과학은 개별적인 사건들을 객관적인 검증과 반증을 통해 정당화 시험에 올려놓을 수는 있겠지만 과학 스스로가 자신을 정당화하는 것은 불가능하다. 과학이 그런 정당화를 시도하는 순간, 과학은 자신의 방법론을 포기하고, 이른바 '서사적 정당화'의 달인인 형이상학에 의지해야 한다.

서사적 정당화를 비웃고 철학과 거리를 둔 과학이 자신의 존재 근거를 마련하기 위해 다시 철학에 의지해야 하는 역설을 어떻게 피할 수 있을까? 종교나 신화의 서사적 정당화가 의지하고 있는 궁극의 지지대는 바로 초월적 존재자, 즉 신 혹은 절대적 이성이다. 따라서 그 동기가 신성하건 아니건 간에 결과적으로 모든 초월적 존재의 힘을 무력화시킨 과학에 남은 가능성은 좀더 세속화된 방식으로 자신의 존재를 정당화하는 것인데, 이는 세속의 왕국에 사는 시민들의 합의다. 다행히 근대 철학은 시민의 권리를 신성한 것으로 만들어주었다. 그래서 합리적인 이성을 가진 시민들의 합의에 의해 민주적인 방식으로 도출된 어떤 '절대' 권력이 과학의 존재 이유를 정당화해주는 길이 열렸다. 물론 그 절대 권력의 현실적 형태는 바로 국가다. 그런 사실을 역사적으로 확인하는 것은 어렵지 않다. 왕이 곧 국가인 시절에는 왕의 명령에 의해, 그리고 국가가 시민의 합의에 의해 절대 권력으로 인정된 뒤에는 국가가 과학적 탐구를 지탱시키기 위한 시스템을 운용하고 그 비용을 감당한다. 그래서 리오타르는 근대 과학이 종래의 서사적 정당화에서는 벗어났지만 여전히 새로운 종류의 권위에 의존하는 서사적 정당화에서는 벗어나지 못했다고 평한다.

그러나 이른바 '포스트모던' 사회에서는 사정이 다르다. 리오타르는 이 사회에서는 근대적 방식의 정당화가 작동하지 않는다고 말한다. 제2차 세계대전 이후 고도 산업사회에서, 특히 리오타르가 예언했듯이(그의 저서가 1980년대 초에 나온 것을 고려한다면 놀라운 일이기도 한데) 컴퓨터가 사회를 작동시키는 데 있어 중요한 역할을 하게 되는 사회에서 지식의 위상은 근본적으로 변화한다. 지식은 일종의 상품이 된다. '지식재산권'은 그런 현상의 합법적인 증인이다. 우리가 지식을 추구하는 까닭은 그것이 진리이기 때문만이 아니다. 오히려 더 중요한 평가 기준은 어떤 지식이 우리 삶을 더 풍요롭게 해주느냐, 혹은 우리 삶, 우리 회사를 얼마나 더 효율적이게 해주느냐이다. 리오타르는 이를 지식의 상업화라고 말한다.

오늘날 인터넷에서 지식이 유통되고 판매되는 사정을 생각해보면 리오타르가 무엇을 말하고자 했는지를 어렵지 않게 알 수 있다. 더 이상 전통적인 사회에서처럼 지식의 생산자와 소비자가 일방적인 관계로 고착되지 않는다. '돈이 될 수 있는' 지식을 만들어내는 한 누구나 지식 생산자가 될 수 있다. 전통적으로 지식을 생산하는 자와 소비하는 자 사이의 불평등한 관계는 민주화된다. 적어도 포스트모던 사회의 시민들은 그렇게 믿는다. 한 중산층 가정의 소년이 10년 동안 매일매일 자신의 식단을 디지털 카메라로 찍어 블로그에 올려놓는 행위 역시 높은 값에 거래될 수 있는 지식 생산 행위다. 중산층 가정의 식생활이 아이들의 성장과 어떤 관련을 지니는가를 연구할 수 있는 소중한 자료이기 때문이다. 또 수없이 쏟아지는 뉴스들 중에 사람들이 흥미로워할 소식들을 골라 자신의 사이트에서 편집하여 제공하는 일도 부가가치를 지닌 지식 생산이 되는 것이다. 진리를 탐구하고 지식을 생산하는 일은 더 이상 신성한 작업이 아니다. 따라서 권위는 해체된다.

———

디지털 혁명과
재현의 문제

———

'지식의 중상주의화'를 가속시킨 것이 인터넷 시장이라면, 그런 시장
이 커지는 일, 또 그런 상업적 전략이 확대되는 일 모두는 어떤 종류
의 지식이 정보통신(디지털) 기술의 언어로 번역될 수 있는가에 의존
해 있다. 디지털 기술은 존재하는 모든 것을 디지털 텍스트로 번역할
수 있을 것처럼 보인다. 다시 말해 우리가 접하는 모든 것을 0과 1이
라는 기호로 번역할 수 있을 듯 여겨진다. 이는 지식과 정보를 단순
히 문자 형태로 저장했던 과거의 관행과는 전혀 다르다. 그 결과 그
것은 우리가 지각하고 있는 현실을 더 보강하기도 하고, 경우에 따라
서는 대체하기도 한다. 모두가 디지털 기술이 지닌 놀라운 재현repre-
sentation 능력 덕분이다. 모든 것이 텍스트가 될 수 있다는 사실은 자
연적 인간의 (정보 생산 및 수용 기관으로서) 지각과 감각이 디지털 기
술을 매개로 확장되었음을 의미한다. 그러한 확장 가능성은 재현의

구성 요소로서 디지털 기호의 단순성과 뛰어난 가소성에 기초한 것이기도 하다. 이를 통해 디지털 기술은 우리의 지각과 감각을 재현해내고 있다.

그런데 지각과 감각이 디지털 기호로 번역될 수 있다는 것은 우리가 직접적으로 체험하고 있는 현실이 디지털 기호로 번역 가능하며, 나아가 소삭 가능함을 의미한다. 이로써 현실의 한계도 확장된다. 지각과 감각은 우리가 현실을 체험하는 가장 기초적인 인식론적 토대이기 때문이다. 결국 디지털 기술을 통해 지각과 감각이 번역될 수 있다는 것은 우리가 체험하는 현실과 그 현실을 넘어선 가상 사이의 경계가 모호해졌다는 것을 함축한다. 이러한 사정은 학문 자체에 대해서도 커다란 변화를 초래한다. 그것은 무엇보다 존재하는 모든 것이 디지털 텍스트로 변화될 수 있다는 믿음에서 시작된다.

텍스트는 이중적이다. 정보를 저장하기도 하고 이를 매개하기도 한다. 따라서 존재하는 모든 것을 텍스트로 번역하는 판텍스트화Pan-textualization야말로 인간의 의미론적 가능성을 극적으로 구현해낸 것이기도 하지만 다른 한편으로는 존재하는 모든 자연물에 '인간적인 의미'를 부여하는 고대 신화적 세계관의 기술적 실현일 수 있다. 예컨대 맥루언은 이러한 점을 TV 문화로 상징되는 전자시대의 등장과 더불어 지적한 바 있다.[4] 즉 전자 매체들은 활자 매체와 달리 청각적, 촉각적 문화를 자극하는데, 이는 고대 신화적 문화의 부활을 의미할 수 있다. 존재하는 모든 대상이 우리에게 말을 걸어오기 때문이다. 마치 물활론적 세계관과 같이, 그저 멈춰 서 있는 사물로서가 아니라 서로 소통하며 정보를 교류하는 것이다. 유비쿼티 상황에서는 그 어떤 것도 그저 '사물'이기만 한 것이 아니다. 최근 새로운 시장으로 부상하고 있는 사물 인터넷Internet of Things은 그런 물활론적 세계관의 기술적 부활을 알리는 신호탄일 것이다.

디지털 기술에 의한 판텍스트화는 무엇보다 신화를 이 세계 바깥으로 밀어낸 근대와 대비된다. 근대의 문화는 문자를 중심으로 하는 시각 중심의 문화였다. 따라서 텍스트를 해독하는 중요한 감각 역시 시각이다. 반면 디지털 텍스트들은 원리적으로 모든 감각을 활용하거나 변환시킬 수 있다. 그런 점에서 디지털 기술의 발전은 활자 중심 문화에 근본적인 변동을 초래했다. 예컨대 우리가 텍스트를 정보의 집적체라고 간주한다면, 활자만이 아니라 그림이나 사물 등 모든 것이 텍스트가 될 수 있다. 그 모두가 어떤 식으로든 정보를 담지하고 있기 때문이다. 실제로 근대 이전의 문화, 예컨대 종교적인 그림이나 조각상들 역시 훌륭한 텍스트였다. 중세시대 성당 곳곳에 설치된 제단화와 조각상들은 성경이 전하는 역사를 생생하게 그려 보인다. 그러나 그림이나 조각상 혹은 사람들 사이에서 전달되는 구술 텍스트 등은 정보 집적량도 적고, 전달도 용이하지 않다. 그에 반해 활자 텍스트는 저장과 전달의 효율성에 있어 이전 시대와는 비교할 수 없을 정도의 진보를 이루어냈다. 적어도 정보처리 관점에서 보면 그것은 확실히 혁명적이다. 따라서 근대의 활자 문화는 텍스트의 개념을 단일화할 수 있는, 혹은 텍스트 개념의 대표 표상으로 활자를 내세울 수 있는 충분한 근거를 갖고 있다.

그러나 디지털 기술은 원리적으로 모든 것을 텍스트화함으로써 활자가 텍스트의 전형이라는 도식마저 붕괴시킨다. 이는 무엇보다 활자조차도 0과 1이라는 이진수로 번역될 수 있다는 상황에서 비롯된다. 문자는 더 이상 가장 기초적인 상징이 아니다. 오히려 모든 문자를 번역해내는 이진수가 더 기초적이다. 물론 이때의 '기초적' 성격은 현실적 체험이나 그런 체험의 의미를 재현해내는 수단으로서의 의미다. 달리 말해 어떤 재현 수단이든, 그것이 문자든, 그림이든, 소리든 디지털 기호(즉 0과 1이라는 이진수)로 번역 가능하다. 이러한 디지털 기호의 가소성은 재현 가능성을 극대화하며, 결국 모든 것을 텍스트화하는 일도 가능케 한다. 원리적으로 보자면, 의미를 저장하고 재현하는 모든 수단을 디지털 기호로 환원하는 것이다. 따라서 인간의 감각적 경험 전체가 단일한 언어로 보존 가능하고, 또 원하는 방식으로 재현 가능한 텍스트가 될 수 있다. 디지털 기술의 재현 가능성이 극대화되면서 그동안 '현실'이 '가상'에 대해 갖고 있던 인식론적, 존재론적 우선성은 소거된다. 물리적 실재들마저 그것이 우리의 체험 공간 안에서는 디지털 텍스트와 뒤섞일 수 있기 때문이다. 물리적 실재들 위에 덧씌워진 정보들, 더 이상 그저 수동적인 사물이기만 한 존재가 아니라 스스로 말을 걸어오는 존재들로의 변화, 다시 말해 인간이 경험하는 현실은 디지털 텍스트로 번역될 수 있으며, 거꾸로 디지털 텍스트로 작성될 수 있는 것들은 기술적으로 구현 가능한 현실이 될 수 있다. 이제 무엇이 인간 삶의 현실에 인과적 영향력을 행사하는지가 불분명해졌다. 만약 인공적으로 구현된 현실이 일상 속에서 자연적인 인과적 영향력을 행사할 수 있다면, 사실상 현실과 가상이라는 오래된 구분은 무너진다. 가상의 존재가 홀로그램으로 구현된 뒤 프로그램 사용자와 대화를 나누는 일을 유령과 대화를 나누는 일과 구별하기가 쉽지 않아진 것이다. 근대적 관점에서는 이런 일들이 일종의 착란증이나 망상증으로 간주되었다. 그러나 이제는 사정이 달라진 셈이다.

근대를 지배하던 합리성 개념은 근본적인 수정 요구에 직면해 있다. 왜냐하면 현실과 가상의 이분법의 토대가 바로 근대적 합리성이었기 때문이다. 특히 계몽주의 시대가 신화를 박물관이나 인류의 원시성 속에 밀어넣을 수 있었던 것은 그것이 한낱 허구에 불과한 것이었다는 믿음이 있었기 때문이었다. 그러나 디지털 기술의 재현 미학은 현실과 가상의 경계를 소거함으로써 그런 믿음이 기술적으로 제거될 수 있음을 보여준다. 따라서 더 근원적인 질문은 우리가 체험하는 현실이 어떻게 구성되는지를 묻는 것이다. 어쩌면 인간의 삶은 본래부터 허구와 실재가, 혹은 가상과 현실이 혼재되어 있는 세계인지도 모른다. 계몽된 근대가 미신이라는 이름으로 몰아낸 낡은 시대의 방식이 오히려 우리의 본래적 삶의 방식일지 모른다. 맥루언이 지적했던 것처럼 활자를 중심으로 한 근대가 오히려 우리의 자연스러운 삶의 방식을 왜곡시켰을 수 있다. 첨단 디지털 재현 기술에 익숙한 세대는 그들의 앞선 세대의 주요 텍스트인 활자보다는 시청각적 텍스트에 훨씬 더 쉽게 반응한다. 이러한 현상은 뭔가 새로운 변화가 아니라, 근대라는 시간 동안 잃어버렸던 자연적 인간의 원초적 상태를 회복하는 것으로 볼 수 있지 않을까? 꽤 오랜 시간 동안 우리는 장미를 눈앞에서 체험하며 느끼는 것보다 종이 위의 '장미'라는 기호로 상상하는 것에 익숙해 있었다. 하지만 디지털 기술은 검은 기호가 아니라 실제로 우리 눈앞에 붉은색 장미를 보여줄 수 있다. 비록 눈앞에 재현된 붉은 장미가 현실에 존재하는 장미는 아니지만 말이다.

　이제 감각적 혹은 지각적 체험을 가지고 현실과 가상을 구분하는 근대적 형이상학은 붕괴에 직면해 있는 듯하다. 자연적인 감각이나 지각도 결국은 '있는 그대로'가 아니라 '재현'의 양상들 중 하나이기 때문이다. 이러한 변화는 우선은 세계관의 변화로, 그다음은 학문의 혼종hybrid으로 이어진다.

———

네트워크 공간 속에서 파편화된
지식과 포스트모던의 반전

———

언어는, 그것이 말이든 글이든 간에 우리의 감각을 확장한 미디어라는 사실로부터 생각해보자. 맥루언이 윌리엄 화이트를 인용하여 요약한 바에 따르면, 언어는 "인간이 경험과 지식을 용이하게 운반하고 우리가 최대한 사용할 수 있는 형식으로 축적하는 것을 가능케 하는 도구"[5]다. 언어를 이처럼 기능적 관점에서 본다면, 디지털 언어야말로 그 기능을 극대화한 것이라 할 수 있다. 기술적 측면에서 우리는 상상할 수 없을 정도로 많은 양의 정보를 아주 작은 물리적 공간에 저장할 수 있으며, 그런 지식들을 효과적으로 분류하고 사용하는 시스템들을 보유할 수 있다. 이러한 변화가 가능한 것은 물론 그 정보들을 모두 디지털화할 수 있었기 때문이다. 그런데 만약 앞서 말한 것처럼 정보의 저장과 처리, 그리고 그에 따른 재현 양식의 변화가 시대적 문화를 구분하는 중요한 분기점이라면 분명 맥루언이 지적한 것처럼 구텐베르크식의 우주는 종말을 맞았다고 해야 할 것이다. 쿤의 표현을 빌리면 세계를 인식하는 패러다임이 바뀌는 혁명이라고 할 수 있다.

맥루언이 영감을 얻은 한 문화인류학자의 사례는 이러한 사정을 단적으로 설명해준다.

아프리카 원주민 촌에서 윌슨 교수는 원주민들의 위생 상태를 개선하기 위해 간단한 영상물을 만들어 상영했다. 그 영상물의 내용은 고인 물을 처리하는 방법, 비위생적인 주변을 정리하는 일 등을 담고 있었다. 그러나 실제로 원주민들이 주목했던 내용은 그런 메시지들이 아니라 화면에 우연히 지나간 닭이었다.[6]

맥루언은 비문자적 사회의 구성원들인 아프리카 원주민들이 그 영상물이 전하는 내용을 일관성 있게 읽어나갈 만한 훈련이 되어 있지 않다고 간주했다. 맥루언에 따르면 "문자 해독 능력은 사람들에게 이미지를 볼 때 초점을 갖고, 그것을 중심으로 보는 능력을 부여하고, 그리하여 우리는 전체적인 이미지나 그림을 한 번에 보고 그리도록 한다. 비문자적 인간은 이런 습관을 갖고 있지 않으며, 그래서 사물을 볼때 우리처럼 보지 않는다."[7]

문자 혹은 활자 문명의 세계와 그렇지 않은 세계의 거주민들이 세계를 보는 방식은 다르다는 맥루언의 통찰은 감각적 경험이 그려낸 세계와 수학이 그려낸 세계를 구분했던 근대의 과학혁명을 연상시킨다. 갈릴레오로부터 뉴턴에 이르기까지 근대 과학혁명의 성과 중 하나는 우리의 감각적 경험을 통해 알게 되는 세계가 실제 세계와는 다를 수 있다는 사실을 밝혀낸 것이다. 우리 눈에는 분명 지구가 멈춰 있고 태양이 도는 것처럼 보이지만, 실제 세계는 빠르게 자전하며 동시에 태양 주위를 무서운 속도로 회전하고 있다.

따라서 우리가 체험하는 현실 너머에 참된 세계가 존재하며 진리는 바로 그곳에 있다는 믿음은 현실과 가상 사이의 선명한 이분법을 낳는다. 그리고 가상의 세계는 당연히 현실세계에 인과적 영향력을 행사할 수 없다. 왜냐하면 그 두 세계는 완전히 이질적이기 때문이다. 하나는 진짜이고, 다른 하나는 그저 이미지 재현에 불과한 세계다. 그러나 앞서 살펴보았듯이 모든 것이 디지털로 번역된 텍스트일 수 있다는 가능성은 '허구'의 세계와 '실제' 세계를 혼종시키고 있다. 따라서 '허구'의 세계가 '실제' 세계에 인과적 영향력을 행사하는 것이 전혀 낯설지 않다. 이런 의미에서 근대적 합리성, 무엇이 참된 것인가를 결정하는 시스템은 더 이상 작동하지 않는 듯 보인다.

맥루언에 따르면, 신화적 세계로부터 근대 세계로의 이행은 활자 기반 문화의 등장과 관련 있다. 가령 활자화된 텍스트를 보자. 하나의 활자 텍스트가 완결된 구조를 가지려면 시작과 끝이 있어야 한다. 본론 뒤에 서론이 나오고, 서론 뒤에 다시 결론이 나올 수는 없다. 또 물리적인 관점에서 책은 일종의 폐쇄된 공간, 즉 첫 페이지에서 마지막 페이지까지 완결된 의미체일 것을 요구한다. 이러한 텍스트를 읽고 해독하는 능력, 즉 처음부터 마지막까지 하나의 의미 완결체를 만드는 훈련이 바로 우리의 근대적 합리성이다.

이러한 의미에서 근대의 합리성은 철저하게 선형적이다. 근대 과학을 지배한 도식인 원인과 결과의 연쇄 역시 선형적이고 비가역적이다. 반면 디지털 텍스트는 이런 사정들을 바꿔버린다. 예를 들어 디지털 미디어 시대의 전형적인 텍스트인 하이퍼텍스트를 생각해보자. 색인Index 기술을 확장한 하이퍼텍스트는 저자가 글을 쓴 방식과는 다른 독서 방법을 가능케 한다. 그것은 '원본'의 표준적 길을 무시할 수 있게 해준다. 달리 말하면 원래의 저자가 마련한 읽기 방식으로부터 벗어나 전혀 새로운 주제와 분석을 만들어낼 수 있다.[8] 근대의 활자 텍스트가 가졌던 닫힌 선형적 체계는 열린 소산적 구조로, 혹은 원리적으로 무한한 노드를 가진 네트워크 구조를 띠는 텍스트가 된다. 말하자면, 하이퍼텍스트는 "단일한 단락, 페이지 순서 대신 여러 경로를 제공함으로써 색인은 책을 트리 구조에서 네트워크로 탈바꿈시킨다. (…) 어떤 단일 주제가 다른 주제들을 지배하지도 않는다. 엄격하게 종속되는 대신 우리는 텍스트 공간을 누비듯이 지나가는 경로를 갖게 된다."[9]

맥루언의 말처럼, 근대 문화의 선형적 합리성이 근대를 지배한 텍스트 읽기에서 비롯된 것이라면, 그와 마찬가지로 디지털 네트워크 속의 하이퍼텍스트 읽기는 근대와는 다른 종류의 합리성을 낳을 것이다. 그리고 그런 예측은 틀리지 않아 보인다. 근대의 활자 텍스트가 단선적 읽기를 강요한 데 반해, 디지털 텍스트로서의 하이퍼텍스트가 네트워크적 읽기를 가능하게 한다면, 근대의 선형적 합리성 역시 다른 종류의 합리성으로 변모할 것으로 예상할 수 있다. 우리는 그것을 입체적 합리성이라고 말할 수 있다. 왜냐하면 네트워크적 읽기의 효과는 '입체성'이기 때문이다.

가령 수요와 공급 곡선이 교차하는 가격 결정 균형점을 생각해보

자. 근대 경제학의 핵심을 이루는 이 가정은 기본적으로 선형적이다. 하지만 현실의 시장 안에 존재하는 수많은 소비자를 조사해서 점으로 표현하면 여기저기 흩어져 있는 소산적 구조로 표현될 것이다. 그이유는 개개인의 상황 판단력, 경제적 조건, 그때그때의 감정적 상황등 온갖 변수가 작동해서 수요가 결정되기 때문이다. 그럼에도 우리는 그런 점들을 통계적으로 균질화시키고 평균화해서 단선화한다. 이런 종류의 근대적 모델링에서 개체는 단지 집단을 이루는 균질한 구성 요소일 뿐이다. 그런 점에서 개체의 차이는 소거된다. 단지 선형적연산의 소재로 필요할 뿐이다. 근대 사회는 바로 그런 연산에 의해 지배되어왔다. 만약 우리가 원리적으로 소산되어 있는 각각의 점을 일일이 고려할 수 있는 시스템을 갖게 된다면 어떻게 될까? 이는 근대적 합리성의 근간이라 할 계산 가능성과 실제적인 계산 능력 사이의변화를 생각하면 쉽게 이해할 수 있다. 예컨대 디지털 계산기가 나오기 전 런스포드 리처드슨이 자신의 수학적 모델에 따라 날씨를 예측할 방법을 찾아내기는 했지만 만약 24시간 후의 날씨를 예측하려면산술적으로 3개월 동안 쉬지 않고 계산해야 했다. 하지만 오늘날 슈퍼컴퓨터들은 초당 수천조 번의 계산을 할 능력을 지녔다. 다시 말해근대가 실질적인 계산 능력의 부재로 인해 생략하거나 무시했던 자료들을 이제는 계산할 수 있게 된 것이다. 이러한 변화가 의미하는 바는근대적 관점에서는 비합리적인 것들이 합리적으로 이해될 수 있다는것이다. 최근의 빅데이터 처리 기술은 과거의 시선에서는 그 의미를이해하는 일이 '사실상' 불가능했던 자료들에서 의미 있는 정보들을읽어내고 있다. 그런데 이러한 사정은 다소 역설적으로 보이는 결과

학문의 진화

를 낳는다. 포스트모던 문화와 디지털 문화는 근대적 합리성을 공동의 적으로 삼고 있다는 점에서 일견 같은 편처럼 보인다. 그러나 그런 동지의식은 일종의 착시다. 디지털 기술은 이전까지는 계산할 수 없었기 때문에 비합리적이라고 간주했던 것들을 다시 합리성의 영역으로 끌어들임으로써 모든 존재를 합리적으로 계산하고자 했던 근대의 야망을 한층 더 밀어붙이고 있는 듯 보인다는 것이다. 확실히 포스트모던 문화는 디지털 기술을 통해 더 광범위하게 확산될 수 있었다. 그러나 디지털 기술은 근대적 기획을 더욱 철저하게 추구할 수 있는 방법론적 혁신일 뿐이다. 이는 하나의 반전이다. 아울러 한동안 어깨를 나란히 하고 보조를 맞추던 포스트모던이 시류에 따라 역사의 뒤안길로 사라지게 되는 이유도 분명해진다. 마치 자본주의적 체제가 사회주의적 정책들을 도입함으로써 사실상 사회주의의 정체성을 무너뜨렸던 것처럼 말이다.

생태계의 유비:
입체적 합리성과 학문의 적응 압력

디지털 기술을 기반으로 하는 의사소통 시스템은 좌표 평면 위에 소산된 점들을 모두 연결시킴으로써 과거의 단순 곡선을 지워버리고 복잡한 망구조로 만들어버린다. 개개의 점은 그 고유성을 지닌 각각의 노드로, 따라서 새로운 경로를 만들어낼 수 있는 교차로로 기능한다. 이러한 시스템은 근대의 선형적 체계와 달리 고도의 복잡성과 창발성을 산출해낸다. 그 경우 창발성은 과거의 단순한 선형적 모델로는 설명되지 않는 새로운 현상들을 의미한다. 이는 각각의 노드로 작용하는 개체들이 새로운 경로들을 만들어내는 하이퍼텍스트 구조에 기인한다. 더욱이 각각의 노드가 고유의 권한을 가지므로 그 노드들이 어떤 매개변수에 민감성을 갖느냐에 따라 시스템이 보여줄 수 있는 다양한 연결이 결정되기 때문이다.

이러한 의미에서 디지털 사회 혹은 디지털 하이퍼텍스트가 대변하는 문화는 입체적 합리성을 요구한다고 할 수 있다. 입체적이라는 표현은 경로의 무한성을 의미한다. 우리가 오직 두 개의 직선만 가지고 있을 때 만들어낼 수 있는 공간은 2차원적, 즉 평면이다. 반면 여러 직선이 상이한 경로를 갖는 공간은 입체적 효과를 보인다. 이때 주목해야 할 것은 그것이 하나의 효과라는 점이다. 르네상스 시대에 원근법이 평면 위에 3차원을 묘사했던 것처럼, 디지털 기술이 증폭시킨 다양성의 효과는 훨씬 더 입체적이다. 수많은 직선이 모여 평면을 이루고, 수많은 평면이 쌓여 입체를 이루는 것과 같다. 이를 텍스트 개념과 연관시키면 다음과 같다. "인쇄 텍스트가 정적이라면, 하이퍼텍스트는 독자들의 접촉에 반응한다. 독자들은 다양한 독서 경로를 따라서 하이퍼텍스트 속을 움직일 수 있다."[10]

오늘날 디지털 공간에 구현되는 하이퍼텍스트는 단순히 문자만이 아니다. 그것은 영상일 수 있고, 소리일 수도 있다. 이런 점에서 과거 선형적으로 단순화하던 시대와는 다른 고도의 복잡성을 반영하는 것이 오늘날 디지털 문화에서 요구되는 합리성이라 할 수 있다. 이러한 합리성 개념의 변화는 우리가 학문에 대해 지닌 일반적인 관념의 변화를 수반한다. 무엇보다 지식 개념에 대한 생각이 바뀌기 때문이다. 앞서 리오타르가 예견했듯이 우리는 더 이상 거대 담론의 체계로서의 학문을 생각하지 않는다. 파편화되어 있는 정보들은 어느 곳이든 미끄러져 다닐 수 있으며, 새롭게 재구성된 것들 역시 지적 담론의 시장 안으로 들어올 수 있다. 게다가 더 중요한 점은 모든 것이 디지털로 번역된 상황에서, 또 과거와 같이 고정된 맥락 없는 비선형적 텍스트의 체계 안에서 학문 간의 혼종이 급격하게 이루어질 가능성이 높아졌다는 것이다. 라투르가 말한바 하이브리드hybrid의 세계가 되었다.

고도로 복잡해진 디지털 네트워크 사회는 자연적 생태계에 유비할 수 있다. 근대의 선형적 합리성이 생태계를 단선적으로 환원함으로써 많은 문제를 양산했듯이, 실제로 복잡한 우리 현실을 관찰의 편의를 위해 단순하게 환원하는 것은 오히려 문제가 되는 대상의 본질적 성격을 외면하게 만드는 일인지도 모른다. 자연적 생태계가 상호작용의 망으로서 국부 지역에서의 미시적인 변화가 체계 전체에 영향을 미칠 수 있듯이, 디지털 네트워크 사회에서도 시스템 구성 요소들인 개인들의 미시적인 변화가 사회적 트렌드에 영향을 미칠 수 있다. 다만 자연적 생태계와 디지털 생태계 사이의 차이는(사실은 이것이 매우 중요한 차이인 것처럼 보이는데), 자연적 생태계가 오랜 시간을 필요로 하는 데 반해 디지털 생태계는 매우 즉각적이라는 데 있다. 디지털 기술이 시간과 공간을 압축해버렸기 때문이다. 따라서 디지털 생태계는 시스템의 하부를 이루는 개별 에이전트agent, 즉 개인과 그런 개인들이 무리를 이루는 집단으로서 메타 에이전트들의 변화 양상이 거의 실시간적으로 반영될 가능성이 높다. 다시 말해 각각의 에이전트가 시스템의 노드로서 고유의 경로를 가지는 한, 그들의 행위 경향을 결정짓는 다양한 매개변수에 따라 시스템 자체의 유동성이 높아지고, 시스템의 균형을 맞추기 위한 피드백 역시 신속해진다. 그에 따라 시스템 자체가 민감해질 것이다.

이러한 유비에 따르면 디지털 시대의 학문에도 생태계적인 질서가 적용될 가능성이 높다. 빛의 속도를 가진 정보의 상호 작용에 의해 학문 역시 새롭게 진화할 가능성이 높아진 것이다. 새로운 유형의 탐구

학문의 진화

와 새로운 학문의 가능성 또한 높아진다. 다만 이때 주목해야 할 것은 비록 디지털 기술이 근대의 꿈을 더욱 거세게 밀어붙인다고 해도 그 대가로 근대적 합리성이 거부했던 모종의 불확실성을 끌어안아야 한다는 것이다. 이에 대해서는 이미 앙리 베르그송이 단순한 수학적 사례를 가지고 이야기한 바 있다.[11] 베르그송에 따르면 수학에서 적분이 상수 부분에 비결정적인 요소를 만들어내듯이 생명 현상을 물리화학적 요소로만 설명하는 것은 결코 온전한 설명이 될 수 없다.

주어진 다양한 현실을 하나의 함수적 관계로 분석해내는 방식은 확실히 근대적이다. 그런 방식으로 구성된 세계가 바로 근대가 추종한 '법칙의 세계'다. 어떤 법칙적/함수적 진술에 도달하기 위해 우리는 현실을 미분한다. 그리하여 단순한 구성 요소들과 그 구성 요소들의 함수적 관계가 드러난다. 이제 이런 관계를 토대로 현실을 재구성하기 위해 다시 적분할 경우, 우리는 상수의 자리에서 비결정성을 만날 수밖에 없다. 이러한 비결정성이 원리적인 것인지, 혹은 우리가 아직 발견하지 못한 또 다른 방법이 있는지는 아직 알 수 없다.

근대가 계산적 합리성을 추종했던 까닭은 강력한 라플라스적 세계관이 몹시 매력적이었기 때문이다. 만약 우리가 법칙을 발견하고 주어진 조건들을 성공적으로 연산해낼 수 있다면 미래 역시 성공적으로 예측할 수 있다는 라플라스적 세계관은 실질적인 계산 능력이 지수적으로 증가한 오늘날에조차 유효하지 않은 모델이다. 다만 우리가 확인할 수 있는 것은 그 비결정성이 학문 자체에, 더 근본적으로는 인간의 삶에 긍정적인 영향을 미칠지 아니면 부정적인 영향을 미칠지는 예측하기 어렵다는 것이다. 최소한 이러한 불확실성을 알고 있는 오

늘날의 우리는 과학의 미래에 대해서 근대 계몽주의자들처럼 낙관할
수만은 없다.

　근대의 선형적 합리성이 우리에게 무의미해 보이는 것들은 무시하
라고 권고했다면, 입체적 합리성은 아무리 사소해 보이는 것일지라도
그것이 어떤 가능한 시나리오를 만들어낼 수 있는지 상상해보라고 권
고한다. 이는 더욱 복잡해진 현실에서 우리가 사유해야 할 것이 훨씬
더 늘어남을 의미한다. 오늘날의 입체성은 근대적 선형성이 증폭된
효과이기 때문이다.

9장
—

디지털 사회에서의 지식과
학문의 본성

학문의 역할과
삶의 문제

___

새로운 변화가 가져올 불확실성에도 불구하고 문화와 학문의 새로운 가능성을 모색할 때 종종 표제어로 등장하는 '경계 넘어서기'에는 분명 낙관적이고 희망적인 기대가 담겨 있다. 줄리 클레인의 말처럼[1] "학제적 활동은 분과적 지식과 전문적 지식 그리고 지식 집단의 지형도를 바꿀 수 있는" 활력소 노릇을 하기 때문이다. 그러나 그것은 '문화적 제국주의'라는 정치적 개념의 인문학적 버전이 될 수도 있다. 시장 경쟁이 당연한 조건으로 되어 있는 상황에서 경계를 허문다는 것은 말 그대로 시장 경쟁력이 없는 분과들은 아예 사라질지도 모른다는 것을 의미하기 때문이다. 물론 누군가는 아주 거시적인 관점에서 시대의 변화에 따라 낡은 것은 사라지고, 새로운 것이 생겨나는 생태적 변화가 좋고 나쁨의 가치 평가로부터 떠나 있는 것이라고 생각할 수 있다. 마치 우리가 받아들여야 하는 숙명처럼 말이다. 하지만 '오래된 전통'을 지키려 하고 새로운 변화의 불확실성을 거부하려는 경계심은 정보화 사회가 모든 종류의 중심을 해체시키고 가상의 매트릭스 안에서 파편화된 개인들만 남겨둠으로써 '개인'을 정치적으로 무기력한 존재로 만들어버릴 것이라는 회의적 태도와도 무관하지 않다.

사물 간의 커뮤니케이션을 뜻하는 사물 인터넷Internet of Things이 회자되는 요즘 지식과 정보의 유통 환경 변화가 삶의 양식을 바꾸는 것은 분명해 보인다. 디지털 시대가 도래한 이래 우리 삶이 어떻게 변화하고 있는지를 확인해보려면 각자가 갖고 있는 스마트폰을 꺼보면 된다. 이러한 변화는 개인의 일상은 물론이고 그보다 규모가 더 큰 영역에서도 마찬가지다. 기업의 업무 환경을 비롯해 교육, 정치 등을 지난 몇십 년 전과 곰곰이 비교해보기만 하면 인간 삶의 거의 모든 영역에서 커다란 변화를 실감할 수 있다. 따라서 사람들이 자신의 삶과 세계를 바라보는 방식, 혹은 우리 삶의 패러다임이 변했다고 말해야 할 것이다.

로버트슨이 "만약 컴퓨터의 발명이 문명의 차원에서 진정한 변화를 뜻한다면 우리는 과학혁명에 동반되었던 변화, 즉 심층적이고 근본적인 철학적 혁신들과 우리가 관계 맺고 있는 우주에 대한 우리의 이해가 근본적으로 바뀌었던 변화에 버금가는 것을 기대할 수 있을 것이다"[2]라고 말한 것은 분명 과장이 아니다. 그가 이렇게 혁명적 변화를 말할 수 있는 까닭은 컴퓨터를 기반으로 하는 문화가 정보와 지식의 저장 및 전달에 있어 이전의 문화들과 비교할 수 없을 정도의 혁신을 가져왔기 때문이다. 이 혁신이 결과적으로 '혁명'이라 부를 만큼의 변화를 초래하리라는 것은 생물학적인 유비를 통해 짐작할

학문의 진화

수 있다.

생물학적 개체가 환경과 상호 작용을 하면서, 혹은 적응하면서 생겨난 변화들은 적절한 조건에 따라 다음 세대로 전달된다. 그것이 돌연변이에 의한 유전적 변화든, 혹은 군집생물체들이 획득한 '문화'를 다음 세대로 전달하는 방식이든, 일정 시간을 거쳐서 누적된 변화는 애초의 상태와는 매우 다른 특성을 보여줄 수 있다. 이때 변화를 표현하는, 혹은 전달하는 매개체는 바로 정보다.[3] 따라서 이렇게 변화를 초래하는 정보가 얼마나 빠르게, 그리고 어느 정도로 확산되느냐, 또 그렇게 확산된 정보가 새로운 환경 조건에서 어느 정도까지 다시 조정되느냐에 따라 변화의 폭과 깊이를 가늠할 수 있게 된다. 지구 역사에서 생명체의 진화가 그렇듯이 생물학적 변이는 생명체의 생존 기간과 세대 간의 누적된 상호 작용을 필요로 하기 때문에 상대적으로 오랜 시간을 필요로 한다. 하지만 디지털 기술을 기반으로 하는 정보처리 환경, 이른바 디지털 생태계에서는 사정이 다르다. 무엇보다 정보를 전달하고 그에 반응하는 속도가 광속에 가깝기 때문이다. 이는 생물학적인 시간과는 비교할 수 없다.

다시 말해 디지털 환경에서는 생물학적 환경과는 비교가 안 될 만큼 빠른 정보 교환이 일어난다. 물론 그 확산의 속도 또한 마찬가지다. 이는 한 개체가 주변 환경과 상호 작용하며 정보를 주고받는 데 걸리는 시간이 단축되었음을 의미한다. 그리고 그에 비례해서 더 많은 상호 작용이 생겨나며, 다시 그 결과로 변화의 가능성이 더 커짐을 뜻한다. 만약 많은 미래학자가 말하듯이 우리 문명의 변화 속도가 어떤 임계점을 넘어섰다면,[4] 앞으로 우리 삶에 어떤 변화가 일어날지는 더욱 예측하기 어렵다. 삶의 조건이 변한다는 것은 우리가 의미를 부여하는 모든 활동의 근본적인 토대인 생활세계가 변한다는 것을 의미한다. 그 경우 생활세계를 의미 토대로 삼고 있는 학문도 어떤 방식으로든 변화를 겪지 않을 수 없다. 삶의 세계와 학문의 변화는 어느 한쪽이 일방적으로 영향을 미치는 관계가 아니다. 오히려 그 둘은 대칭적으로, 서로 간에 변화 방향과 속도에 영향을 미치고 증폭시키는 관계다.

근대라는 시대적 공간은 둘 사이의 관계를 분명하게 드러낸다. 홉스봄의 분석이 보여주었듯 근대는 말 그대로 혁명의 시대였다. 정치적인 혁명의 시기이자 동시에 경제적인 혁명기이기도 했다. 삶의 영역에서 일어난 변화는 학문 영역을 독립시키는 기폭제가 되었다. 경제학과 정치학, 그리고 사회학은 철학으로부터 독립해서 새롭게 성장했고, 그렇게 독자적인 힘을 얻은 학문은 다시금 사회 변화를 추동해 갈 지적 자원을 제공했다. 예컨대 화이트헤드는 19세기를 평가하면서, 산업계에서 일어난 문제 해결 전략이 어떻게 학문의 영역 속으로 침투해 들어갔는지를 설명한다. 문제가 발생했을 때, 그 문제를 풀 가능한 해법을 모색하고 시행한 뒤 그 결과를 다시금 체계에 반영하는 모델이 산업 영역만이 아니라 학문의 탐구 영역에도 침투했다는 것이다. 사실 이러한 상황은 오늘날 대학에서도 전혀 낯설지 않다. 오늘날 대학에서 연구자들을 고무하는 것은 진리에 대한 열정보다는 성과에 따른 보상적 대우다. 생산성을 높이기 위한 산업계의 전략이 대학에 이식되었기 때문이다. 물론 그 반대 방향에서, 즉 학문의 발전이 우리 삶에 영향을 미친 경우는 구태여 설명할 필요가 없을 것이다. 그 단적인 상징이 바로 노벨상이다.

생활세계와 학문이 이렇게 서로 영향을 주고받는다면, 학문의 진화라는 관점에서 생활세계의 변화는 우리가 생태계에서 보는 것과 같은 적응 압력이라고 할 수 있다. 물론 학문과 생활세계의 관계를 진화의 관점에서 말하는 것은 자못 위험한 발상일 수 있다. 학문을 생물학적 도식에서 설명하는 시도로 보일 수 있기 때문이다. 그러나 '진화'라는 개념이 오직 생물학적 개념이기만 한 것은 아니다. 진화는 어떤 시스템이 변화하고 거동하는 방식을 설명하는 일반적인 개념이기도 하다.

전통 학문의
위기와 대응

———

확실히 오늘날의 학문 지형도는 서서히 바뀌고 있다. 뇌과학과 같은 새로운 학문 분야들이 급격하게 성장하는 반면 전통적인 학문 영역들은 위축되고 있다. 그래서 '융합'이나 '통섭' 같은 유행어들은 패러다임의 변화를 상징하는 인덱스로 쓰이고 있다. 이러한 변화를 촉발시키는 기술적 수단은 바로 디지털이다. 마치 천체망원경이 등장함으로써 하늘을 회전하는 천구에 대한 신화가 사라지고, 현미경이 만들어지면서 새로운 세계가 모습을 드러냈듯이, 근본적인 수준에서 일어나는 기술적 수단의 발견은 새로운 사유 방식을 동반하기 때문이다.

반면 이러한 변화에서 위축되어가는 전통 학문 영역 중 하나는 바로 인문학이다. 비록 최근 들어 대중적 지식 시장에서 인문학에 대한 요구가 커지고 있다 하더라도 그것이 하나의 학문으로서 전통적인 인문학에 대한 요구는 아니다. 인문학은 이미 일종의 문화상품으로 여

겨지기 시작했다. 각박한 삶에 대한 위안으로, 혹은 교양을 갖춘 사람
이라는 상징으로 소비되는 인문학은 이 세계에 관해 진리를 말해주
는 학문이라기보다는 오히려 삶의 문제에 해답의 실마리를 찾게 도와
주는 '지혜'의 창고처럼 여겨지기도 한다. 더욱이 최근에는 상품 디자
인이나 상품에 스토리텔링을 입히기 위해 인문학이 동원되기도 한다.
인간의 문화적 행태를 잘 이해하는 것이 더 좋은 상품을 개발할 수 있
는 중요한 요소가 된다고 여겨지기 때문이다. 물론 사회에 대한 비판
적 시선이나 기술 문명에 대한 반성적 성찰은 여전히 인문학의 중요
한 업무이기는 하다. 하지만 활력을 잃은 지 오래다. 무엇보다 인문학
을 전공하려는 학문 후속 세대를 보충하기가 쉽지 않다. 이는 '직업
수단으로서의 인문학'의 가능성이 매우 제한되어 있기 때문이다. 인
문학을 전공하고 어떤 직업을 가질 수 있는지에 대한 전망이 잘 보이
지 않는다는 것이 오늘날 인문학 위기의 현실이다. 그래서 '좀더 행복
한 삶을 위한 인문학'이라는 가치는 이미 사회적 생존 수단을 갖춘 사
람들의 이야기로만 여겨진다.

이렇게 기존의 방식으로는 변화의 파고를 넘을 수 없다는 반성이
인문학의 새로운 패러다임을 연상케 하는 표현들을 등장시킨다. 고전
읽기에 치중하는 이해의 인문학이 아니라 창작과 글쓰기에 초점을 맞
춘 '표현 인문학'이나 디지털 미디어와 인문학의 관계를 새로운 시선
에서 보려고 하는 '매체 인문학', 인문학의 실천적 성격을 강조함으로
써 인문학의 사회적 역할을 강조한 '실천 인문학', 혹은 포스트모던적
문화운동의 연장선상에서 인문학적 담론의 새로운 모형을 모색하는
'로컬리티 인문학' 등과 같은 표현이 그것이다. 이렇게 다양한 모색은

변화된 환경에서 가해지는 적응 압력에 대한 반응들이다.

물론 오늘날 인문학에 대해 가장 광범위한 변화 압력을 가하고 있는 것은 디지털 문명이다. 조만간 우리는 '종이책'이라는 미디어를 사실상 필요로 하지 않을 수 있으며, 지식을 배우기 위해 교실과 선생님이라는 '낡은' 인프라를 필요로 하지 않을 수도 있다. 사실 우리는 이미 변화의 경계를 사뭇 넘어서 있다. 그 때문에 디지털 시대의 인문학이라는 주제는 더 이상 급격한 변화를 눈앞에 둔 긴장감 넘치는 주제가 아니라 철 지난 패션처럼 여겨지기도 한다. 그러나 그 반대로 생각해보면, 변화의 경계를 넘어서야 비로소 그 변화의 실체가 무엇인지를 제대로 가늠해볼 수 있기도 하다. 이런 이유에서 디지털의 생소함이 다소 사라진 지금 인문학의 미래를 묻는 물음은 조금 더 깊은 차원에서 접근하는 것을 가능케 한다.

인문학의 미래를 묻는 것은 인문학의 가능성에 관한 질문이며, 이는 다시 인문학의 한계를 묻는 것이기도 하다. 이런 물음들의 의미는 일종의 사고실험, 즉 극단적인 상황을 가정할 때 분명하게 드러난다. 이제 모든 것이 디지털로 번역될 수 있다고 가정해보자. 모든 것이 디지털화되는, 말하자면 '총체적 디지털화total digitalization'는 분명 그 가능성 자체가 하나의 문제다. 그러나 이러한 극단적 가능성을 전제로 할 경우 인문학의 미래를 가늠하는 것은 오히려 더 분명해질 수 있다.

꽤나 과장된 표현이기는 하지만 MIT 미디어랩의 설립자이기도 한 네그로폰테는 한 강연에서 "비트를 잡기도 하고, 입기도 하고, 먹기도 하는 시대"가 도래했음을 선언했다.[5] 정보 단위인 비트와 물질 단위인 아톰이 하나로 융합되는 시대를 선언하는 네그로폰테는 디지털 존재

학문의 진화

론의 한 극단을 보여준다. 정확히 말하자면 디지털 미디어를 통한 재현representation의 존재론이다. 말 그대로 모든 것이 비트로 재현될 수 있다는 것이다. 인문학의 미래와 관련해서 주목해야 할 것은 그런 주장의 현실적인 타당성이 아니다. 그것은 그저 일종의 수사적 표현일 수 있기 때문이다. 눈여겨볼 점은 오히려 네그로폰테의 주장에 담긴 인류의 오래된 꿈이다. 보편 언어가 바로 그것이다.

바벨탑의 저주라는 오래된 전설이 말해주듯 서로 다른 언어는 정확한 정보 교류를 방해하는 가장 커다란 장벽이다. 한 개인이 알고 있는, 혹은 그가 체험하고 겪는 모든 것을 다른 누군가에게 전달하고자 할 때 상이한 언어는 의사소통의 가능성을 제약한다. 물론 이러한 장벽이 장애이기만 한 것은 아니다. 그 장벽이 다른 한편으로는 '차이'와 '다양성'을 낳기 때문이다. 생물학적 관점에서 다양성이 중요하듯이 '차이'에 기초한 문화적 다양성 역시 소홀히 평가할 수 없다. 그럼에도 어쨌든 서로 다른 언어로 인해 제약된 의사소통은 언제나 극복해야 할 불편으로 여겨졌으며, 하나의 시장을 꿈꾸는 오늘날의 자본주의 체제에서는 더 말할 것도 없다. 또한 '보편 언어'는 일상적 의사소통의 문제만이 아니라 학문적 의사소통 문제에서도 극복해야 할 과제이자 꿈이었다.

인간 지성의 무한한 힘을 신봉했던 계몽주의 시대는 이런 꿈이 성숙하기 좋은 토양을 제공했다. 특히나 인간 지성의 힘을 확인시켜준 근대 과학혁명이 '수학mathematics'이라는 보편 언어를 통해 가능했다는 점은 그러한 문제 상황에 좋은 가이드였다. 예컨대 라이프니츠의 '보편 언어characteristica universalis'나 그가 그런 생각을 하도록 자극한 요한 아모스 코메니우스의 보편 언어lingua universalis의 이념은 그러한 시대적 상황을 단적으로 보여준다.[6] 라이프니츠의 기획은 수학이라는 모범을 따라 수와 다른 기호를 통해 수학의 한계를 넘어 인간 사유의 보편 언어를 구상하는 것이었다.

이러한 라이프니츠의 구상은 그 자신이 발견한 이진법의 힘을 빌려 오늘날 디지털 언어로 가시화되고 있는 듯 보인다. 0과 1이라는 디지털 기호는 이제 거의 모든 자연어를 번역하는 보편적인 기계어 구실을 하고 있다. 따라서 외면적으로는 자연어로 수행되는 모든 정보와 지식의 교류가 사실은 이진수로 번역되어 전달되는 매개 과정을 거친다고 해야 할 것이다. 간단히 말해 0과 1이라는 이진수 체제는 지구상의 모든 언어의 자모 혹은 알파벳이라고 할 수 있다. 물론 수많은 반환원주의 논변이 그렇듯이 그러한 구문론적 번역이 자연 언어의 의미를 번역한 것이라고 말할 수는 없다. 이러한 사정은 하나의 테제를 구성할 수 있다. 즉 이진수 체계만으로는 우리 삶에서 발생하는 모든 의미 구성물을 다 재현해낼 수 없다는 것이다. 그러나 전 세계적인 프로젝트로 추진되고 있는 자동 통번역은 초창기의 부정적 전망을 비웃듯 계속해서 성장하고 있다. 근대 이후 기술과학의 힘은 우리가 생각하는 한계를 넘어서기 위해, 아니 마치 그런 한계 극복이 취미인 양 돌진하고 있다. 더욱이 그것이 엄청난 시장을 열어주고 새로운 상품의 가능성을 보여주기만 하는 것으로도 과학기술 인력에게는 충분한 동기 부여가 된다. 다시 말해 구문론적 번역이 의미론적 번역을 대체하지 못한다는 반환원주의적 태도만으로 논의가 종료되지는 않는다. 사정은 훨씬 더 복잡하기 때문이다.

학문의 진화

예를 들어 생명체에서 관찰되는 다양한 차이를 생각해보자. 그 차이의 뿌리는 이중적이다. 하나는 유전자의 배열이라는 구문론적 차이이고, 다른 하나는 한 개체가 접하고 있는 생물학적 환경의 차이다. 만약 어떤 이유로든 환경의 차이가 소거될 수 있다면, 남는 것은 구문론적 차이뿐이다. 인간 삶의 문제에서도 마찬가지다. 언어적 다양성을 포함하는 문화의 다양성의 뿌리 역시 비슷한 맥락에서 말할 수 있기 때문이다. 더욱이 만약 디지털 문명이 우리의 주변 환경을 동일한 것으로, 즉 표준화할 수 있다면 차이와 다양성의 문제는 새로운 국면으로 접어들 것이다.

오늘날 많은 지역 언어가 사멸해가고 있다. 또한 시장 산업사회의 기술적 표준들은 일상적인 삶의 환경들을 표준화하고 있으며 고도로 네트워크화된 디지털 미디어들은 서로 격리되어 있던 문화적 공간의 경계들마저 허물고 있다. 이러한 변화는 지속적이고도 강력하다. 간단히 말해 디지털 문명은 우리가 모든 의미를 길어내는 토대인 환경을 규격화해가고 있다. 따라서 우리가 차이를 체험할 수 있는 의미 구성물들은 차츰 소거되거나 번역 가능한 것으로 치환되고 있다. 이를 거꾸로 말하면 디지털 언어를 통해 재현될 수 없는 것들은 우리의 의사소통 목록에서 제거되고 있다. 마치 한 생명체가 주변 환경에 적응하지 못하고 사라지듯이 말이다.

이는 한편으로 자연스러운 것이기도 하다. '한恨'이라는 한국어를 다른 언어로 번역하는 것은 거의 불가능해 보인다. 또 우리가 일상적으로 국물 맛에 대한 느낌을 표현하기 위해 사용하는 '시원하다'라는 단어도 적절하게 번역할 외국어는 없어 보인다. 이는 한 언어가 다른 언어로 완전하게 번역될 수 있다는 믿음이 근거 없음을 보여주는 증거다. 그러나 이러한 번역 불가능성은 한 언어와 다른 언어 사이에서만 일어나는 일이 아니라 동일한 언어를 사용할 때도 일어난다. 살아온 문화적 환경의 차이는 세대 간의 언어 사용에도 차이를 불러오기 때문이다. 번역 불가능성 논제는 시간적 변화로부터 자유로운 의미 동일성을 전제로 할 때 작동한다. 그러나 한 단어의 의미가 끊임없이 변해간다는 것을 받아들인다면 번역 불가능성 논제가 겨냥하는 표적은 사실상 허수아비로 변하고 만다. 따라서 0과 1이라는 기계어의 자연어 번역을 통해서는 우리 삶에서 발생하는 모든 의미를 디지털 언어로 환원할 수 없다는 주장이 설득력 있다 해도 그것이 결정적인 문제를 낳지는 않는다. 오히려 사정은 거꾸로다. 디지털 언어로 재현되지 않는 것들이 우리의 의미 구성물의 목록에서 사라져갈 가능성이 높다.

만약 우리가 우리 삶이 0과 1이라는 기계어로 재구성되는 것에 대한 두려움을 제거할 수 있다면, 우리는 디지털 언어가 가지고 있는 새로운 가능성을 볼 수 있다. 그것은 디지털 언어의 놀라운 가소성plasticity이다. 그리고 이 가소성은 마치 기하학에서 점의 역할처럼 아무런 의미 단위도 갖지 않는 기호들(즉 0과 1)의 단순한 조작적 연산 덕분이다. 한국어를 영어로 번역하는 것과 한국어를 0과 1로 번역하는 것에는 근본적인 차이가 있다. 한 자연어를 다른 자연어로 번역하는 것은 번역되는 언어의 고유한 의미 체계 전체와 번역하는 언어의 고유한 의미 체계 전체가 충돌하는 것이지만, 그런 자연 언어를 디지털 언어로 번역하는 것은 그와 같은 의미 체계의 충돌을 가져오지 않는

학문의 진화

다. 디지털 언어는 자연어의 의미 체계와 같은 수준의 의미 체계를 갖지 않기 때문이다. 그 때문에 오히려 디지털 언어는 구문론적 관점에서 자연어보다 더 근본적인 언어이며, 바로 그런 의미에서 번역이 가능하다.

디지털 언어의 가소성은 재현 가능성을 극도로 확장시킨다. 단순히 문자나 음성 언어만이 아니라 우리의 감각적 경험도 디지털 언어로 재현 가능하기 때문이다. 실제로 0과 1이라는 이진수가 디지털 언어가 된 것은, 그리고 그러한 언어의 조작이 광속에 가까운 인프라를 갖게 된 것은 0과 1이 +와 −의 전기적 신호로 번역될 수 있기 때문이다. 라이프니츠가 기획한 구상이 19세기 중반 조지 불의 논리 연산을 거쳐 1930년대 후반 클로드 섀넌의 전기회로 모델로 구현됨으로써 디지털 언어는 가장 빠른 속도로 의미 구성물들을 재현해낼 수 있는 기술적 토대를 마련했다.

우리의 감각 경험을 매개로 하는 모든 것이 디지털로 재현될 수 있다는 '총체적 디지털화'의 가능성은 실재와 가상이라는 우리의 오랜 관념을 흔들어놓는다. 비록 새로운 기술적 진보가 인간에게 새로운 가능성을 열어줄 수 있다[7] 해도, 적어도 전통적인 학문들에 대해서는 매우 혼란스럽거나, 때로는 치명적인 영향을 미칠 수도 있다. 실재와 가상 사이의 혼종은 전통적이고 상식적인 '진리' 개념을 흔들어놓기 때문이다.

"있는 것을 있다 하고, 없는 것을 없다 한다"라는 아리스토텔레스의 오래된 진리 개념은 우리의 자연스럽고 상식적인 진리 개념과 맞아떨어진다. 예를 들어 어떤 사실을 보고하는 하나의 문장이 참인지

거짓인지를 가리는 가장 확실한 방법은 실제 그 사실을 확인해보는 것이다. 그 사실이 문제의 문장이 진술한 대로라면 그 문장은 참이고, 그렇지 않다면 거짓이다. 실재와 가상이라는 이분법은 이런 점에서 참과 거짓의 이분법에 대응한다. 그런데 실재와 가상의 경계가 허물어진다는 것은 그런 전통적인 이분법의 경계 역시 허물어짐을 함축한다. 그에 따라 자연히 우리의 진리 개념도 흔들린다. 진리의 준거점이 불명해졌기 때문이다. 이러한 상황 자체만 보면 디지털 기술에 의해 재현되는 '세계'가 흔히 통용되는 개념인 '가상현실virtual reality'이 그렇듯이 우리의 '건강한' 진리 개념을 교란하고, 따라서 매우 부정적인 영향을 미치는 듯 보인다. 그러나 여기에는 좀더 세밀하게 살펴봐야 할 문제들이 복잡하게 얽혀 있다. 예컨대 디지털 기술의 새로운 가능성들이 인문학에 변화 압력을 가한 것과 마찬가지로 그런 압력은 근본적으로 우리의 인간 이해 자체에 영향을 미치기 때문이다. 그리고 이는 인문학과 과학 사이의 19세기적 갈등을 새로운 형태로 되살리는 것이기도 하다.

새로운 요구:
융합 혹은 경계 넘어서기

___

인문학과 과학 사이의 간격을 좁히려는 시도는 꽤 오랜 역사를 갖고 있다. 비록 그것이 어느 한쪽의 일방적인 구애든, 혹은 다소 폭력적인 방식으로 상대방의 무기력을 공략했든 간에, 19세기 이래로 둘 사이에 벌어진 간극의 정체를 밝히거나 좁히려는 시도는 계속되었다. 다만 이런 일이 성과를 거두지 못했던 까닭은 서로가 상대방에 대한 필요를 느끼지 못했거나, 혹은 언어의 차이로 인한 소통 부재 때문이었다. 그런 점에 비춰보면 최근 회자되는 '융합'이나 '경계 넘어서기' 등의 선언적 표현은 단순히 과거의 아쉬움을 극복하자는 것만이 아니라 사태를 새로운 국면으로 이끌고 있다고 봐야 할 것이다.

돌이켜보면 과학혁명 이래로 자연과학은 성공 가도를 달려왔다. 과학적 지식의 성장을 부인하는 일은 바보 같아 보였고, 새로 생겨난 많은 분과, 사회과학은 물론이고 전통적인 인문학 분야에서도 어떻게

든 과학적 방법론을 채택하고자 했다. 철학과 같은 전통 인문학에서 할 수 있는 일은 자연과학적 탐구 역시 부족한 점이 있다는 것을 논증해내거나 아니면 더욱 움츠러들어서 과학적 지식의 성장이 인간 삶을 정말로 행복하게 해주느냐고 비아냥거리듯 되묻는 것이었다. 물론 그런 되물음이 무의미하다는 것은 결코 아니다. 다만 그런 불만 섞인 되물음, 혹은 준엄한 꾸짖음은 학문의 표준이 이미 바뀌었음을 인정한다는 제스처일 뿐이다.

1911년에 독일에서 출간된 잡지인 『로고스Logos』의 첫머리를 장식한 글은 후설의 「엄밀한 학으로서의 철학」이었다. 후설은 이 글에서 당대의 철학이 처한 시대적 상황을 진단하면서, 자연과학이나 인문학 모두 불완전한 상태임을 분명히 한다.[8] 이러한 진단을 통해 후설이 말하려던 바는 철학의 이념적 꿈인 엄밀한 학문이라는 이상을 포기하지 말자는 것이었지만, 역설적으로 이는 우리가 처한 학문의 현실을 말해주는 것이기도 하다. 즉 학문은 불완전한 시스템이다. 학문의 역사는 새로운 지식을 탐색해나가는 과정이기도 하지만 그것은 동시에 오류 수정의 역사이기도 하다. 그리고 학문이 그저 정적이고 완결된 체계가 아니라 끊임없이 움직이는 역동적인 체계라는 사실을 보여준다.

세계가 하나라면, 그에 대응하는 하나의 학문이 적어도 원리적으로는 가능하리라는 생각은 그리 터무니없어 보이지 않는다. 그것은 오히려 학문 역사가 시작된 이래 품어왔던 오랜 꿈 같은 것이다. 따라서 존재 영역에 따라 고유한 학문들이 존재한다는 것과는 별개로 그 모든 학문 사이의 내적 상관관계와 위계적 관계를 해명해주는 통합적인 이론 체계를 상상해볼 수 있다. 이러한 상상은 서로 다른 학문 영역 간에 협력 작업이 가능해지면서 더 힘을 얻는다. 우선 과학기술의 영역부터 생각해보자. 물리적 대상들을 다루는 과학기술 영역에서 경계를 넘어서는 일은 오래전부터 가능한 일이었고, 최근 들어서는 NBIC 융합과 같이 새로운 기술적 발전을 토대로 공동의 연구 플랫폼을 만들어가고 있다. 이러한 변화는 디지털 기술의 발전에 힘입은 바가 크다. 디지털 기술의 가장 강력한 힘은 그 재현 양식의 탁월함을 토대로 서로 상관없어 보이는 영역 간의 협력 연구를 가능케 한다는 점이다. 가령 미래에나 가능할 일이겠지만 나노 수준의 미세 로봇이 인체 안을 돌아다니며 그 안에서 일어나는 일의 정보를 바깥의 연구자에게 제공하는 경우를 생각해보자. 여기에는 물리학과 생물학, 정보통신공학, 의학 등 다양한 영역의 지식과 기술이 집약되어 있다. 이렇게 서로 다른 영역의 지식이 하나의 틀 안에서 동시에 다뤄질 수 있는 것은 무엇보다 디지털 기술 덕분이다. 오늘날 디지털 기술의 발전은 학자들의 연구 정보들을 디지털 텍스트로 일원화함으로써 누구든, 또 언제든 사용 가능한 상태로 바꿔가고 있다. 이런 변화된 환경이 상이한 학문 영역 간의 의사소통을 가능케 하고, 더 나아가 그런 융합이나 경계 넘어서기를 고무한다.

경계 넘어서기의 또 다른 측면은 자연과학과 인문학 사이의 협력의 필요성이 실제로 증대되었기 때문이다. 이러한 현실적 요구는 인간을 둘러싼 세계의 복잡성이 빠르게 증가한 데서 비롯되었다. 과학적 지식의 증가와 첨단 기술의 발전은 비단 우리의 생활세계만을 변화시키는 것이 아니라 자연마저도 변화시키고 있다. 지구 온난화 문제나 전 지구적 생태 위기, 생명공학적 지식과 기술의 발전이 가져온 윤리적 문제들이 그렇다. 18세기 이후 산업화가 초래한 부산물들의 영향력은 날이 갈수록 커지고 있다. 이미 한스 요나스가 지적한 것처럼 기술은 인간 행위의 본질을 변화시키고 있고, 더 이상은 그러한 인간 행위에 대해 윤리적 책임을 외면하거나 방기할 수 없는 상황에까지 이르렀다.[9]

물론 인문학과 자연과학 간의 경계 넘어서기는 그저 윤리적인 정향만을 필요로 하기 때문에 이뤄지는 것이 아니다. 좀더 근본적으로는 증강현실이나 가상현실과 같이 첨단 기술이 펼쳐낸 새로운 세계가 존재론적이고 형이상학적 문제들을 낳음으로써 많은 인문학자를 유혹하고 있고, 생명체의 정체성에 관한 문제 등은 자연스럽게 자연과학과 인문학적 문제의식을 결합시키고 있다. 그런 의미에서 융·복합이나 경계 넘어서기라고 불리는 현상은 단순히 하나의 유행이라기보다는 이제까지의 학문이 다뤄보지 않았던 새로운 문제들이 등장하고 있음을 알리는 신호탄이다. 이를 학문 탐구의 주체이자 동시에 인문학과 자연과학 사이의 경계선에 서 있는 탐구의 대상이기도 한 인간의 문제를 실마리로 삼아 좀더 살펴보자.

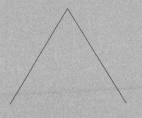

10장

—

인간의 위기와
과학의 위기

0 1

인간 과학의 등장과
과학의 위기

19세기에 철학과 과학 사이의 가장 격렬한 영역 쟁탈전은 심리학 분야에서 시작되었다. 그것은 이중적인 의미에서 중요한 싸움이었다. 인간은 문화적인 의미에서나 혹은 종교적인 의미에서 오랜 세월 신성한 대상이었다. 그 신성함은 대개 터부로 표현되곤 했는데, 가령 인간의 신체를 해부할 수 있게 된 역사는 그리 오래되지 않았다. 인간의 의식과 정신에 관한 문제는 더더욱 조심스러운 대상이었다. 정신적 질환은 수천 년 동안 마귀 아니면 그 어떤 신비한 힘에 의한 징벌로 여겨졌다. 그것이 사실은 우리 몸에 질병이 생기는 것과 마찬가지로 일종의 질병임이 밝혀진 것은 채 150여 년밖에 안 된다.

그 어떤 이유에서든 신성한 혹은 신비한 대상으로 여겨지던 인간 정신이 객관적이고 과학적인 탐구의 대상이 될 수 있다는 것은 많은 심리학자를 매료시켰다. 그것은 이미 과학적 방법이 학적 탐구의 새로운 전형이 된 이유이기도 했다. 19세기 중반 독일의 분트는 인간 정신을 실험실로 가져옴으로써 이른바 '심리학'이 더 이상 철학적 분과가 아니라 자연과학적 분과로 편입될 수 있다는 것을 보여주었다. 그런데 이때 '정신'은 구체적으로 무엇을 가리키는가? 헤겔의 '절대 정신' 같은 것인가? 인간의 보편적 이성이, 혹은 절대 정신이 심리학자의 실험실 안에서 조사될 수 있을까? 그것은 일종의 스캔들이었다. 결과적으로 보면 근대 철학은 이성을 실체화하는 길을 걸어왔다. 따라서 실험심리학의 발전은 철학의 입장에서 보면 가장 중요한, 그래서 어느 정도는 신성성을 부여할 수도 있었던 인간의 이성을 다른 동물들의 지능과 비슷한 어떤 것으로 간주하도록 만들었다. 그것은 곧 인간의 이성을 완전히 세속화시키는 결과를 낳았다.

19세기 후반에 들어서자 생물학과 인류학의 발전은 인간의 원초적인 상태를 추정하기 시작했다. 유인원의 뇌 용적을 비교했고, 인간 종의 발생사를 추적해 들어갔다. 그것은 인간이 우리가 생각하듯 신성한 존재는 아니라는 사실을 확인하는 작업이었다. 인간은 자연의 일부일 뿐이었다. 인간의 신성성은 과학적 진리가 아니라 사회적이고 정치적인 이유로 요구되는 가치일 따름이었다. 그것은 마치 세상이 온통 타락해도 맑은 영혼의 소유자가 존재해야 한다는 요구에 다름 아니었다. 사실은 인간도 자연세계를 구성하는 여러 구성원 중 하나였다. 인간의 신성성이 사라지면 지적 능력을 갖춘, 그러나 인간은 아닌 존재, 예컨대 정보를 주고받고 추리할 능력을 갖춘 로봇이 자신은 이성적 존재라고 주장할 경우 우리는 뭐라고 대답할 수 있을까? 비슷한 질문이 유인원과 우리를 구별하는 데도 적용된다. 과학적 탐구를 통해 드러난 지식은 오히려 인간의 정체성을 혼란스럽게 만들었다.

오랫동안 철학자들이 자연스럽게 생각했던 세계는 존재의 층위를 갖고 있었다. 물질과 생명성은 다르기 때문에 생명 없는 물질과 식물이 다르고, 영혼이 없는 것과 영혼이 있는 것은 다르기 때문에 식물과 동물이 구분되었으며, 그저 영혼만 있는 것과 이성이 있는 것은 다르기 때문에 동물과 인간은 자연스럽게 구분되었다. 그런데 이성이 그 어떤 실체적 존재가 아니라 기능에 불과하다는 관념은 그런 위계질서를 다시 생각하도록 요구했다. 이제 인간 자신이 과학적 탐구의 대상이 됨으로써 이 세계에 존재하는 모든 대상 영역이 과학적 탐구의 대상이 된다. 역설적이기는 하지만 인간 이성의 성장이 자기 자신의 신성성을 제거한 것이다.

비록 인간 고유의 신성성을 잃어버리기는 했지만 그 대가로 과학은 이제 새로운 희망을 제시할 수 있게 되었다. 그것은 이 세계 전체를 설명하는 과학적 이론 체계다. 원리적으로 생각해보면 이렇다. 만약 이 세계가 근본적으로 하나라면, 이 세계를 설명하는 지식 체계도 하나일 수 있다고 생각하는 것은 자연스럽다. 근대 형이상학이 시도한 꿈을 이번에는 과학이 시도할 수 있게 된 것이다. 근대 형이상학적 관념론이 모든 것을 이성으로 설명하고자 했다면, 자연과학은 모든 것을 물리적 원리로 설명하고자 시도한다. 인간의 정신이 담긴 뇌역시 물질적 대상이고, 궁극적으로는 아주 작은 물리적 원소들로 환원될 것이 아닌가? 오늘날 새롭게 촉망받는 학문으로 등장하고 있는 '뇌과학Brain Science'은 인간 정신을 물리적 언어로 번역하는 일에 있어 한발 더 다가선 증거로 여겨지기 시작했다. 물론 현장의 뇌과학자들 중 대다수가 뇌과학이 궁극적으로 인간을 해명하리라고는 믿지 않는다. 그런 믿음은 오히려 철학자나 형이상학적 성향을 가진 일부 과학자의 과장이기 쉽다. 그런 일이 실제로 가능한가 그렇지 않은가는 탐구가 진행되면서 결정될 일이기 때문이다.

뉴턴이 천계에서 움직이는 별들을 자연법칙 아래 묶어두었듯이, 인간의 정신도 자연법칙 아래 묶어두지 못할 이유가 무엇인가? 모든 것을 가장 근본적인 것으로 환원하려는 환원주의적 시도는 '통합과학'이라는 이름으로 등장했다. 빈학파를 비롯한 논리실증주의자들을 매료시킨 이 꿈은 러셀과 비트겐슈타인을 통해 철학적으로도 강한 추동력을 얻었다. 사실상 실제 대상이 아닌 것들이 언어적 혼란 때문에 대상으로 간주되는 위험을 언어적-환원적 분석을 통해 제거할 수 있게 되었다고 믿었기 때문이다. 20세기 중반 행동주의 심리학도 그 대표적인 예일 수 있다. 인간의 마음은 관찰되지 않는다. 대신 인간의 행동은 관찰된다. 따라서 인간의 마음에 관한 언어를 모두 행동에 관한 언어로 번역함으로써 마음을 제거해버리는 것이다. 마치 '힘'이라는 형이상학적 개념이 질량과 가속도의 곱($F = ma$)으로 말해질 수 있는 것처럼 말이다. 궁극적으로는 가장 토대가 되는 과학에 의지해서 하나의 거대한 이론 체계로 이 세계를 설명하는 꿈, 이런 환원주의적인 제일의 학문은 진화생물학자인 윌슨이 '이오니아의 마법'이라는 말에 비유했듯이 학문의 역사가 시작된 이래 인간 지성이 포기하기 어려운 매력적인 꿈이다. 그래서 지난 세기의 격렬한 논쟁을 통해 환원주의가 견지하기 어려운 이론적 입장임이 거의 입증된 듯 보였음에도 우리는 여전히 그 꿈을 포기하지 않고 있다. 윌슨의 통섭 프로젝트는

　　　　　　　　　　　　　　　학문의 진화

바로 이런 경향에 서 있는 하나의 선언이다.

윌슨이 다시금 천명한 통합적 과학의 이념은 그러나 예기치 않은 곳에서 복병을 만날 가능성이 있다. 바로 인간의 문제다. 인간을 과학적으로 해명하는 일은 우주의 신비를 푸는 것만큼이나 어려운 문제다. 하지만 과학의 힘은 불가능해 보이는 도전을 멈추지 않는 데 있다. 따라서 아무리 어려운 장벽이라 해도 결국은 극복해내리라 희망할 수 있다. 이에 윌슨은 생물학을 통섭의 거점으로 삼아 유전자로부터 문화, 윤리와 종교에 이르는 커다란 통합 과학을 꿈꾼다. 더욱이 윌슨은 건전한 생물학자로서 생태계의 위기를 걱정하며 인간 스스로 자신의 운명과 지구 생태계의 운명을 결정할 수 있으리라 전망한다.

> 계몽사상의 유산은 우리가 우리 자신의 힘으로 알 수 있고, 앎으로써 이해할 수 있으며, 이해함으로써 현명한 선택을 할 수 있다는 믿음이다. (…) 다른 생명과 마찬가지로 호모 사피엔스는 스스로 길을 개척해왔다. 그래서 지금 우리는 이곳에 있다. (…) 우리의 미래는 순전히 우리에게 달려 있다. 이제 우리는 인간의 자율성을 인정해야 한다. 그리고 우리가 가고 싶은 곳을 밝혀야 한다. 이러한 시도에 대해 환원주의적 분석으로 다루기에는 너무 복잡한 과정이라고 말하는 것은 온당하지 않다. 그것은 일종의 비종교적 지식인의 항복이며 게으른 모더니스트의 '신의 뜻'이다.[1]

그러나 이런 진정성 어린 호소에도 불구하고 우리는 진지하게 되물을 수 있다. 도대체 무엇이 옳은 선택인가? 그리고 그 선택은 누구를 위한 것인가? 만약 인류가 아무런 선택도 하지 않고 세계가 그저 흘러가는 대로, 다시 말해 야생의 생명들이 그저 생존을 위해 선택하는 행위와 똑같은 방식으로 문화를 발전시켜나간다면, 그것이 올바른 선택인가? 아니면 객관적 지식에 기초한 객관적 가치 판단을 통해 우리의 본능적인 욕망과는 다른 선택을 해야만 하는가? 간단히 말해 윌슨이 그렇게도 신봉하고 있는 과학은 여태껏 가치의 문제를 과학의 영역에서 배제하는 과정을 통해 객관성을 담보해왔다. 이제 '실존적 결단'이라는 수단을 통해 인류의 기술적 문명이 부딪힌 한계를 돌파하려고 한다면, 그 결단을 가능케 하는 가치는 결국 '비과학적인', 나아가 형이상학적인 이념적 가치다. 과학의 최전선에서 만나게 되는 형이상학적 가치는 결국 과학이 스스로의 한계를 드러내는 증거다.

학문의 진화

___

다시 근원으로:
학문이란 무엇인가?

___

과학과 형이상학 사이의 이중적 관계는 앞서 이야기했듯이 리오타르가 분명하게 드러낸 바 있다.[2] 언어 게임의 화용론에 의지해서 포스트모던 시대 과학의 모호한 위치를 분석한 리오타르에 따르면, 근대 과학은 형이상학을 거부함으로써 자신의 정체성을 확립했지만 막상 우리가 왜 과학적 탐구를 지속해야 하는가라는 물음에 직면해서는 형이상학이 즐겨 썼던 서사적narrative 정당화 방식을 다시 불러내야 할 위기에 처해 있다. 지식이 상품이 된 포스트모던 사회에서도 이 문제는 해결되지 않은 채 유보되어 있다. 다시 말해 과학적 탐구의 정당성을 가치의 문제에 호소해야 하기 때문이다. 하지만 근대 과학은 가치의 문제를 세속적으로 환원시키는 길을 걸어오지 않았던가? 인간의 고귀한 사랑의 문제를 과학은 호르몬 작용과 뇌신경의 반응, 그리고 생물학적 진화의 적응 과정에서 일어나는 일로 설명하려고 노력해왔다.

그 자체로 가치 있는 것의 문제를 과학이 입증할 수는 없다.

윌슨이 말한 것처럼 근대 과학의 노력으로 인해 이제 인간이 진화의 방향을 결정할 수준까지 도달했다고 할 때, 그 결정은 무엇을 위한 것인가? 아니 과학은 오로지 사실의 문제만을 다룬다. 당위나 목적 같은 표현들은 적어도 근대 과학의 정신에 비춰보면 입증될 수 없는 주관적인 것들이다. 과학이 가치의 문제를 고려한다는 것은 윌슨이 말한 계몽주의적 신념에 반하는 것이다. 우리가 냉정하게 현실을 인정해야 한다면, 아마도 다음과 같이 말해야 할 것이다. 과학의 발전 과정에서 학문의 근본 동기, 즉 가치 존재로서의 인간이 사라지는 사건이 일어났었지만 오늘날 과학의 최전선에서는 인간의 가치로 되돌아가야만 하는 상황이 벌어졌다는 것이다. 그렇게 보면 인간의 정체성이 한낱 자연의 한 구성원일 뿐이라는 생각과 자연은 결코 어떤 가치를 지향하는 것이 아니라 단지 생존을 위해 움직인다는 진화론의 기본 가정을 받아들인 뒤, 다시금 과학과 인간의 미래를 위해 뭔가 또 다른 가치를 추구해야 한다고 말하는 것은 일종의 자기모순처럼 보인다.

인간은 과학적 예측을 무력화시키는, 이른바 자기충족적 예언을 실현하는 재귀적 시스템을 갖추고 있다. 혹은 아주 인문학적으로 말해서 자유를 지닌 존재다. 과학이 인간을 해명하려는 순간 이제까지 견지해온 과학의 방법적 표준을 위반해야만 한다. 이는 또 다른 의미에서 과학 스스로의 위기이기도 하다. 그리고 이 위기는 신화에서 형이상학으로, 다시금 형이상학에서 과학으로 이행할 때 반복되었던 위기이기도 하다. 물론 그렇다고 해서 동일한 위기가 되풀이하여 찾아오는 것은 아니다. 역사의 흐름 속에서 위기의 양상은 언제나 달랐다.

학문의 진화

그리고 그렇게 변화된 양상에 따라 학문의 주체인 인간에 대한 이해와 문제의식도 변하고 있다. 예컨대 포스트모던 시대의 탈형이상학적 경향은 형이상학적 주장에 대해, 그리고 독단적으로 보이는 가치 판단에 대해 면역반응을 일으키도록 우리를 훈련시켜왔다. 그러나 과학과 기술의 힘이 인류 문명의 방향성을 진지하게 고민하도록 만들고, 상대주의적 인식론으로 인한 피로감은 은연중 형이상학에 대한 향수를 품게 한다.

이제 다시금 학문의 기원과 동기를 생각해봐야 할 분위기는 무르익은 듯하다. 근대 과학의 위협 속에 인문학의 활로를 모색했던 경우나, 더 나아가 아예 학문 일반의 동기를 성찰했던 과거의 문제의식들을 살피는 것은 그런 점에서 의미가 있다. 앞선 장에서 말했던 근대 학문에 대한 후설의 현상학적 진단을 환기해보자. 후설을 중심으로 한 현상학, 특히 그의 학문 이론적 현상학은 과학과 인문학을 단순히 구별짓는 것을 넘어 좀더 근본적인 문제 제기를 한다.

우선 후설은 당대 학문의 상황을 '위기'로 진단한다. 그리고 그 위기는 근대 철학의 잘못된 문제 설정 때문이라고 규정짓는다. 그 문제 설정이란 의식의 영역과 대상의 영역을 교량 없는 두 세계로 구분한 것이라고 한다. 그것이 결국은 우리가 경험되는 이 세계를 하나의 수수께끼로 만들었다는 이야기다. 후설에 따르면 우리의 의식과 대상은 결코 분리될 수 없는 본질적 연관관계를 맺고 있다. 즉 우리 의식은 언제든지 그 어떤 '무엇', 즉 대상을 향해 있고, 우리에게 대상으로 주어지는 모든 것은 그런 의식의 매개를 통하지 않고서는 결코 대상으로 주어질 수 없다. 후설은 이를 의식의 지향성이라고 말한다. 이 지향성이야말로 인식 대상이 대상으로서 주어지는 인식의 수수께끼를 푸는 실마리다.

후설의 전략은 명료했다. 근대 철학은 인간의 의식과 대상 사이의 지향적 관계를 주제화하지 못했고, 결과적으로 두 영역 간의 다리를 끊어놓음으로써 인식의 수수께끼를 풀지 못하고 말았다. 근대의 형이상학은 그런 수수께끼를 해결하는 방법으로 이성을 절대화시켜버렸던 것이다. 또한 그 반대 진영, 즉 실증주의 진영에서는 형이상학의 과도한 요구에 저항하여 학적 탐구에서 인간 주관을 아예 배제해버리고 말았다. 후설은 이를 두고 실증주의가 철학의 목을 잘랐다고 말한다. 그 결과 두 가지 문제가 발생했다. 실증주의가 객관성이라는 이름 아래 인식 주관의 역할을 배제함으로써 가치의 문제가 학적 탐구의 영역에 속하지 못하게 되고, 오직 사실만을 문제시하는 학문만이 참된 학문인 양 오해되기에 이르는 것이 하나의 문제이고, 다른 하나는 참된 학문의 이상이 변화함에 따라, 좀더 노골적으로 말하면 자연과학이 참된 학문의 이상이 됨에 따라 학문과 인간 삶 간의 연결고리가 아예 끊어져버렸다는 것이다. 비록 오늘날 자연과학의 방향에서 다시금 근대 철학이 분리해놓은 의식과 대상 사이에 교량을 놓으려 하지만 근대 과학의 기본 정신을 유지하면서 그런 작업을 하기는 쉽지 않다. 인간은 사실만으로 설명될 수 있는 존재가 아닌 듯 보이기 때문이다. 따라서 근대 철학의 패러다임도 아니고, 마찬가지로 근대 과학의 패러다임도 아닌 이를 넘어서는 새로운 시선이 필요하다.

신화와 형이상학, 그리고 과학은 모두 세계를 설명하고자 하는 모델이다. 때로는 양립할 수 없는 관점에서 서로를 배척하기도 하지만 그 모든 학문적 유형은 하나같이 세계를 설명하려는 근본 동기에서 시작된 것이다. 학문의 역사를 횡적인 관점이 아닌 시간적이고 역사적인 관점에서 살펴보면 각각의 시대를 대표하는 학문 형태들은 마치 한 생물종이 변화된 환경에 적응해가는 과정처럼 생각할 수 있다. 다시 말해 학문도 진화하고 있다. 이러한 유비가 갖는 장점은 무엇보다 우리의 학문 현실을 잘 설명할 뿐 아니라 인문학이나 자연과학의 구별 없이 학문적 활동 일반의 의미가 무엇인지를 잘 설명해준다는 것이다. 여기에 이른바 디지털 사회에서의 학문 현실을 고려하면 세계 자체를 새로운 관점에서 볼 수 있는, 말하자면 세계에 관한 새로운 형이상학의 가능성을 생각할 수 있다.

11장

—

새로운 형이상학의 가능성

학문에 관한
체계 진화적 모델

———

학문을 진화의 관점에서 해명하는 일은 자칫 또 다른 종류의 환원주의를 표방하는 것으로 여겨질 수 있다. 무엇보다 진화는 생물학적 개념으로 알려져 있기 때문이다. 그러나 진화가 생물학적 개념이기만한 것은 아니다. 생물학적 진화는 오히려 진화라는 개념의 특수한 한가지 사례일 뿐이다. 진화는 한 체계가 주변 환경과 상호 작용하면서 변화하는 시간적(역사적) 과정 전체를 일컫는 개념일 뿐이다. 그 체계를 설명하는 방식이 생물학적이라면 생물학적 진화가 될 것이고, 물질의 변화를 다룬 것이라면 물리 화학적 진화가 될 것이다. 적어도 이런 관점에서 보자면 진화 개념은 중립적이다. 더욱이 환원주의가 다양한 것을 근원적인 어떤 하나의 것으로 번역하는 일이라면, 여기서 제안하고자 하는 새로운 형이상학은 정반대다. 새로운 형이상학은 오히려 복잡계적 다양성을 지지한다. 그것은 세계의 수를 줄이는 것이 아니라 오히려 늘리려고 한다. 그런 의미에서 전통적인 의미의 환원주의와는 정반대의 방향을 가리킨다.

이를 근대적 학문 개념이 받아들였던 객관적인 세계와 주관적으로 구성된 세계 사이의 이분법을 통해 생각해보자.

많은 사람이 즐겨 읽는 소설은 그 자체로 하나의 허구적인 세계를 묘사한다. 그리고 우리는 그 재미있는 이야기가 펼쳐지는 세계가 실제 우리가 살고 있는 세계는 아니라고 느낀다. 그러나 그 세계는 아주 그럴듯해서 실제 우리가 살고 있는 이 세계인 것 같기도 하고, 언젠가 이 세계 어딘가에서 그런 일이 일어났을 법해 보이기까지 한다. 그런 점에서 이 이야기의 터전이 되고 있는 소설 속 세계는 우리 주변의 생활세계와 크게 달라 보이지 않는다. 그럼에도 불구하고 그 세계는 실제 존재하는 세계가 아니라 작가의 상상력이 묘사해낸 가상의 세계일 뿐이다. 말하자면, 작가와 독자가 공유하는 관념의 세계일 뿐이다. 물론 이렇게 작가의 상상력을 통해 구성된 세계라고 해서 그저 무의미한 것은 아니다. 어떤 사람에게는 이런 소설이 그 어떤 윤리 교과서보다도 더 많은 이야기를 해주기 때문이다. 그러나 그런 소설이 많은 사람에게 아무리 큰 가르침을 준다고 하더라도 여전히 '참된' 세계는 아닌 것만 같다. 무엇보다 그것은 상상의 세계이기 때문이다. '상상의 세계'라는 표현은 통상 '사실은 존재하지 않는 세계'로 해석되어왔다. 그 때문에 여태껏 그런 상상의 세계들은 학문적 탐구의 영역에서 배제되었다.

그런데 이런 상상의 세계 혹은 허구적인 세계가 우리의 건전한 '세계 이해'의 발목을 잡아온 것 또한 사실이다. 다음과 같은 질문이 가능하기 때문이다. 그런 상상의 세계가 모종의 기능을, 그것도 제법 중요한 기능을 수행하고 있다면, 그것은 왜 '존재하는 세계'의 범주에 들어가서는 안 되는가? 다시 말해 존재하지도 않는 것이 어떻게 우리 삶에 영향을 미치는가? 수학적 대상들이 실재한다고 믿는 플라톤주의자들이 자신들의 철학적 입장에 대해 반대하는 건전한 상식의 소유자들에게 가졌던 의문과 비슷하게 소설의 세계가 단순히 허구적인 세계라고 말해버리는 것은 우리의 직관에 묘한 균열을 일으킨다. 망상증을 앓고 있는 사람을 괴롭히는 허구의 세계와 건전한 존재론을 받아들이는 사람이 상상하는 세계 사이의 차이가 그리 선명해 보이지 않기 때문이다. 사실상 그 두 세계 사이에 어떤 본질적인 차이는 없는 것만 같다. 다만 차이, 혹은 문제라면 그런 상상의 세계에 대해 어떤 태도를 취하느냐에 있을 뿐이다. 다시 말해 중요한 것은 상상의 세계 자체가 아니라, 그 세계의 '주인'들이 견지하고 있는 태도의 차이일 뿐이다. 좀더 정확히 말하자면 그런 세계들은 단지 그런 세계를 상상한 창작자의 관념들이 밖으로 투사된 것이므로, 탐구의 대상은 그런 세계가 아니라 창작자의 관념이었다. 그리고 그런 한에서 그런 세계들은 존재하는 세계가 아니라 하나의 관념적 구성물이며, 따라서 만약 예술적 창작과 관련해서 어떤 진리가 말해질 수 있다면, 그것은 과학적 인식론에서 말하는 진리와는 전혀 다른 의미의 진리임에 틀림없다. 때문에 예술적 창작물 속에서 표현되는 세계는 학적 탐구의 대상이 될 수 없다는 것 역시 암묵적으로 자연스럽게 받아들여졌다. 그런데 상상의 세계라는 이유로 진리를 말하는 담론에서 배제되어야 한다면 그것은 지나친 홀대가 아닐까?

누구든 자신의 미래에 대해 꿈을 갖고 있으며, 어떤 사람은 인류의 미래 세계를 걱정하기도 한다. 아직 도래하지 않은 미래 세계든, 혹은 단순한 상상의 세계든, 그 모든 세계가 실현되지 않았다는 점에서 현실세계가 아님은 분명하다. 그럼에도 그런 세계들이 우리의 현실을 이루는 일부라는 점 역시 분명해 보인다. 만약 어떤 현실화되지 않은 세계에 대해 그것이 현실화되지 않았다는 이유로 논의할 가치가 없다면, 세계의 정치 지도자들이 모여 온실가스 배출량을 줄이자고 논의하는 일은 사실상 부질없는 모임이라고 해야 할지도 모른다.

물론 과학자들이 객관적인 법칙과 자료에 근거해서 추측하는 가능세계와 개인적인 공상 속에서 등장하는 가능세계를 한 종류로 싸잡아 말하는 것 역시 우리의 자연스러운 직관과는 맞지 않는다. 그래서 물리학자들이 말하는 반입자들이나 소설을 쓰는 소설가의 머릿속에서 일어나는 뉴런들의 발화 상태, 기후학자들이 말하는 미래의 기후 재앙과 같은 사건들은 참된 세계의 사건으로 간주되지만, 보르헤스의 소설 속에 나오는 기괴한 사건들에 대해서는 그렇지 않다고 쉽게 대답할 수 있을 것 같다. 그러나 무엇이 진짜 세계이고 가짜 세계인지를 결정하는 우리의 판단 기준이 그리 명료해 보이지는 않는다. 하물며 오늘날의 첨단 기술은 기능적으로 현실을 대체하는 대안적 현실들을 만들어내고 있다. '가상현실'이니 '증강현실'이니 하는 표현은 그저 우리 삶과 무관하게 기술을 홍보하는 사람들의 입에서만 말해지는 것이 아니다. 이미 우리 삶에는 현실을 재구성하는 기술들이 침투해 있다.

정리하자면, 근대적 합리성이 받아들이고 있는 현실과 가상 사이

학문의 진화

의 이분법은 이제 효력을 다한 듯 보인다. 대안적 세계들은 우리 몸이 담고 있는 세계와 인과적으로 연결되어 있음을 통해 자신의 존재 의의를 과시한다. 사실 근대 과학은 인간 삶에서 빚어지는 다양한 현상을 일종의 착시 현상으로 설명함으로써 오컴의 면도날이라는 원리를 충실히 수행했다. 오컴의 가르침은 불필요하게 실체의 수를 늘리지 말라는 것이었다. 존재론에 있어서 이러한 경제성의 원리는 환원주의라는 방법으로 무장한 근대 과학을 성공시킨 이념적 토대였다. 단순하고 간단한 원리로 설명할 수 있다면, 복잡하고 입증하기 어려운 대상들의 세계를 구태여 전제할 필요가 없었다.

그러나 우리가 원했든 원치 않았든, 우리의 세계 개념은 변화하고 있다. 역설적이게도 가상현실이니, 증강현실이니 하는 표현이 자연스럽게 쓰인다는 것은 우리가 세계를 과거처럼 그저 존재론적으로만 보는 것이 아니라 의미론적으로 보며, 기능적으로 규정하기 시작했음을 뜻한다. 이는 자연스러운 변화이자 적응의 압력이기도 하다. 학문은 그런 변화를 그저 허구라고만 이야기할 것이 아니라 설명할 수 있어야 한다. 달리 말하면, 세계는 우리에게 열려 있는 안개상자와 같다. 과학은 일종의 탐조등처럼 세계 곳곳을 비춰나가며 길을 찾는 인간 지성의 수단이다. 이러한 탐조등의 성능은 우리가 보고 이해하려는 수준에 연동되어 있다. 오컴의 원리는 바로 그런 의미에서 다시 해석될 수 있을 것이다. 따라서 이제 우리가 과거와는 달리 좀더 복잡한 것들을 제대로 이해하고 싶다면, 그 원리에 따라 필요한 실체의 수를 늘려야 할지도 모른다. 마치 이제까지 가시광선에 보이는 것들을 탐색할 수 있는 탐조등만으로 충분했다면, 가시광선을 벗어나 존재하는 것들을 보기 위해서는 탐조등을 바꾸거나 개선해야 하는 것과 마찬가지다.

간단히 말해 자연을 토대로 인류가 쌓아올린 문명의 세계를 이해하기 위해서는 단지 자연을 이해하기 위한 존재론보다는 훨씬 더 강력한 성능의 존재론이 필요하다. 학문은 결코 고정되어 있는 불변의 체계가 아니다. 오히려 끊임없이 움직이고 있는 동적인 체계다. 그 변화의 움직임은 이론의 완성을 향해 가는 내재적 동인에서 비롯될 수도 있고, 그런 이론들과 관련을 맺고 있는 주변 조건들의 변화로부터 초래될 수도 있다. 학문적 탐구의 주체인 인간과 그런 인간들에 의해 만들어진 사회는 학문을 변화시키는 압력인 동시에 그렇게 변화된 학문으로부터 다시 영향을 받는 상호 작용의 체제를 이룬다. 그런 의미에서 학문은 변화하고 적응함으로써 진화하고 있는 셈이다. 르네상스 시기에 재정적 후원의 문화가 인문과 예술, 나아가 과학과 기술의 진보를 이루었다면, 오늘날 정부와 기업의 재정적 후원은 경제적인 이익을 창출하기 위해 움직인다. 과거의 학자가 지적 호기심과 명예를 위해 연구했다면, 오늘날의 학자들은 직업적으로 연구한다.

어떤 이론이 세계를 제대로 설명하지 못한다면, 그 이론은 지식 박물관에 역사적 흔적으로만 남고 말 것이다. 반면 어떤 이론이 세계를 잘 설명한다면, 그 이론은 좀더 나은 경쟁적 설명 체계가 나올 때까지는 지배권을 가질 수 있다. 이러한 변화의 움직임 중에는 과거에 유용했던 적응 전략이 반복되거나 포함된 것처럼 보일 수도 있다. 앞서 말했듯이 사물 인터넷의 세계가 일반화되면 우리가 사는 사회는 근대 과학이 발전하기 이전 물활론적 세계관을 부활시키는 것처럼 변화할

학문의 진화

수도 있다. 그러나 그러한 반복은 일종의 착시다. 지식은 축적되어왔고, 적응 압력의 양상 역시 다르다. 다시 말해 학문의 역동성은 과거와 현재를 내적 동인으로 응축시키며 전진한다. 이러한 의미에서 학문은 하나의 열린 체계이자 동적인 체계로서 주변 환경의 변화에 적응해가며 진화한다.

—

파생세계와
세계 유전자

—

우리의 자연스러운 태도 속에서 "이 세계는 나에게 그저 사실의 세계로만 존재하는 것이 아니라, 가치의 세계, 좋은 것들의 세계, 실천적 세계 등으로 존재"한다.[1] 나아가 우리는 이런 '세계들'의 목록에 매우 다양한 종류를 포함시킬 수 있다. 즉 소설가를 비롯한 예술적 창작인들이 묘사하는 상상의 세계, 양상적 진술의 진리 조건으로서의 가능 세계, 수학적 대상들의 세계 등 다양한 종류의 세계를 그런 목록에 포함시킬 수 있다. 이러한 목록을 우리는 '세계족family of worlds'이라고 부를 수 있을 것이다. 이때 '세계족'은 화학적인 의미라기보다는 수학적 의미에 가깝다. 다시 말해 어떤 원소들의 원자나 전자의 배열과 같은 물리적 조건이 유사하다는 의미가 아니라, 그저 구성 요소들이 만족시키는 구조적 조건들이 유사한 집합들의 모임이라는 의미다. 이러한 표현은 우선은 순수하게 분류의 필요를 만족시키기 위한 것이다. 우리가 경험하는 세계들을 유형적으로 분류하는 일은 개별 학문의 탐구 영역을 제대로 해명하는 첫 번째 작업이다. 세계를 목록화하는 일은 무엇보다 우리의 세계 이해를 자연스럽게 설명해줄 수 있다는 점에서 유용해 보인다.

근대 과학주의의 편협한 태도를 비판한 후설이 생활세계를 모든 의미 구성물들의 선험적transzendentale 토대로 봄으로써 이른바 과학이 말하는 '참된 세계'의 의미를 흔들어놓은 것은 세계에 대한 우리의 상식적인 믿음들을 구제하는 효과적인 방법이었다. 자연과학이 기술하는 세계는 세계의 여러 모습 가운데 하나일 뿐이다.[2] 그런데 그렇다고 해서 이러한 여러 세계가 모두 동등한 자격과 권리를 갖는 것일까? 극단적으로 표현해서 앞서 말했듯이 소설가가 그려낸 세계와 기후학자가 말하는 기후 재앙으로 고통받는 미래 세계가 동등한 위상을 지녔다고 봐야 할까? 비록 '세계족'이라는 개념을 통해 여러 종류의 세계를 하나의 관점에서 다룰 수 있게 되더라도 그 세계들이 서로 어떤 관계를 맺고 있는지를 해명하지 못한다면 그런 시도는 별반 쓸모가 없을 것이다. 논의를 위해 우선 '세계'라는 개념을 다소 유연하게 생각하는 데서 출발해보자.

'동물의 세계' '정치의 세계' '음악의 세계' 등의 표현에서 보듯이 '세계'라는 개념은 우리의 일상생활에서 아주 익숙하고 자연스럽다. 이때 '세계'라는 표현을 우리는 '~과 관련 있는 것 전부'를 뜻하는 일종의 집합적 개념처럼 쓴다. 물론 우리는 그런 집합들의 집합, 말하자면 가장 큰 전체집합으로서 '세계'라는 개념을 쓰기도 한다. 하지만 이때의 '세계'는 특정한 철학적 입장을 전제하지 않는 한, 일종의 한계 개념이자 공허한(형식논리적) 개념일 뿐이다.

가령 우리가 어떻게 세계 개념에 도달하는지 생각해보자. 그 가능성은 두 가지 정도다. 우선 나를 포함해서 존재하는 모든 것을 단번에 묶어버리는 추상을 통해 곧바로 '세계' 개념에 도달할 경우, 그 개념은 그 자체로 형식적이며, 그 개념의 구성자인 '나'를 제외하고는 사실상 아무것도 지시하는 바가 없는 공허한 것이다. 다른 가능성은 세계의 구성 요소들을 차례차례 포함관계를 통해 더 큰 집합으로 만들어가는, 일종의 '구성적' 절차를 거쳐서 '세계' 개념에 도달하는 것이다. 예컨대 나로부터 출발해서 가족, 지역사회, 국가, 아시아, 지구 그리고 태양계 등으로 확장해나가는 것이다. 이런 방식은 매우 직관적이어서 어린이들에게 세계 개념을 이해시키는 데 매우 효과적이다. 그런데 이런 식으로 세계 개념을 구성하면, 점점 더 크게 확장되는 세계는 일종의 순서 관계가 성립하는 정렬집합이 된다. 그리고 마침내 우리는 모든 것을 포괄하는 '세계' 개념을 유도해낼 수 있다. 그러나 이때 조심해야 할 것은 이 과정에서 자칫 부랄리-포르티 역설에 빠질 수 있다는 점이다.[3] 다시 말해 우리의 사유는 끊임없이 모든 것을 포함하는 세계의 경계를 넘어설 수 있다. 결국 이 경우에도 '세계'는 역시 일종의 형식적인 한계 개념일 뿐이다. 문제는 우리가 '세계'라는 개념을 사용할 때, 은연중 수학적인 의미의 무한 개념을 끼워넣는 데 있다. 즉 세계는 원리적으로 무한할 수 있다고 생각하는 것이다. 그러나 실제로 우리가 경험하는 세계는 매우 제한적이다. 세계가 무한하다는 믿음은 제한된 경험의 세계를 고도로 추상화한 극한 개념일 뿐이다.

따라서 우리가 흔히 실제로 의미 있게 사용하는 개념으로서의 '세계'는 '모든 것을 포괄하는 전체'라는 형식논리적 개념보다는 특정한 범주로 묶어서 통일성을 줄 수 있는 영역적 개념이라고 봐야 한다.[4] 그리고 그렇게 질적 차별성을 지닌 영역으로서의 세계들의 모임은 '세계족'이라고 부를 수 있을 것이다. 그렇다면 이제 문제는 그런 세계들 사이의 관계를 어떻게 봐야 하는지를 해명하는 작업으로 구체화될 수 있다. 예컨대 후설은 그런 세계들이 서로 대등한 관계에 있다고 본다. 즉 각각의 세계는 논리적으로 독립적이다. 그래서 실제 우리 주변의 '자연적인 세계'와 '가치의 세계' '정치의 세계'와 같은 관념적인 세계들idealen Umwelten, 즉 "동시에 우리 눈앞에 펼쳐지는 이 두 세계는, 그 세계들이 모두 나와 관련 있어서 내가 자유롭게 내 시선과 작용을 어느 한 세계로부터 다른 세계로 옮길 수 있다는 점을 도외시한다면 서로 무관하다."[5]

이러한 설명 모델은 학문들 간의 환원적 관계를 문제시할 때 의미 있는 함축을 제공한다. 서로 다른 두 영역이 논리상 독립적이라면, 한 영역이 다른 영역으로 환원되지 않음을 뜻한다. 마찬가지로 각각의 대상 영역에 대해 성립하는 학문들 역시 환원되지 않는다. 많은 사람이 환원주의에 대해 거부감을 갖는 이유는 환원주의가 참된 세계와 가상의 세계라는 이분법적 구도를 향하기 쉽기 때문이다. 다시 말해 사회생물학자들이 말하는 것처럼, 인간의 도덕적 규범이나 윤리적 행동 양식이 진화론적으로 설명될 수 있다고 해보자. 그래서 도덕적 규범이 생물학적으로 환원될 수 있는 행동 양식이라고 주장한다면, 이는 곧 생물학적으로 설명되는 현상이 진짜 현실이고, 도덕적이며 규범적인 현상들은 일종의 가상의 세계인 것처럼 들린다. 하지만 가치의 영역이나 문화의 영역은 인간 삶에서 독자적인 현상 영역을 유지하고 있으며, 따라서 그러한 현상 영역을 잘 설명할 원리와 방법론을 가진, 말하자면 그런 영역에 고유하고 적합한 학문 역시 가능하다고 믿는 것이 자연스럽다.

물론 이렇게 각각의 영역이 독립적이라고 해도 그들 각자가 아예 관계를 맺을 수 없는 것은 아니다. 오히려 사정은 정반대다. 후설의 말에 좀더 귀를 기울여보자.

> 철저한 구별은 결코 서로 얽혀 있음과 부분적인 중첩을 배제하지 않는다. 예를 들면 '물질적 사물'과 '영혼'은 상이한 존재 영역*Sein-sregion*이지만, 그럼에도 영혼은 물질적 사물에 토대를 두고 있고, 이로부터 영혼론이 신체론에 토대를 두게 되는 것이다.[6]

우리의 자연스러운 직관에도 잘 어울리는 이러한 묘사는 각각의 세계가 어떻게 서로 의존할 수 있는지를 보여준다. 하나의 영역이 다른 영역을 토대로 삼을 경우, 토대가 되는 영역은 그것에 의지해 있는 영역의 존립 기반이다. 물론 그것이 곧바로 두 영역 사이에 환원관계가 성립됨을 의미하지는 않는다. 가령 집이라는 건축물이 그 건축물을 지지해주는 지반을 토대로 삼고 있다고 해서 집이 땅으로 환원되지는 않는 것과 마찬가지다.[7]

다만 다양한 영역으로 이루어진 이른바 여러 세계를 존재론적으로 어떻게 이해해야 하는가와 관련해서 좀더 주의를 기울여야 할 것은

학문의 진화

단지 하나의 영역이 다른 영역으로 환원 불가능하다는 사실만이 아니다. 오히려 그런 다양한 영역이 존립하기 위해서 우리가 좀더 신경써야 할 문제는 '의존관계'다. 이제 토대 혹은 기반이 되는 세계와 그런 토대에 의지해 있는 세계를 분리해서 말한다면, 토대에 의지해 있는 세계들은 그 토대에서 파생된 세계들이라고 부를 수 있다.

이렇게 보면 우리가 흔히 말하는 세계들, '정치의 세계' '예술의 세계' '소설의 세계' 등은 모두 파생세계라고 지칭할 수 있다. 그러면 이내 다음과 같은 문제가 제기될 것이다. "토대세계는 무엇이고, 파생세계는 토대세계와 어떤 관계를 맺고 있는가?" "파생세계의 독립성은 무엇을 의미하는가?" "모든 파생세계는 동등한가?" 이러한 물음들은 자연스럽게 그런 파생세계들을 다루는 학문들의 존재론적이고 의미론적 문제들을 고찰할 수 있게 해줄 것이다.

진화 개념을 좀더 적극적으로 활용한 유비를 시도해보자. 우리가 예측하는 미래 세계, 혹은 상상하는 세계들이 마치 네 가지 유전자의 배열이 수많은 돌연변이를 만들어내고, 그중에서 극소수만 살아남는 생명체들처럼 거동한다고 가정해보자. 우리는 대상 세계를 이해하기 위한 다양한 세계 모델을 만들어낸다. 그리고 그중에서 적합한 것들은 상대적인 지속 시간을 갖는 세계가 된다. 그래서 특정한 세계 모델이 우리가 경험하고 있는 세계를 잘 설명한다면, 그 세계 모델은 상대적으로 오랜 시간 동안 유지될 수 있다. 인류 문명 초기, 신화적 세계는 우리가 사는 세계를 설명하는 좋은 모델이었고, 그 이후에는 철학적이고 형이상학적 세계 모델이 지배적이었던 것이 적합한 사례가 된다. 그 세계 모델은 경험하는 세계에 대한 설명력 때문에 많은 사람에게 확산되고, 공유되며, 전승되었을 것이다. 물론 효력이 다한 세계 모델은 박물관에 박제된 상태로 남겨진다. 우리가 자연박물관에서 경험하듯이 아마도 역사적 흔적과 기록으로 남게 될 것이다.

이제 이러한 논의 모델을 파생세계로서의 상상의 세계, 혹은 여러 문화적 세계에 적용시켜보자. 그런 상상의 세계나 문화세계들도 자연적일 수 있을까? 이러한 질문은 얼핏 애초부터 성립될 수 없는 것처럼 보인다. 우리는 문화세계라는 표현을 '인간에 의한', 따라서 자연적이지 않고 '인공적으로' 만들어진 세계처럼 이해하기 때문이다. 그러나 무엇이 '자연적'이고 무엇이 '인공적'인지는 그렇게 선명하게 가려지지 않는다. 무엇보다 인간이 자연의 한 존재인 한, 자연적이라는 표현과 인공적이라는 표현은 서로 양립될 수 없는 것이 아니다. 뿔논병아리가 주변 환경물을 이용해 튼튼한 둥지를 만든 것은 자연적인 반면, 인간이 만든 집은 자연적이라고 말할 수 없는 이유는 무엇인가? 이것은 엄격한 개념적 구별이라기보다는 자연과 인간을 대립시키는 문화적 관념의 산물로 보아야 한다. 우리가 이 세계의 존재자와 그 존재자들이 다른 존재자와 관계하며 만들어내는 모든 행태 및 산물을 '자연적'이라고 부른다면, 그리고 인간이 자연의 한 존재자라면, 사실상 모든 인공적인 것 역시 자연적이라고 말할 수 있다.

그런데 혹시나 파생세계 모두를 자연종으로 간주한다면, 그것은 앞서 말한 오컴의 격언을 무시하고 지나치게 많은 세계를 허용하는 것은 아닐까? 그래서 알렉시우스 마이농이 그랬던 것처럼 상상 가능한 온갖 가능세계 모두에 우리가 살고 있는 이 세계와 동등한 지위를 허용하게 되는 것은 아닐까?

'세계'는 단순히 그 세계를 구성하는 존재자들만의 총합이 아니다. 오히려 우리가 어떤 특정 존재자들의 영역을 최소한 하나 이상의 '세계'로 구별해내는 까닭은 단지 그 구성원들만이 아니라 그 구성원들이 맺고 있는 관계에 대해서도 주목하기 때문이다. 특히 그 관계들이 '이름'을 갖게 되면, 그러한 관계 자체가 하나의 대상으로서, 일종의 존재자로 간주된다. 가령 소설이 묘사하는 세계는 우리로 하여금 그 구성원들의 실재 여부가 아니라, 가정된 실재들의 관계에만 주목하게 한다. 이 때문에 허구적 이야기의 세계가 우리에게 의미 있는 세계로 주어지는 것이다. 예컨대 어떤 소설 속 주인공의 태도는 '이' 세계의 누군가의 태도와 매우 유사할 수 있다. 다시 말해 독자가 주목하는 소설의 의미는 소설 속 주인공의 존재 여부에 의해 결정되는 것이 아니라, 그 주인공이 주변 사람들과 맺는 관계에 의해 결정된다.

오컴의 권고를 지키려는 사람들은 존재하지 않는 것을 존재한다고 믿을 때 오는 혼란을 피하고 싶어한다. 둥근 사각형이나 정칠면체같이 사실상 불가능한 대상들로 채워진 세계가 존재한다는 것은 받아들이기 어렵다. 그래서 그런 골치 아픈 문제에 휘말리기보다는 차라리 상상의 세계나 추상적인 대상들의 세계의 실재성을 거부하는 편이 낫다고 생각한다. 그러나 이는 우리의 자연스러운 세계 이해를 희생시키는 매우 값비싼 해결책이다.

그렇다고 그런 곤란한 문제를 마냥 피하기만 할 수도 없는 노릇이다. 하나의 효과적인 대안은 존재론적 질문을 '무엇이 존재하느냐'가 아니라 '어떻게 존재하느냐'로 보는 것이다. 다시 말해 우리의 자연스러운 세계 이해를 반영하는 듯 보이지만 선뜻 존재한다고 말하기 어려운 세계를 소거할 수 있는 방법은 문제가 되는 세계의 존재 자체가 아니라 존재 방식을 문제시하는 것이다. 이것이 파생세계의 형이상학이 겨냥하고 있는 핵심이다.

학문의 진화

가능세계의
형이상학

파생세계들에 대한 우리의 자연스러운 대응은 궁극적으로 우리의
태도Einstellung에서 기인한다. 예컨대 후설이 말한 것처럼, "산술적 세
계는 오직 내가 산술적 태도를 취할 때에만 나에게 존재한다." 어린아
이들에게 산술의 세계는 아직 발견되지 않은 섬과 같다. 그들이 수를
이해할 수 있게 되면, 산술의 세계는 비로소 그들의 시선에 드러나게
된다. 이런 점에서 여러 세계는 그에 상응하는 인식 주관의 태도와 인
식 작용의 수행에 수반된다고 말할 수 있다.[8] 물론 앞서 말했듯이 그
런 방식으로 주어지는 세계들이 모두 동등한 정도의 자립성을 갖지는
않는다. 예컨대 같은 파생세계라 하더라도 어느 한 사람이 공상해내
거나 꿈속에서 겪는 세계처럼 일시적이고 지극히 개인적인 경우가 있
고, 사람들의 도덕적 관념의 체계처럼 일정 기간 지속적이고 객관적
으로 유지되는 세계들도 있다. 이렇게 파생세계들이 동등한 자립성을

갖지 않는다는 사실 때문에 어떤 종류의 파생세계는 그 세계가 존재한다고 말하는 것이 별반 의미 없는 것이 된다. 오컴의 문제는 세계를 오직 공간적으로만 이해할 때 생긴다. 시간성을 고려한다면, 불가능한 존재들의 세계는 잠깐 누군가의 개념적 공상 속에 머물다가 이내 사라지고 마는 세계, 그래서 사실상 무의미하다고 말해도 좋은 세계다. 자연계의 역사를 채웠던 수많은 생물종을 생각해보면 된다. 혹은 유전자 결합의 실수나 우연이 빚어낸 돌연변이들의 짧은 생애를 생각해도 된다.

이제 이러한 생물학적 개념틀의 세계 이해가 결국 새로운 종류의 환원주의는 아닌가 하는 의심에 대해 좀더 분명히 대답해야 할 것이다. '세계'를 마치 자연세계의 '생물종'처럼 여기는 것은 확실히 인간의 모든 개념적 사유를 생물학적으로 설명하려는 시도로 비칠 수 있으며, 그런 한에서 환원주의의 한 변형으로 간주될 수 있다. 물론 이러한 유비는 위험하다. 그러나 어떤 사태를 기술하기 위해 유비적 개념들을 사용하는 것이 곧 환원을 의미하지는 않는다. 세계 이해를 생물학적으로 유비해보는 것은 오해의 위험만큼이나 이해하기 쉬운 단순한 도식을 제공한다는 점에서 매력적이다. 그리고 좀더 분명하게 이야기하자면, 파생세계에 대한 논의들은 생물학적 유비를 활용할 뿐 사실상 관념론적 성격이 강하다.

이제 하나의 자연종과 그로부터 파생된 파생종을 생각해보자. 예를 들면 우리 주변에서 흔히 볼 수 있는 온갖 종류의 애완견을 떠올릴 수 있고, 역사의 뒤안길로 사라진 초기 인류의 여러 갈래를 떠올려도 된다. 다양한 아종 혹은 파생종들이 발생하게 되는 원인은 여러 가지

일 수 있다. 유전적 돌연변이나 지리적 고립이 원인일 수도 있고, 지극히 우연한 이종 결합이 원인일 수도 있다. 그런 파생종들은 경우에 따라 매우 일시적이어서 대를 이어가는 역사를 만들어내지 못할 수도 있다. 물론 그 반대 역시 가능하다.

그런데 이렇게 생겨난 파생종들이라도 하나의 독립된 정체성을 지닌 개체들이 지속적으로 유시될 수 있다면, 그것도 여전히 하나의 자연종으로 간주되어야 할 것이다. 문제는 무엇이 고유한 정체성을 규정하는가이다. 생물학적 의미의 종species 개념은 형태학적, 혹은 생태적, 유전학적 개념으로도 사용된다.[9] 이런 점에 비추어보면 어떤 일군의 개체들이 고유한 형태학적 특성과 생태적 특성을 공유하고, 유전적 특성을 공유하고 있다면 하나의 '종'으로 불릴 수 있다.

이러한 의미에서 물리적이고 자연적인 세계와는 다르다고 여겨지는 문화의 세계나 예술의 세계는 파생종이기는 하지만 분명한 하나의 자연종이다. 그리고 그런 한에서 문화세계는 우리가 살고 있는 '이' 세계를 함께 구성하는konstituierende 중요한 부분 세계다. 우선 우리가 살고 있는 '이' 세계는 후설이 지적한바 다양한 세계가 얽히고 중첩되어 있다. 그래서 문화세계를 배제하고서는 우리가 살고 있는 '이' 세계를 말할 수 없다. 즉 문화세계가 없는 세계는 '이' 세계와는 다른 종류의 세계다. 이렇게 문화세계가 하나의 자연종이라는 것은 무엇을 함축하는가?

파생세계는 가능성의 세계다. 이 점은 가장 강한 의미의 자연종인 물리적 자연에 대해서도 마찬가지다. 탄소와 수소 그리고 산소 등의 분자들은 다양한 결합 가능성이 있다. 그리고 그런 결합은 끊임없이 시도된다.(이런 방식으로 설명을 이어가면, 파생세계에 관한 논의는 생물학적이라기보다는 화학적 비유로도 말해질 수 있을 것이다.) 그중에서 지속적으로 유지되는 결합이 생겨나고, 그 결합을 토대로 다시 새로운 결합이 생겨남으로써, 우리 눈앞에 아미노산과 단백질, 그리고 마침내 숨 쉬는 생명이 생겨날 수 있다. 이처럼 주어진 가능성들 중 하나가 실현된 것이 우리 세계의 실제 모습이다. 물론 이런 가능성이 결코 무한히 열려 있을 수는 없다. 가능성은 모종의 한계를 갖는다. 그 한계는 자연적일 수 있고, 논리적일 수도 있다. 달리 말해 파생세계의 가능성은 파생세계 내의 존재자들에게 할당된 본질의 한계를 벗어날 수는 없다. 그것은 우리 의식이 구성한 대상의 '본질적 한계'이기 때문이다.

하나의 생명체 속에서는 끊임없는 가능성의 실현이 이루어진다. 네 가지 염기의 단순한 구조적 배열이 빚어내는 가능성은 기하학적인 수의 다양성을 만들어낸다. 지구상에 존재하는 생물종을 생각해보면 된다. 각 생물종 내의 개체들이 빚어내는 다양성은 더 말할 것도 없다. 파생세계들 역시 유사한 운명에 처한다. 무수한 돌연변이 세계와 다양한 변종이 생겨날 수 있다. 자연세계의 생명체들 중 어떤 돌연변이 개체들이 성공적으로 새로운 종을 만들어내는 경우가 있듯이, 파생세계들 중 어떤 것들은 그것을 지속적으로 유지시켜주는 토대를 구축할 수 있다. 물론 그런 파생세계들 중 일부가 일정 시간이 흐른 뒤 역사적 흔적으로 사라지는 운명에 처하는 것 또한 당연해 보인다. 소설가들이 구성해낸 파생세계는 아주 일시적인 세계다. 과장해서 말하자면, 유전적 변형이 만들어낸 일시적인 돌연변이가 같은 것이다. 이런 점에서 파생세계들을 우리의 세계 목록 안에 집어넣는다고 해서 세계의 건강이 흔들릴 것이라는 걱정은 지나치다. 오히려 한 생태계 안에서 무수하게 시도되는 다양한 변이가 주변 환경의 변화에 역동적으로 대처하는 데 효과적이듯이, 세계를 이해하고 이에 대처하려는 인간에게 있어 파생세계로서의 문화세계가 지닌 다양성의 역할은 결정적이라고 할 수 있다.

가장 견고한 토대에 의지하는 듯 보이는 자연과학조차 사정은 다르지 않다. 과학자들이 기술하는(혹은 구성하는) 물리적 세계들은 주어진 '이' 세계를 설명하기 위한 모델들, 예를 들어 시공간 안의 사건들로 채워진 우주를 설명하는 다양한 이론적 모델들로 설명해볼 수 있다. 헤르만 민코브스키의 선형적 세계 모델이나 복수-세계 모델 Many-Worlds Model 등이 그렇다. 그런 모델들은 결국 수학적(혹은 논리적) 가능세계들을 개진하는 것이며[10] 그것들 중 어느 세계가 우리가 살고 있는 '이' 세계를 잘 설명해줄 수 있는 모델인지는 경험적으로 결정될 문제다. 모델의 적합성이 경험적으로 결정된다는 사실은 곧바로 두 가지 함축을 분명히 드러낸다. 하나는 그런 모델을 구성해보는 시도의 이유다. 우리가 여러 세계를 구성해보는 까닭은 사실 '바로 이' 세계를 이해하고 설명하기 위해서다. 즉 파생세계의 토대로서, 모든 가능한 변양을 일으키는 토대세계가 존재한다는 것이다. 다른 하나는 파생세계의 변양 가능성이 바로 그런 토대세계의 논리적 가능성의 한계와 사실상 일치한다는 것이다.

'세계족' 안에 포함되는 다양한 파생세계는 마치 유전자 풀이 빚어낼 수 있는 다양성처럼, 경우에 따라서는 무의미한 시도들을 포함하는 모든 가능성을 구현해볼 수 있다. 그럼에도 불구하고 그런 가능성이 수학적인 의미의 무한은 아니다. 마치 유전자 조합의 수학적 확률처럼 파생세계의 가능성 역시 원칙적으로는 제한되어 있다. 이때 유전자 풀에 해당되는 것은 물론 파생세계의 토대가 되는 세계다. 그런 의미에서 토대세계는 가능한 파생세계의 한계를 미리 지정하는 세계라고 할 수 있다.

우리의 지향적 태도에 따라 다양하게 주어지는 파생세계들은 각각 고유한 구조 유전자를 갖는다. 그런 유전자들의 구조적 특성에 따라 우리는 세계를 범주적으로 구분할 수 있다. 이제 남은 일은 이른바 '토대세계'가 무엇인지, 그리고 구조 유전자에 대비될 수 있는 본질적 속성들이 어떠한 것인지를 물어보는 것이다. 먼저 토대세계는 구조적으로 파생세계 없이도 존립할 수 있는 세계여야 할 것이다. 물론 그 역은 성립하지 않는다. 즉 대칭적 관계가 아니다. 다음으로 전이적 관계가 성립한다. 즉 A가 B의 토대세계이고, B가 C의 토대세계라면, A는 C의 토대세계다. 다만 여기서 유의해야 할 점은 세계의 토대 의존 관계가 구조적으로 집합적 포함관계와 유사하다는 이유로 단순한 포함관계로 이해되어서는 곤란하다는 것이다. 이는 세계를 구성하는 존재자들의 성격이 집합의 동질적인(무차별적인) 원들과는 다르기 때문이다. 물론 동일한 범주군에 속하는 세계들이라면 포함관계가 성립될 수 있다. 가령 사자들의 세계가 동물의 세계에 포함되는 것과 같다. 따라서 부분적으로는 집합적 포함관계를 허용한다 해도, 세계들 사이의 일반적인 관계는 토대 의존 관계로 보아야 한다. 토대 의존 관계를 단순한 집합적 포함관계와 구분하는 것은 포함관계가 환원적 관계로 오

학문의 진화

해될 여지가 있기 때문이다.

이러한 토대 의존 관계를 확장하면 우리는 일련의 계열을 생각할 수 있게 된다. 즉 한 파생세계가 의존하는 토대세계가 다시 그 어떤 토대세계의 파생세계인 경우가 가능하기 때문이다. 이렇게 토대세계의 계열을 상정할 수 있다면, 가장 근원적인 토대가 되는 세계는 어떤 세계인가? 후설에 따르면, 환원되지 않는 파생세계들이 자신의 존재를 의지하고 있는 토대 세계는 바로 '이' 세계, 즉 생활세계*Lebenswelt*다. 후설이 생활세계를 모든 관념적 세계의 의미 토대로 간주할 수 있었던 것은 무엇보다 생활세계야말로 우리의 직관적인 경험에 가장 먼저 주어지는 세계이기 때문이다. 이 발생적 뿌리에 파생세계로서의 모든 관념적 세계가 의지해 있는 것이다. 그 경우 무엇이 '이' 세계의 본질적 속성인지는 기술적 탐구를 통해 확정될 수 있다. 예컨대 상상의 세계, 혹은 가능세계는 그것의 토대세계인 지각의 세계가 '지금'과 '여기'라는 제한되어 있는 것과는 달리 그러한 지시적 제한으로부터 자유롭다. 또 시간의 측면에서 물리적 세계는 비가역적이지만, 상상의 세계는 가역적일 수 있다. 이러한 범주적 요소들은 우리가 구성하는 세계의 구조적 특징들을 규정한다. 각각의 세계가 보여주는 본질적 속성들은 일종의 세계 유전자다. 즉 어떤 유전자를 갖고 있느냐에 따라 해당 세계들은 유형적으로 분류될 수 있다. 그리고 그런 세계들이 우리에게 경험되는 양식에 따른 표현형과 그 이면의 구조에 따라서 다양한 분류의 가능성 또한 열릴 것이다.

물론 이러한 범주적 특성들의 다양성에도 불구하고, 세계의 다양한 구조적 특성과 무관하게 유지되는 보편적인 위상의 구조도 존재한다. 그것은 마치 생물의 종 다양성에도 불구하고 유지되고 있는 유전자의 일반적인 구조와 같다. 예컨대 후설은 "그때그때 완전하게 구체적인 세계의식의 세계 경험의 흐름에서 '세계'의 존재 의미는 변하지 않고 남아 있다. 아울러 개별 실재들의 불변적 유형으로부터 나오는 이 존재 의미의 구조적인 구조_strukturelle Aufbau_ 역시 불변"[11]이라고 말한다. 헤라클레이토스적 상대성에도 불구하고 유지되는 생활세계의 보편적 구조의 핵심은 지향성_Intentionalitaet_이다. 그러나 이 경우 지향성은 다분히 형식적이다. 즉 그것은 오직 구조적인 측면만을 말한다. 또한 그러한 생물 다양성이 염기 배열의 수학적 확률의 한계에 의해 제약되듯이, 세계의 다양성 역시 지향적 구조의 가능성의 한계에 의해 제약될 것이다.

우리가 경험하는 세계의 다양성을 생물학적 비유로 이해해보려는 시도는 무엇보다 세계 개념이 가지고 있는 인식론적 기능 때문이다. 즉 '세계'는 결코 그 자체로 지각되는 개별 대상이 아니다. 그것은 개별 대상들이 주어지기 위한 선험적 조건으로서의 '지평_Horizont_'이다. 그러나 다른 한편으로 우리가 '세계'를 주제화하는 까닭은 우리가 살고 있는 '이' 세계를 이해하기 위해서다. 달리 말하면 다양한 세계는 '이' 세계를 이해하기 위한 모델들이다. 그리고 우리는 바로 그런 모델들에 의지해서 세계를 이해하고, 그 속에서 살아간다. 이러한 논의는 우리가 왜 형식적으로 많은 문제를 낳는 세계라는 개념을 유용하게 사용하는지를 이해할 수 있게 해준다. 아울러 그런 세계 개념의 실천적 타당성만이 아니라 우리가 다양하게 구성해낼 수 있는 세계 설명 모델의 적합성을 주제화하기도 한다. 가령 한때 '이' 세계의 사람

학문의 진화

들에게 현실적인 구속력을 가졌던 '신들의 세계'는 더 이상 과거와 같은 영향력을 행사하지 못한다. 이는 세계가 역사성을 갖는다는 단순한 사실의 반영이다. 추상적 관념 혹은 형식논리적 한계 개념으로서의 '세계' 개념은 이러한 사정을 설명할 수 없다.

이제 논의를 정리해보자. 원칙적으로 우리는 다양한 세계를 구성해(만들어)볼 능력을 갖고 있으며, 그렇게 구성된 세계들은 그것이 '이' 세계를 얼마나 잘 설명해주는가에 따라 '살아남을' 것이다. 아울러 세계에 대한 이러한 관점은 이른바 문화적 세계들의 존재론적 근거를 마련해줄 수 있을 것이다. 일종의 파생세계로서의 다양한 세계는 자신의 존재 근거를 가장 근원적인 토대세계이자 우리가 살아가고 있는 생활세계에 두고 있기 때문이다. 그리고 바로 그런 한에서 어떤 종류의 파생세계들은 새로운 학문적 탐구 영역으로 주어질 수도 있다.

가능세계의 형이상학은 하나의 제안이다. 그것은 이 세계에 대해 구성 가능한 설명 모델들 일반의 구조적 특성을 해명하는 일, 그리고 개개의 학문 탐구가 그려내는 세계들을 하나의 통합적인 시선에서 볼 수 있는 개념틀을 제공하는 일을 과제로 삼는다. 왜냐하면 학문적 탐구 자체가 가능세계를 묘사하는 일로 간주될 수 있기 때문이다. 그런 가능세계들 중 어떤 것은 현실에 좀더 가깝고, 또 어떤 것은 순전히 논리적으로만 가능한 것일 수도 있다. 어떤 설명 모델이 좀더 토대적이고, 어떤 것은 파생적인지, 또 그런 모델들의 지속 가능성의 조건과 개개 설명 모델의 진화의 조건은 무엇인지 등의 학문 이론적 과제들은 가능세계의 형이상학을 추동해가는 주요한 물음들이 될 것이다.

훨씬 더 다양한 논의를 통해 구체화되어야 할 이러한 과제들 중 오늘날의 학문 현실에서 중요한 한 가지는 그 가능성의 세계에 대한 탐구가 현실의 우리가 어떻게 살아야 할지에 대한 좋은 길잡이가 될 수도 있다는 점이다. 그것은 20세기 지성의 반형이상학적 경향에 대한 대안적 제안이기도 하다.

20세기가 시작되면서 두드러졌던 지적 경향은 보편성, 절대성, 그리고 같은 의미에서 형이상학에 대한 거부였다. 이는 아도르노와 호르크하이머가 지적했던 계몽주의적 기획의 좌초와 학문 일반의 전형으로 새롭게 등장한 자연과학적 학문상이 시너지를 낸 결과이기도 하다. 계몽주의적 기획이 빚어낸 정치적 결과인 제국주의와 공산주의적 유토피아가 하나의 허구로 입증됨으로써, 그리고 포스트모던적 태도를 통해 정점에 달한 지난 세기의 지적 경향은 인간 지성의 불완전성을 순순히 인정하는 자연과학의 겸손한 태도를 통해 시대적 조류가 되었다. 그러나 인간 지성의 불완전성은 보편타당한 진리가 불가능함을 입증하는 것이 아니다. 오히려 바로 그런 사정이 보편타당한 진리에 대한 탐구로서 학문이 계속되어야 할 이유를 설명해준다고 보아야 한다.

이러한 전환은 학문적 탐구와 올바른 삶 사이의 간극이 심각할 정도로 벌어져버린 오늘날 우리가 처한 학문 현실에 대한 가능한 돌파구를 제시해주기도 한다. 물론 그런 돌파구의 조건은 과거의 잘못을 단순 반복하지 않는 것이다. 다행히 역사적 경험에 대한 판단 능력을 가진 구성원과 그런 구성원들로 이루어진 시스템의 진화가 그것을 가능케 할 것이다.

학문의 진화

12장

—

학문의 위기를 넘어서

근대 과학은 이중적인 의미를 지닌 상징이다. 한편으로는 불편부당한 자연의 냉엄한 질서를 '있는 그대로' 드러내는 경건한 작업을 상징하지만 다른 한편으로는 스스로를 다치게 할 수도 있는 무서운 힘을 쥐고서도 결국에는 신중하지 못한 처사로 재앙을 부른 파에톤의 행적을 상징하기도 한다. 그래서 하이데거의 "과학은 사유하지 않는다"는 말은 객관성의 신화에 빠진 과학을 비판하는 전가의 보도처럼 쓰이기도 한다. 물론 그런 비판에도 불구하고 과학이 우리 시대를 지배하는 지식 권력이라는 점에는 재론의 여지가 없다.

무엇보다 '과학적'이라는 표현이 '객관적 지식'의 표지 구실을 한 지가 이미 오래되었고, 과학적 지식의 성장과 기술의 발전은 오랜 시간 동안 철학이 이루어내지 못했던 풍요로운 삶이라는 혁신을 가능케 했기 때문이다. 근대 과학의 성장과 그에 의지한 기술의 발전이 우리 삶을 어떻게 바꾸어왔고, 또 어떻게 바꾸어갈지에 대한 증거를 찾는 일은 어렵지 않다. 그저 우리 주머니를 뒤져보거나 주위를 둘러보는 일이면 충분하다. 주머니 안에는 마음만 먹고 약간의 절차를 거치기만 한다면 지구상에 있는 누구와도 정보를 주고받을 수 있는 미디어가 들어 있고, 고개를 돌려 귀를 열면 운전자 없이 자기 혼자 운행하는 차에 대한 이야기, 사람을 위로하는 감성을 가진 로봇 이야기, 머지않은 미래에는 인간의 의식을 다운로드하기도 하고 업로드할 수도 있는 기술이 개발될 것이라는 뇌과학자의 이야기[1]까지도 들을 수 있기 때문이다.

물론 과도한 권력 집중에 대한 견제는 이미 오래전부터 있어왔다. 과학이 제시하는 객관성의 기준은 몹시 좁아서 인간 삶에 관한 중요한 논의들이 진리와 학문 영역에서 배제되는 일이 벌어졌고, 무엇보다 고도로 발달된 기술의 파괴적인 힘은 인간에게 실질적인 두려움을 주기에 충분했기 때문이다. 더욱이 오늘날처럼 지식과 기술의 발전이 가속화되고 있는 상황에서는 그 정도가 더 심해지고 있다. 미래 세계에 대한 전망의 불확실성은 변화의 속도에 비례하기 때문이다. 인간의 정체성을 위협하는 생명공학적 지식이나 인간 문명을 지탱하기 위해 동원된 새로운 에너지의 파괴력은 사람들로 하여금 인간의 미래가 무엇일지를 생각하게 만들고, 그래서 과학과 기술의 본성을 다시금 성찰하게 한다.

1935년 프랑스 파리에서 열린 강연[2]에서 후설은 근대 과학의 공과를 역사적으로 되짚으면서 당시 유럽에 팽배했던 사회문화적 위기의식을 학문의 위기로 규정한다. 그는 '학문', 특히 근대 과학이 학문의 근본 동기와 목적을 잃어버렸다고 진단한다. 근대 과학이 객관성을 이념삼아 엄밀한 학의 도정에 들어서기는 했지만 객관성을 위해 주관성을 희생시킴으로써 사실상 인간 주관성의 문제가 학문의 영역에서 배제되었다는 것이다. 그 결과는 인간 삶의 문제가 학문과 괴리되는 일종의 소외였다. 오늘날에도 여전히 의미 있게 들리는 이러한 진단은 우리가 어떻게 하면 좋은 삶을 살 수 있는가라는 물음에 대한 대답을 대학 바깥에서 구하는 현상을 설명해주기도 한다.

후설에게 있어 이러한 결과는 하나의 역설적인 반전으로 여겨졌다. 왜냐하면 근대라는 새로운 시대의 서막이었던 르네상스는 인간에 대한 새로운 이념이 성장한 시기였고, 과학은 바로 그런 이념을 추동해가는 상징이었기 때문이다.[3] 그 새로운 이념은 자율성에 기초한 인간, 달리 말하면 스스로를 완성시켜나갈 수 있는 존재로서의 인간이었다. 그 자율성의 상징은 물론 이성이다. 그리고 이성의 위대함을 보여준 증거는 바로 과학이었다. 따라서 인간의 새로운 가능성을 보여준 이성의 이념은 갈릴레이의 종교 재판 스캔들이 잘 보여주듯이 과학혁명기를 통해 더욱 분명하게 추동되었다. 결과적으로만 보면 근대 과학은 자연에 대한 종교적이고 신화적인 해석으로부터 학문을 해방시켰다. 그것은 자연스럽게 인간의 권위를 회복하는 일이기도 했다. 왜냐하면 인간은 자연의 신성한 질서를 이해하는 유일한 존재자였기 때문이다.

더욱이 자연의 질서를 밝혀내는 것이 결국 창조주의 뜻을 이해하는 일로 받아들여진다면 과학적 탐구는 창조주의 지성을 입증하는 '신성한' 일이 된다. 종교적 지식의 신성성이 과학적 지식의 신성성으로 대체됨으로써 근대 과학은 종교적 해석의 굴레에서 벗어나 자유롭게 자신의 길을 갈 수 있었다. 이렇게 근대 과학이 세계에 대한 종교적이고 신화적인 해석으로부터 벗어날 수 있었던 것은 '객관성'이라는 방법론적 이념 덕분이었다. 그러나 후설이 보기에 이 객관성의 이념은 인간 이성 자신을 학적 탐구 영역으로부터 배제하는 결과를 낳는다. 주관적 해석을 취향으로 삼는 인간은 언제나 객관적인 진리 탐구를 방해할 수 있는 장애물 내지는 오류의 원천으로 여겨질 수 있기 때문이었다. 창조주의 질서를 이해할 수 있는 유일한 존재인 인간이 우주에서 차지하고 있는 특별한 지위, 그럼에도 피할 수 없는 인간 지성의 불완전성이라는 모호한 현실은 새로운 학문의 중심에 서 있던 인간을 다시금 학문적 탐구 영역 바깥으로 밀어내는 역설적인 상황을 초래한 것이다. 후설이 보기에 그런 상황은 자신의 출발점(기원)을 잃어버린 탓에 목적지를 잃은 일종의 방향 상실의 상태였다. 그래서 그는 당대의 실증주의적 태도를 학문의 가장 중요한 핵심이 빠져나간 일종의 잔여물에 비유한다.[4]

후설의 진단 이후 40여 년이 지난 뒤 카를 울머는 이렇게 말한다.

오늘날 그 어떤 방식으로든 과학을 다루는 사람은 두 가지 문제에 부딪히게 되고, 그로 인해 고생을 면치 못한다. 그 물음이란 우선 과학의 다양성에도 불구하고 참된 과학성은 어디에 있는지와 그리고 그 경우 이러한 과학성이 인간의 삶과 그 형성에 무엇을 의미하는지다.[5]

학문의 진화

울머의 진단 이후로 다시 40년이 흘렀지만 논란은 여전히 진행 중이다. 객관성과 인간 삶의 가치는 과학이라는 마차를 끌면서 서로 다른 방향을 향해 달리는 말처럼 불안한 동거를 계속하고 있다. 과학적 기술이 인류의 삶을 혁신할 것이라는 호기심 어린 기대는 마치 판도라의 상자처럼 그 희망과 더불어 커다란 근심거리들을 쏟아내고 있다. 인류 문명 전체를 위기에 빠트릴 수도 있는 가공할 파괴력을 지닌 지식들, 전통적인 인간 정체성을 흔들어대는 새로운 지식과 기술의 등장은 불확실한 미래에 대한 불안감을 증폭시킨다. 때문에 과학이라는 마차에 방향성을 잡아주어야 한다는 진영의 목소리는 점점 더 힘을 얻는 듯하다. 그러나 애초에 과학이 환영받았던 이유를 돌이켜 생각해보자. 그것은 진리가 아닌 것을 진리로 받아들임으로써 자행되었던 부당한 억압으로부터 벗어나기 위한 일이었다.

이로써 현대인이 처해 있는 모종의 딜레마가 드러난다. 이 딜레마는 객관성이라는 이념으로 무장한 과학과 그런 과학의 힘을 통제하려는 인간 삶의 가치라는 요구 사이의 긴장관계로부터 나온다. 물론 우리가 지향해야 할 삶의 가치를 보편적이고 '객관적으로 입증'할 수 있다면 그런 긴장은 해소될 수 있을 것이다. 그러나 유감스럽게도 오늘날의 세련된 지식인들은 시대와 역사를 초월해서 인간이 지향해야 할 보편적 가치를 주장하는 것에 대해서 회의적이다. 이제껏 역사의 경험은 그런 보편적 가치가 폭력적 기제로 변하기 쉽다는 것을 보여주었기 때문이다. 보편적 가치는 규격화된 삶의 양식으로 변질되기 쉬운 것이다. 이렇게 인간 삶의 가치가 객관적으로 입증될 수 있는 사안인지에 대한 의구심이 사라지지 않는 한, 과학의 객관성과 삶의 가치라는 요구는 언제나 서로에게 비판적 균형을 요구하는 시소인지도 모른다.

우선 그런 상황에서도 말할 수 있는 희망부터 생각해보자. 역설적이게도 그 희망은 과학의 힘을 견제하려는 진영이 아니라 여전히 과학에 의지할 수밖에 없다고 말하는 진영으로부터 나온다. 예컨대 근대 과학의 환원주의적 방법론을 포기하지 않으면서도 통합된 과학의 미래를 꿈꾸는 윌슨은 이렇게 말한다.

> 객관적 진리에 대한 확고한 정의를 섣불리 받아들이는 것은 그것을 거부하는 것보다 더 위험할 수 있다. 그렇다면 포기할 준비를 해야 되는가? 결코 그래서는 안 된다! 의미 없는 바다에서 표류하는 것보다는 길잡이가 되는 별을 향해 항해하는 편이 낫지 않은가? 나는 우리가 선배들의 목표에 접근하고 있는지를 스스로 알 수 있을 것이라 생각한다. 설령 도달할 수 없다 할지라도 말이다. 객관적 진리는 우리가 따르는 철학적 실용주의 정신과 우리가 공유하는 생각들의 우아함, 아름다움 그리고 능력 속에서 언젠가 꽃을 피울 것이다.[6]

이러한 희망은 일종의 타협안이다. 근대 과학의 맹목적 객관주의의 위험성을 뻔히 알고 있지만 그렇다고 다른 대안도 없지 않은가 하고 되묻고 있기 때문이다.

후설과 하이데거, 혹은 울머처럼 근대 과학에 대해 비판적 태도를 견지하는 이들의 공통점은 과학이 인간 삶의 중요한 문제들에 대해

학문의 진화

아무런 말도 해주지 못하는 무능력을 꼬집는 것이다. 이러한 비판적 태도는 과학적 지식의 성장과 기술의 발전이 인간 정체성을 위협하거나 문명 전체를 위협하는 파괴적인 힘을 낳으면서 더욱 강화되었다. 직설적으로 말하면 과학의 목적은 본래 인간을 위한 것인데 그 과학이 인간 자신을 위협하고 있는 것이다.

분명 생명공학 기술의 발전은 지구상의 수많은 사람에게 새로운 삶에 대한 희망을 주고 있다. 그러나 다른 한편으로는 그런 지식과 기술이 윤리적으로 허용될 수 있는 수준인지에 대한 논란 역시 끊이지 않는다. 그래서 새로운 지식과 기술을 계속 연구하고 현실에 적용시켜보고 싶은 사람이라면 그것이 어떤 윤리적인 문제를 일으키지나 않을지를 고민해야만 한다.[7] 파에톤의 호기심과 오만이 아버지이자 태양의 신인 헬리오스의 전차를 몰아보는 기회를 얻게 만들었지만 그 때문에 온 세상을 불바다로 만들어버렸던 것처럼, 과학자들의 호기심을 미리 제어하지 않으면 우리 문명을 돌이킬 수 없는 운명으로 몰고 갈 수도 있기 때문이다. 그래서 우리는 과학도 윤리적이기를 요구한다.

하지만 이러한 현실은 묘하게도 마치 데자뷔처럼 갈릴레이의 재판을 연상시킨다. 인간과 생명의 존엄성을 위협한다고 여겨지는 지식과 기술에 제동을 거는 위원회의 결정이 과학의 '순수한' 열정을 통제하는 것처럼 보이기 때문이다. 그래서 과학에 모종의 윤리성을 요구하는 것은 때로 과학적 지식이 성장하는 데 발목을 잡는 일이라는 의심을 사기도 한다. 게다가 과학자들 입장에서는 억울한 점도 있다. 지식과 기술은 그 자체로만 보면 중립적이다. 문제는 그것을 사용하는 사람들의 가치관과 비윤리성이지, 지식과 기술 자체에 윤리적인 문제가 있는 것은 아니기 때문이다. 따라서 필요한 일은 과학 탐구 자체가 아니라 과학적 지식과 기술을 사용하는 사용자의 윤리의식을 문제시하는 것이다.

오늘날의 과학 연구가 거대 자본의 영향으로부터 자유롭지 않은 문제나 연구비를 얻어야만 하는 과학자들과 언론 미디어 사이의 모호한 유착관계, 혹은 아예 연구를 조작하거나 날조하는 과학자들의 문제처럼 '과학자'들이 윤리적으로 건전해야 할 이유는 분명하다. 그래서 사용의 문제가 아니라 과학적 지식과 기술 자체에 문제가 있다고 말하는 것은 확실히 과한 비판일 수 있다. 그렇다면 근대 과학의 몰가치성에 대한 비판은 초점을 잘못 맞춘 것이 된다. 그러나 맥루언이 자신의 미디어 개념을 설명하기 위해 들었던 예를 생각해보면 달리 생각해야 할 부분도 있다. 총이라는 물건은 가치중립적일 수 있다. 문제는 총이 아니라 그 총을 사용하는 사람이라고 생각하는 것은 그래서 자연스럽다. 그런데 총이라는 물건이 세상에 아예 등장하지 않았다면 어땠을까? 총의 등장으로 인해 생겨난 새로운 가능성들을 생각해본다면 총이 가치중립적이라는 말로는 위로가 되지 않는 현실이 분명하게 존재한다.

결국 과학적 탐구에 있어 윤리적인 고려를 해야 한다는 입장이나 과학은 가치중립적이라고 말하는 입장 모두 나름의 근거가 있다고 할 수밖에 없다. 그래서 남은 것은 일종의 딜레마다. 이러한 딜레마를 피하는 하나의 방법은 엄격한 의미에서 윤리적이지는 않지만, 결과적으로는 윤리적인 요구를 따르는 것과 동일한 효과를 지닌 제3의 길을 모색하는 것이다. 바로 '건전한 과학'이 그것이다. 윌슨은 자신의 책 말미에서 계몽주의적 인간 이성의 프로젝트를 부활시킨다. 그에 따르면, 진화의 단계에서 인간은 주변 환경뿐만 아니라 자기 자신마저도 변화시킬 수 있는 일종의 임계점에 가까이 가 있다. 그래서 인간 스스로가 진화의 방향을 선택해야 하는 상황에 이르렀다고 말한다. 인간으로 인해 수많은 생명이 멸종되고 있는 현실을 고려한다면, 그리고 우리 자신이 그렇게 변화해가는 환경 속에서 생존해야만 하는 존재라면, 우리가 어떻게 행동해야 할지를 알 수 있다는 것이다.

이러한 판단은 윤리적이고 규범적인 판단에 따른 호소라기보다는 인간의 과학적 합리성에 다시금 호소하는 것이다. 이는 한편으로 일관적이다. 근대 과학은 어떤 형이상학적 가치에 의존함 없이 인간의 합리성에 호소함으로써 역사를 자기편으로 만들 수 있다고 믿었기 때문이다. 만약 과학적 합리성에 호소하는 일이 윤리적으로도 건전한 결과를 낳을 수 있다면, 그것은 객관적으로 입증될 수 없는 형이상학적 가치를 주장하지 않고서도 동일한 목적을 달성하는 셈이다. 이처럼 건전한 과학은 절대적인 판단 기준이 없는 상태에서의 가치 판단이 자칫 과학적 탐구를 위축시키는 위험을 피하고, 또 고삐 풀린 마차와 같은 기술 문명의 위험한 질주를 막을 효과적인 대안으로 간주될 수 있다. 적어도 인간 지성의 불완전성을 솔직하게 인정하는 세련된 현대인들에게는 그렇게 보인다. 그런데 이러한 타협안은 말 그대로 임시적인 것인 까닭에 일종의 이론적 역설을 피할 수 없다. 그것은 우리가 윤리적이기를 원하면서 윤리학을 소거해버림으로써 사실상 윤리적인 결정이 무엇인지를 알 수 없게 만드는 것이다.

먼저 과학이 인간 삶의 문제에 대해서 무능력하다는 비판부터 다시 생각해보자. 인문학 진영에서 즐겨 사용하는 이 비판은 사실 절반의 진실만 담고 있다. 그들이 말하는 과학의 무능력은 우리가 어떻게 살아야 하는가라는 물음에 대해 과학이 답을 해주지 않는다는 것이다. 과학은 사실에 대한 기술적인descriptive 학문이지, 십계명과 같이 우리에게 적극적인 행동을 명령하는 규범적인normative 학문이 아니다. 그래서 우리가 올바른 삶과 바람직한 문명을 위해 어떻게 행동해야 할지를 과학에 묻는 물음은 과학적인 태도가 아니다. 할 수 없는 일에 대해 하라고 요구하는 것은 부당할 따름이다. 따라서 우리가 올바른 삶을 위해서 무엇을 어떻게 하고 살아야 하는지는 과학이 아닌 윤리학에 물어야 한다. 그러나 수수께끼는 여기에 있다. 최근 우리는 윤리학에 물어야 할 많은 일을 윌슨이 제안하고 있는 것처럼 과학에 묻고 있다. 그 까닭은 과학이 어떻게 행동해야 하는지에 대해 유용한 답을 주고 있는 듯 보이기 때문이다. '어떻게 살아야 하는가'라는 질문은 이중적이다. 문맥에 따라 달리 대답할 수 있기 때문이다. 어떻게 사는 것이 올바른 삶인지와 어떻게 사는 것이 좋은 삶인지는 다른 차원의 문제일 수 있다. 어쩌면 우리가 뭔가 중요한 문제를 혼동하고 있는지도 모른다.

막스 베버의 진정성 어린 이야기를 다시 한번 생각해보자.

모든 자연과학은, 만약 우리가 삶을 기술적으로 지배하고자 한다면, 우리가 무엇을 해야 하는가라는 물음에 대해 답을 줍니다. 그러나 자연과학은 우리가 삶을 기술적으로 지배해야 하는지 또 지

학문의 진화

배하고자 하는지의 여부, 그리고 그 지배가 궁극적으로 도대체 의미가 있는지의 여부에 관한 문제는 전적으로 제쳐놓거나 아니면 자신들의 목적을 위해서는 당연한 것으로, 즉 삶을 기술적으로 지배하는 것이 의미 있다고 전제합니다.[8]

앞선 장에서 언급했듯이 베버가 이런 말을 한 것은 학문을 직업으로 삼고 있는 자에게 자신의 정치적 신념을 마치 학문적 진리라도 되는 양 포장하지 말라는 경고를 하기 위해서였다. 비록 세부적인 논의의 문맥은 다르지만 베버의 말에는 우리의 논의가 주목해야 할 중요한 시사점이 담겨 있다. 과학은 우리 삶의 문제들 중 일부에 대해서는 아주 좋은, 혹은 확실한 대답을 해줄 능력을 가지고 있다는 것이다. 이것이 우리가 범하고 있는 혼동의 한 원인이다. 말하자면 주어진 조건 아래서 최선의 결과를 약속하는 선택이 무엇인지에 대해 과학은 아주 훌륭한 대답을 해줄 수 있다. 그리고 이는 근대적인 의미의 합리성 개념의 핵심이기도 하다.

그러나 과학이 어떤 삶이 '좋은good' 것인지에 대해 대답을 해준다고 하더라도 그 '좋음'이 곧 '옳음right'을 뜻하지는 않는다. 여기에 우리로 하여금 착시를 일으키는 미세한 균열이 있다. 분명 '옳음'은 다른 차원의 문제다. 그럼에도 '좋음'은 '옳음'과 마찬가지로 우리의 행동을 규제하거나 인도하는 의미 있는 판단 기준의 역할을 할 수 있다. 그래서 결과적으로는 옳음이나 좋음 모두 우리로 하여금 어떻게 행동할지를 이야기해준다. 그러나 여전히 옳은 것이 좋지 않을 수 있으며, 좋은 것이 옳지 않을 수 있다. 다만 우리가 궁극적으로 옳은 행동이 무엇인지 알 수 없을 때, 최선의 결과를 낼 수 있는 선택을 하는 것은 말 그대로 합리적인 행위다. 앞서 윌슨이 우리가 인간 문명의 미래를 두고 올바른 선택을 할 수 있으리라는 희망을 말한 이유는 바로 이런 인간의 합리성을 전제하고 있기 때문이다.

과학적 탐구에서 윤리적인 고려를 해야 하는 문제에 대한 하나의 해법으로 '건전한 과학'이라는 대안은 과학기술에 대한 윤리학의 규제라는 규범성의 문제를 합리성으로 환원하는 전략을 취한 것이다. '환원'이라는 표현을 사용한 것은 '건전한 과학'이라는 해법이 가치의 문제를 사실의 문제로 치환했기 때문이다. 따라서 여기에 당위나 의무의 개념은 들어 있지 않다. 우리가 특정한 과학적 탐구에 대해 제약을 가할 수 있다면 그것은 그런 규제가 옳기 때문이 아니라, 그런 규제가 좋은 결과를 가져올 거라고 기대하기 때문이다. 이때 중요한 것은 선택과 결단이다. 그리고 과학적 합리성은 그런 선택에서 중요한 정보를 제공해주리라 기대된다. 그러나 이렇듯 어떤 규제적 이념에 따라 자신의 연구를 제약하는 것이 아니라 주어진 지식의 한계 내에서 가능한 한 합리적으로 행동하기를 요구하는 태도는 결국 과학자의 합리적인 양식에 호소하는 일이 될 것이다. 그리고 이는 불완전한 인간 지성에게 허용된 유일한, 하지만 가장 근본적인 해결책인 것처럼 보인다. 결국 무능력한 것은 과학이 아니라 윤리학임을 고백하는 것이다.

'건전한 과학'이라는 해결책은 인간 지성의 불완전성에 의지해서 보편타당한 가치 체계에 대한 탐구를 사실상 부정하는 차선의 대안일 뿐이다. 그런 해결책은 상황에 밀려 어쩔 수 없이 대처해야 하는 임기응변처럼 여겨진다. 가령 건전한 합리성을 지닌 연구자라 하더라도 오늘날과 같이 복잡하게 얽힌 사회에서 자신이 하는 연구가 어떤 결과를 낳을지 예상하는 것은 한 개인이나 이런저런 이해관계를 가진 특정 집단이 판단하기에는 무척 어려운 일이다. 과학자들의 탐구와 새로운 기술은 말 그대로 이제까지 알지 못했던 것들을 다루는 일이다. 그 새로운 것이 장차 어떤 결과를 낳을지를 온전히 예측하는 일은 결코 쉽지 않다. 군의 내부 통신을 위해 인터넷을 개발할 때 그것이 오늘날과 같은 결과를 낳을지 예상한 사람은 없었을 것이다. 플레밍이 페니실린을 만들었을 때, 그것이 슈퍼박테리아와의 싸움의 시작이 되리라고 내다보지는 못했을 것이다. 더욱이 오늘날과 같이 사회가 복잡한 연결망을 갖고 있을 때, 새로운 지식과 기술의 도입은 이른바 승수효과multiplier effect를 낳을 수 있다. 따라서 과학자 개개인의 양식에 의존하는 일은 비록 그것이 가장 원리적인 방법이라고 하더라도, 우리의 실용주의 정신에는 확실히 어긋나는 결과를 낳을 가능성 또한 크다.

물론 이런 경우에도 대안은 있다. 근대 과학이 추종해온 전문가 정신을 활용할 수 있기 때문이다. 새로운 지식과 기술이 어떤 파급 효과를 낳을지를 예상해보는 일 자체를 새로운 연구 과제로 삼는 것이다. 만약 그 파급 효과가 한 개인이 감당할 수준을 넘어설 정도로 복잡하다면 각 분야의 전문가들이 서로 머리를 맞대면 된다. 한 사람의 눈으로는 보이지 않는 일이 여러 사람의 눈으로는 보일 수 있기 때문이다. 오늘날 과학기술의 사용과 관련된 수많은 윤리위원회가 활발하게 활동하는 것은 바로 그 때문이다. 그런 단체의 자문을 통해 얻는 행정적 결과는 마치 보편타당한 윤리적 규범처럼 어떤 연구가 계속되어야 할지 혹은 중단되어야 할지에 대한 판결이다. 그런데 이러한 상황을 두고 과학도 윤리적이어야 한다고 말하는 진영에서 만족할 수 있을까? 어차피 그 '위원회'의 통합적 지성도 불완전할 수 있는데 말이다.

사실 냉정하게 말하자면 '윤리위원회'의 결정은 이론적으로도, 또 실질적으로도 전혀 윤리적이지 않다고 고백해야 한다. 그것은 그런 위원회가 정부나 기업의 보이지 않는 손에 휘둘릴 수 있는 위험 때문만은 아니다. 오히려 그 위원회에서 결정 사항이 도출되는 과정과 관계가 있다. 어떤 과학 연구가 계속되어야 할지 말아야 할지를 결정하는 문제는 이른바 절차적 합리성에 의존해 있다. 그 위원회를 구성하는 이들은 다양한 영역의 전문가들이다. 여러 영역의 과학자들과 윤리학자, 때에 따라서는 정부 기구의 사람이 포함되기도 하고, 또 시민 단체가 참여할 수도 있다. 이는 오늘날과 같은 복잡한 사회에서 과학 기술과 관련된 다양한 이해관계와 생각을 가능한 한 합리적으로 해결하기 위함이다. 그리고 그 절차는 매우 민주적인 것처럼 보인다.

그런데 이러한 해결 방식은 곧 화이트헤드가 근대 과학의 성공을 설명하는 자리에서 했던 말을 떠올리게 한다.

19세기 최대의 발명은 무엇보다 발명 방법의 발명이었다. 하나의 새로운 방법이 인생에 도입된 것이다. (…) 이 방법이야말로 진정 새로운 것으로서, 낡은 문명의 기초를 파괴했다. (…) 새로운 방법에 내포된 하나의 요소는 과학적 착상과 산물의 간극을 메우는 방법의 발견이었다. 그것은 여러 난관에 차례차례로 도전하는 규율

학문의 진화

있는 공격의 과정인 것이다.[9]

화이트헤드가 말한 방법은 일종의 문제 해결 전략이다. 여러 전문가가 모여 새로운 과학 연구와 기술이 향후 인간 사회에 어떤 영향을 미칠지를 예상하고 민주적인 의사소통 과정을 거쳐 모종의 합의에 이르는 과정과 과학자가 어떤 설명적 가설을 떠올리고 그것을 실험을 통해 입증함으로써 가설을 확증하거나 반증하는 과정은 본질적으로 동일한 구조를 갖는다. 달리 말해 수많은 윤리위원회가 제시된 문제를 해결하는 방식은 윤리적이라기보다는 과학적이다. 왜냐하면 그런 해결 방식이 주어진 조건 안에서 가장 합리적이라고 믿기 때문이다. 결국 '윤리위원회'는 그 이름에서 기대하는 규범성을 절차적 합리성으로 대체하는 조직일 뿐이다. 그리고 이는 사실상 우리가 절대적인 규범을 이미 포기했었다는 사실을 환기시킨다. 그것은 동시에 우리가 이른바 포스트모던의 시대에 살고 있다는 증거이기도 하다. 포스트모던의 시대적 특징은 절대적인 것에 대한 거부이기 때문이다. 이는 윤리적 규범에 대해서도 마찬가지다. 그러나 그런 비판적 논리를 뒤집으면 흥미로운 반전이 드러난다. 보편적 가치 체계에 대한 학문의 거부, 인간 지성의 불완전성의 인정, 절차적 합리성에 의지한 과학적 문제 해결 방법에 대한 신뢰 등이 형이상학을 거부하게 만들었다면, 그 반대로 그 절차적 합리성이 정말로 차선의 대안인지 물어보는 것이다. 오히려 그것이 오늘날 우리를 억압하고 있는 또 다른 보편적 규격화는 아닌지를 말이다. 20세기를 지배했던 포스트모던적 사유는 같은 이유에서 형이상학을 거부한다. 그러나 절대적인 그 무엇을 탐색하는 탐구를 의심하는 20세기의 지성은 그 태도를 스스로 절대화했던 것은 아닐까? 그것은 지식 상대주의자의 원리가 자기 파괴적인 것과 같다. 보편타당한 진리는 없다는 믿음은 보편타당하다고 주장하는 것과 같다.

오늘날처럼 고도로 복잡해진 사회에서 파괴적인 힘을 지닌 과학 연구와 기술의 개발에 대해 윤리적인 고려를 하라고 요구하는 것은 부작용을 예측하기 어려운 과학적 탐구에 대해서는 윤리적인 관점에서 제어가 필요하다고 보는 것이다. 그러나 역설적이게도 그러한 윤리적 요구는 사실상 과학적인 문제 해결 방식을 따르라는 요구의 다른 표현일 뿐이다. 이러한 상황이 역설적으로 보이는 것은 근대 과학의 문제점을 해결하기 위해 우리가 다시금 근대 과학의 방법론을 따르고 있기 때문이다. 현대인으로서 우리가 과학에 대해 윤리적으로 요구하는 것은 어떤 이념을 구현하라는 명령이 아니라, 우리의 문명이 지속 가능하기 위해서 해서는 안 된다고 여겨지는 연구들을 제한하는 것뿐이다. 이는 마치 사회공학자들이 위험도가 큰 최선을 선택하는 것보다는 차선이지만 위험도가 작아서 안전한 선택을 하는 것이 좀더 합리적이라고 믿는 것과 다르지 않다.

근대 과학의 문제점을 다시금 근대 과학의 방법론을 따라 해결하라고 하는 것은 어딘가 석연치 않다. 이러한 사정은 윤리학이, 혹은 더 넓은 의미에서 철학이나 인문학이 오늘날의 과학에 대해 왜 무기력한지를 설명해주기도 한다. 과학자들은 소박하지만 객관적인 진리가 있다고 믿고 그것을 향해 나아간다는 소명을 말한다. 현대의 많은 인문학 지식인은 아주 세련되게도 객관적이고 절대적인 가치 체계는 낡은 형이상학이거나 아니면 폭력이 될 뿐이라고 말한다. 그래서 차이와 관용을 받아들이라고 한다. 그러면서도 그들은 문제를 해결하기 위해서는 근대 과학의 방법을 빌려다 쓰라고 권하고 있다. 이는 일종의 자기부정이다. 근대 과학의 방법론을 비판적 시선에서 바라보면서 그 대안을 모색할 때는 여전히 근대 과학의 방법론을 사용하고 있기 때문이다.

과학적 연구와 기술 개발에 있어 윤리적 사고의 역할은 우리 시대의 과학기술을 건전하게 만드는 것이고, 그런 한에서 과학기술에 대한 윤리적 요구는 시시각각 방향이 변하는 바람을 맞아 돛을 편 배에서 키 구실을 하는 것처럼 보인다. 그러나 이는 하나의 착시다. 가야할 목적지가 정해지지 않은 상태에서 방향을 잡는 것은 의미가 없기 때문이다. 유일하게 의미가 있는 경우는 그 방향으로 가면 빠져나올 수 없는 소용돌이를 만났을 때뿐이다. 오늘날 과학기술에 대한 윤리적 요구는 그래서 일종의 공포에 호소하고 있다. 윤리학이 과학에 대해 제대로 된 키 역할을 하기 위해서 필요한 것은 바로 우리가 지향해야 할 규범적 가치를 입증하는 것뿐이다. 그것은 어쩌면 세련된 현대인이라면 알레르기를 일으켜야 한다고 믿는 낡은 형이상학을 필요로 할 것이다. 그리고 이는 근대 이후 자연스럽게 전제해온 절차적 합리성을 다시 생각해봐야 한다고 증언한다.

종교적 권위와 낡은 신분질서로부터 해방된 근대인들은 낡은 권위를 철폐한 대신 이성을 대안으로 삼았다. 그러나 인간 이성이 아주 제한적인 능력만 갖고 있다는 것은 오래지 않아 입증되었다. 그런 의미에서 보편타당한 가치, 혹은 궁극적인 진리는 사실상 공허한 이념에 불과한 듯 보였다. 게다가 섣부르게 보편타당성을 주장하는 가치가 얼마나 폭력적으로 작용하는지에 대한 역사적 경험은 일체의 형이상학적 태도에 대해 경계심을 높여놓았다. 이렇게 최종심급을 유명무실하게 만든 상황에서 의지할 수 있는 수단은 절차의 공정성과 합리성뿐이었다. 논의의 결과가 궁극적으로 옳기 때문이 아니라, 그런 결과에 도달한 과정에 문제가 없기 때문에 따라야만 한다는 것이다.

최종 심판자가 없는 시대, 세계에 관해 알게 된 사실이 아니라 그런 사실이 우리에게 어떤 의미가 있는 것인지에 대해 말해줄 형이상학이 없는 시대, 이것이 오늘날 우리 학문들이 부딪힌 현실이다. 그래서 우리는 마치 방향타를 잃어버린 양 우리 문명이 가고 있는 길의 끝이 무엇인지에 대해 불안해하곤 한다. 하지만 그런 불안은, 마치 판도라의 상자처럼 마지막에 기댈 희망을 생각하게 한다. 학문은 결코 신이 우리에게 완성된 제품으로 내어준 선물이 아니다. 그것은 우리가 이 세계를 이해하기 위한 끊임없는 시도의 산물이다. 오늘날의 학문 현실은 이전 과거의 역사를 반영하고 있다. 마치 데자뷔처럼 과거의 일을 연상시키는 상황들은 새로운 양상의 변화를 요구한다. 만약 정말로 우리가 인간 지성의 불완전성을 인정한다면, 우리는 다시 인간 삶을 위한 절대적 가치를 탐구해야 할 기회를 갖게 된다. 다만 과거처럼 오직 자신만이 진리라고 주장하는 것이 아니라, 끊임없이 계속될 탐구의 과정 자체를 승인함으로써, 비록 형식적이기는 하나 그 절대적인 가치를 이념적 지향점으로 삼는 것이다. 그것이 무엇인지는 끊임없는 새로운 시도들 속에서 구체화될 수 있다. 그리고 그런 가치를 전제한 세계 설명 모델들 중 어느 것이 살아남을지는 우리 삶의 현실이 답해줄 것이다. 분명한 것은 그런 보편타당한 가치들을 미리부터 포기할 이유는 없다는 것이다. 그래서 새로운 형이상학은 낡은 형이상학을 부활시키는 것이 아니라, 우리에게 열린 가능한 세계들을 탐색할 것을 요구한다. 현실에 존재하지 않는 세계라고 해서 무의미한 세계일 리 없다. 인간이 학문을 하는 존재인 한, 그 본성은 우리로 하여금 끊임없이 다양한 파생세계를 모델링하게 한다. 그중 적합한 것들은 우리 삶에 직접 영향을 미칠 것이며, 나아가 우리 미래에도 영향을 미칠 것이다.

주

1장

1 McLuhan, Marshall, 2011, 65쪽.
2 Urban, Martin, 2002, 11쪽 참조.
3 Latour, Bruno, 2009, 6쪽.
4 Latour, Bruno, 2009, 18쪽.
5 Wilson, Edward O, 2005, 1장 참조.
6 윌슨이 이오니아의 마법을 말한 것은 근본적으로 계몽주의적 신념, 즉 자연과 학적 지식을 기반으로 하는 지식 체계의 통합을 지향하기 때문이다. 반면 라 투르는 이른바 행위자 연결망 이론ANT을 통해 우리가 생각하는 근대 계몽주 의의 신념은 우리의 현실을 설명하는 것이 아니라 우리를 왜곡시키는 이념이 었을 뿐이라고 본다.
7 Shenk, David, 1997, 112쪽.
8 Kuhn, Thomas, 2002, 9장 참조.
9 Reichenbach, Hans, 1986, 1장 참조.
10 현장에 있는 과학자들에게는 다소 불편한 진실이지만, 과학 연구가 정치적 혹 은 경제적 이유에서 영향을 받고, 또 언론을 통해 그런 현실들이 증폭되고 있다는 것은 부인할 수 없는 사실인 것 같다. 도로시 넬킨의 『셀링 사이언스 Selling Science』(2010)는 그 제목이 말해주듯이 상품화된 과학 연구에 대한 불편 한 보고서다.
11 Merton, Robert, 1998, 13장 참조.

12 이에 대해서는 Popper, Karl, 2001, 11장 참조. 여기서 포퍼는 검증주의적 의미론을 기반으로 하는 카르납의 경험주의를 비판하며, 과학성을 판별하는 새로운 기준으로 반증주의를 제시한다.

13 이에 대해서는 Popper, Karl, 1982, 89~93쪽, 그리고 그에 대한 보충설명인 229~230쪽 참조. 포퍼가 이론을 정의하는 데 많은 주의를 기울인 까닭은 한 이론이 여러 영역과 관련을 맺을 때의 반증과 같은 방법론적인 문제들을 정교화하기 위해서였다.

14 Pichot, André, 1995, 9쪽 참조.

15 Husserl, Edmund, 1962, 5쪽 참조.

16 Husserl, Edmund, 1962, §73절 참조.

2장

1 Aristoteles, *Metaphysics*, Book I, 980a(*The Metaphysics of Aristotle*, trans. W. D. Ross).

2 Gillispie, Charles, 2005, 38~39쪽.

3 Rickert, Heinrich, 1921, 140쪽.

4 Husserl, Edmund, 1962, §§1~3 참조.

5 Pichot, André, 1991, 547쪽 이하 참조.

6 Ginzburg, Carlo, 2001, 185쪽.

7 Topitsch, Ernst, 1969, 28~29쪽.

8 Mason, Stephen, 1962, 11쪽 이하 참조.

9 Platon, 2005a, 41a~41e.

10 Platon, 2005b, 530a-6.

11 Cassirer, Ernst, 1947, III쪽 이하 참조.

12 설명이라는 개념은 문맥적으로 다양한 의미를 가질 수 있다. 18세기 이후 자연과학과 인문학 사이의 거리가 벌어지면서 '설명' 개념은 자연과학적 의미를 가진 비교적 전문적인 개념이 되었다. 그래서 설명은 대체로 인과법칙적 연관관계를 통해 사건의 인과연쇄를 밝히는 작업으로 이해된다. 이러한 자연과학적 설명에 대해 인문학에서는 '이해'나 '해명' 같은 표현들을 선호하기도 한다. 여기서는 일상적으로 우리가 설명이라고 하는 아주 넓은 의미로 사용한 것이다.

13 van Frassen, Bastiaan C, 1993, 280쪽 이하 참조.

14 Hawking, Stephen, 1988, 186~188쪽.

15 Eliade, Mircea, 1985, 30쪽 참조.

16 Eliade, Mircea, 1985, 39쪽 참조.

17 Eliade, Mircea, 1985, 40쪽.

18 Reinwald, Heinz, 1991, 36쪽 참조.

19 Eliade, Mircea, 2004, 184쪽.

20 Topitsch, Ernst, 1969, 18~19쪽 참조.

21 Eliade, Mircea, 1985, 134쪽.

22 Aristoteles, 『형이상학』, 6권 제1장 1026a-10.

23 비록 쿠자누스의 사유가 한편으로는 아리스토텔레스적 세계관이나 중세적 전통으로부터 벗어났지만, 다른 한편으로는 여전히 신비주의적 성향에 매여 있었다. 이는 16세기라는 시대적 제약이기도 했거니와 그가 에크하르트의 신비주의로부터 커다란 영향을 받았기 때문이기도 했다. 그럼에도 불구하고 그가 중세적 전통으로부터 벗어나 새로운 사유의 길을 열었다는 점은 틀림없다. 새로운 사유의 길을 연 사람으로서 쿠자누스에 대한 평가는 카시러의 책(1999) 참조.

24 Leibniz, Gottfried Wilhelm, 1985, 439쪽 이하 참조.

25 Pichot, André, 1995, 550쪽.

26 Rutherford, Daniel, 1995, 73쪽 참조.

27 Eliade, Mircea, 1985, 135쪽.

28 라이프니츠의 경우, 단순성에 대한 정의로부터 시작해서 복합적인 것의 가능 근거로서 모나드로 되돌아오는 과정이나, 헤겔의 논리학이 '존재'로부터 시작해서 다시 자기 자신으로 되돌아오는 순환성은 체계의 완결성을 위해 체계의 출발점을 체계 내에서 입증해야 하기 때문이다.

29 Prigogine, Ilya & Stengers, Isabelle, 1993, 140쪽

30 Schnädelbach, Herbert, 1983, 88~89쪽 참조. 슈네들바하는 이러한 상황에 덧붙여 철학이라는 학문이 대학이라는 제도 안으로 안착한 무렵이 이쯤이라는 사실의 아이러니를 말하기도 한다.

31 Latour, Bruno, 2009, 60~61쪽.

32 Carnap, Rudolf, 1993, 21쪽

학문의 진화

33 Holton, Gerald, 1978, 202쪽.

3장

1 Gillispie, Charles, 2005, 39쪽.

2 Willey, Basil, 1951, 97쪽.

3 Willey, Basil, 1951, 98쪽.

4 나중에 다시 살펴보겠지만, 다윈의 진화론이 충격적이었던 이유는 창조주의 피조물로서 종이 변한다는 것은 당대의 경건한 신앙인들에게는 태초의 창조가 불완전하다는 뜻이었기 때문이다. 변화는 결핍이 있을 때, 즉 불완전할 때 일어나는 일이기 때문이다.

5 Cassirer, Ernst, 1996, 83쪽.

6 *Oratio de hominis dignitate*의 일부를 재인용, 카시러의 책(1996), 128쪽.

7 Russell, Bertrand, 1997, 271쪽

8 Hobsbawm, Eric, 1998, 532쪽.

9 Husserl, Edmund, 1962, 36쪽 이하 참조.

10 Galilei, Galileo, 1974, 166쪽(Galileo *Opere*, VIII, 209) 참조.

11 Gillispie, Charles, 2005, 35쪽.

12 Chalmers, Alan, 2003, 144쪽 이하 참조.

13 Willey, Basil, 1951, 95쪽.

14 Descartes, René, 1997, 34쪽 이하 참조.

15 케플러는 플라톤과 피타고라스의 우주적 질서에 대한 믿음을 견고하게 갖고 있었다. 홉스봄은 독일의 지적 상황에 대해 언급하면서 다음과 같은 유머러스한 말을 한다. "독일인들이 뉴턴의 『프린키피아』의 명쾌한 완전성보다도 신비주의를 항시 달고 다니는 혼란스러운 케플러 쪽을 더 고집스럽게 좋아한다는 것은 그들로서는 도저히 이해할 수 없는 일이었다."(Hobsbawm, Eric, 1988, 536쪽)

16 Brutt, Edwin Arthur, 1972, 56쪽.

17 Brutt, Edwin Arthur, 1972, 5쪽.

18 Drummond, John, 1992, 73쪽.

19 Aristoteles, 1983, 184a.

20 데모크리토스의 원자론은 말할 것도 없지만, 플라톤은 물질적 사물의 생성을 정다면체로 이루어진 원소들로 설명했다는 점에서 자연을 수학적으로 이해하고자 했다.(그의 대화편『티마이오스』참조) 흥미로운 점은 이 대화편이 시간의 장벽을 넘어 불확정성 원리로 유명한 현대의 양자물리학자인 하이젠베르크에게도 커다란 영감을 주었다는 사실이다. 그런 점에서 보면 자연을 수학적 질서로 이해하고자 하는 경향이 오직 근대만의 특징이었다고 말할 수는 없을 것이다.

21 Galilei, Galileo, 1974, 158~159쪽.

22 Hochstetter-Preyer, Agnes, 1981, 87쪽.

23 Drummond, John, 1992, 79쪽.

24 Mason, Stephen, 1962, 487쪽 참조.

25 Losee, John, 1977, 67쪽 참조.

26 Bacon, Francis, 2004, 50쪽.

27 Bacon, Francis, 2004, 61쪽.

28 Willey, Basil, 1951, 97쪽.

29 Hahn, Hans, 1988, 39쪽.

30 Bacon, Francis, 2004, 146~147쪽.

31 Cassirer, Ernst, 1996, 186~187쪽.

32 Losee, John, 1977, 70쪽.

33 『창세기』, 2: 19~20.

34 Losee, John, 1977, 71쪽.

35 Smith, Adam, 2011, 22~23쪽.

36 Whitehead, Alfred North, 1982, 42쪽.

37 Whitehead, Alfred North, 1982, 90쪽.

38 Husserl, Edmund, 1962, 10쪽.

39 Husserl, Edmund, 1962, 36쪽 이하 참조.

40 Gillispie, Charles, 2005. 39쪽. 물론 길리스피가 말한 '오늘날'(1960)과 지금에는 시간의 격차가 있다. 지난 50년 동안 과학 내부에서도 많은 비판적 논의가 있어왔기 때문이다. 그럼에도 길리스피가 묘사한 실증주의 철학의 이념은 자연과학의 실험실 현장에서는 여전히 살아 있는 이념인 듯 보인다.

41 Latour, Bruno, 2009, 101쪽.

42 Beck, Ulrich, 1997, 7장 참조.

43 McLuhan, Marshall, 2001, 17쪽 이하 참조.

4장

1 Brutt, Edwin Arthur, 1972, 89쪽.

2 Whitehead, Alfred North, 1982, 66쪽.

3 Prigogine, Ilya & Stengers, Isabelle, 1993, 111~112쪽.

4 Prigogine, Ilya & Stengers, Isabelle, 1993, 80쪽.

5 Kant, Immanuel, 1992, 13쪽 참조.

6 Russell, Jeffrey B, 2001, 139쪽 이하 참조.

7 Russell, Jeffrey B, 2001, 136쪽 이하 참조.

8 Bacon, Francis, 2004, 522쪽; Darnton, Robert, 2003, 297쪽 이하 참조.

9 Cassirer, Ernst, 1996, 81쪽.

10 홉스봄은 근대 과학의 발전을 일별하면서 이렇게 덧붙인다. "학문의 이와 같
   은 발전을 우리는 어떻게 설명해야 할 것인가? 구체적으로 말하면, 이러한 학
   문의 발전들을 이중혁명의 그 밖의 역사적 변화와 어떻게 관련시켜야 할 것
   인가? 양자 사이에 가장 명백한 종류의 관련이 있다는 것만은 분명하다."
   (Hobsbawm, Eric, 1998, 531쪽)

11 Condorcet, Marquis de, 2007, 71쪽.

12 Condorcet, Marquis de, 2007, 100쪽.

13 Condorcet, Marquis de, 2007, 107쪽.

14 Locke, John, 1993, 101쪽.

15 Kant, Immanuel, 1968, 47쪽.

16 Kant, Immanuel, 1981, §87 참조.

17 Marx, Karl & Engels, Friedrich, 1987, 209쪽.

18 Latour, Bruno, 2009, 85쪽.

19 Whitehead, Alfred North, 1976, 215쪽.

20 Natorp, Paul, 1923, 96쪽 참조.

21 Eliade, Mircea, 2004, 187쪽.

22 Fromm, Erich, 1991, 266쪽.

주

23 Weiss, Peter, 2003, 6부 중에서
24 Horkheimer, Max & Adorno, Theodor, 1971, 33쪽.
25 Hobsbawm, Eric, 1998, 536쪽.
26 Mason, Stephen, 1962, 376~377쪽 참조.
27 Mason, Stephen, 1962에서 재인용. 375쪽.
28 Buntz, H, in Ch. Meinel, 1986, 332쪽 참조.
29 Buntz, H, in Ch. Meinel, 1986, 328~330쪽 참조.
30 Cassirer, Ernst, 1996, 128쪽.
31 Hughes, Henry Stuart, 1986, 50쪽.
32 Hughes, Henry Stuart, 1986, 50쪽.
33 Hughes, Henry Stuart, 1986, 51쪽.
34 Hughes, Henry Stuart, 1986, 41쪽.
35 Hughes, Henry Stuart, 1986, 42쪽.
36 Hughes, Henry Stuart, 1986, 47쪽.

5장

1 Hudson, John, 2004, 80~81쪽 참조.
2 Charle, Christoph & Verger, Jacques, 1999, 100~101쪽.
3 Carson, Rachel, 2002, 36쪽.
4 Beck, Ulrich, 2010, 73쪽.
5 Husserl, Edmund, 1962, 9쪽 참조.
6 McLuhan, Marshall, 2001, 17쪽 참조.
7 Robertson, Douglas S, 1998, 24쪽 이하 참조.
8 Eisenstein, Elizabeth, 2008, 7장 참조.
9 Eisenstein, Elizabeth, 1979, 24~24쪽.
10 Prigogine, I & Stengers, I, 1993, 109쪽.
11 Spencer, Herbert, 1899, 568쪽.
12 Schnädelbach, Herbert, 1974, 23쪽 이하 참조.
13 Hobsbawm, Eric, 1998, 552쪽.
14 Thompson, Edward Palmer, 1963, 190~191쪽.

15 리히트하임은 당시의 사정을 이렇게 묘사한다. "이제 제국주의는 사회진화론, 즉 '적자생존'이 개인 사이에서 뿐 아니라 국가 간에도 적용된다는 교의에 의해 지적으로 합리화되었다."(Lichtheim, George, 1982, 18~19쪽)

16 Weber, Max, 2002, 57~58쪽.

17 Weber, Max, 2002, 53쪽.

18 Weber, Max, 2002, 55쪽.

6장

1 Whitehead, Alfred North, 1982, 52쪽.

2 Kline, Morris, 1994, 9장 및 12장 참조.

3 Kline, Morris, 1994, 244쪽.

4 Ramsey, Frank Plumpton, 1965, 63쪽.

5 Kuhn, Thomas, 2002, 141~143쪽.

6 Hacking, Ian, 1981, 128쪽 참조. 해킹은 라카토스의 연구 프로그램의 개념이 현장과학자들의 실제 모습과는 거리가 있다는 의미에서 다음과 같이 말한다. "현장과학자들은 대부분의 실제 연구 프로그램을 배제하는 '연구 프로그램'이라는 핵심 개념을 보게 된다."

7 Popper, Karl, 1982, 28쪽.

8 Veyne, Paul, 2004, 14쪽. "역사학은 과학이 아니며 과학으로부터 대단하게 기대할 것이 없다. 역사학은 설명하지 않으며, 방법을 가지고 있지도 않다. 우리가 지난 2세기 이래 많이 이야기해온 대문자 역사l'Histoire는 존재하지 않는다."

9 예컨대 1970년대 이후 지구 온난화 현상을 입증하는 연구에는 지원이 풍족했지만, 그 반대 입장을 주장하는 연구는 배고픔을 면치 못했다. 이에 대해서는 Singer, Fred & Avery, Dennis T, 2009 참조.

10 Bacon, Francis, 2004, 139~154쪽 참조.

11 Nelkin, Dorothy, 2010, 참조.

12 Merton, Robert, 1998, 9장 참조.

7장

1 Smith, Adam, 2011, 43~45쪽.

2 Merton, Robert, 1968, 608쪽.

3 이러한 위험한 결합에 관한 상세한 연구와 고백에 대해서는 Krimsky, Sheldon, 2003, 3장 참조.

4 소수 민족들의 다양한 언어가 사멸해가는 과정과 생태계의 위기 사이의 관계를 보여준 대니얼 네틀과 수잔 로메인의 글은 다원성을 강조하는 오늘날의 문화적 이념과는 반대로 치닫고 있는 현실을 보여준다.(Nettle, Daniel & Romaine, Suzanne, 2003, 2장)

5 Robertson, Douglas S, 1998, 20쪽 이하 참조.

6 Robertson, Douglas S, 1998, 50쪽.

7 Ritzen, Jo, 2011.

8 Washburn, Jennifer, 2011, 15쪽.

9 Washburn, Jennifer, 2011, 1장 참조.

10 Sokal, Alan & Bricmont, Jean, 2000 참조.

8장

1 Lyotard, Jean-François, 1999, 132쪽.

2 엄격하게 말하자면 지식Knowledge과 정보Information는 구분되어야 할 것이다. 지식을 평가하는 일차적인 가치는 '참과 거짓'이지만 정보를 평가하는 기준은 '유용성'이다. 하지만 그런 구별은 점점 더 효력을 상실해가고 있다. 그것은 정보화 사회로 이행해가는 과정에서 생긴 필연적인 부산물이기도 하다. 그런 구별이 불분명해짐으로써 혹은 지식의 정보화를 통해, 지식을 평가하는 기준역시 유용성으로 획일화되는 문제 역시 고려되어야 한다. 다만 여기서는 논의문맥을 위해 현재 통용되고 있는 일상적인 표현을 그대로 따른다.

3 Lyotard, Jean-François, 1999, 33~34쪽.

4 McLuhan, Marshall, 2001 참조

5 McLuhan, Marshall, 2001, 20쪽.

6 McLuhan, Marshall, 2001, 77쪽 이하 참조.

7 McLuhan, Marshall, 2001, 79쪽.

학문의 진화

8   Bolter, Jay David, 2010, 51쪽 참조.

9   Bolter, Jay David, 2010, 51쪽.

10 Bolter, Jay David, 2010, 64쪽.

11 Bergson, Henri, 2005, 1장 참조.

9장

1   Klein, Julie Thompson, 1996, 210~211쪽 참조.

2   Robertson, Douglas S, 1998, 37쪽.

3   마투라나와 바렐라 같은 이들은 이를 '구조접속'이라는 방식으로 설명한다. 즉 하나의 고유한 구조를 가진 개체와 그 개체를 둘러싼 환경이 접속함으로써 서로에게 영향을 미쳐 변화를 초래한다는 의미다. 그들은 개체가 환경과 상호 작용하면서 변화하는 원리를 물리적 관점이나 생물학적 관점에서 동일하게 적용할 수 있다는 가정을 받아들인다. 그 경우 원리적으로는 우주의 발생으로부터 고도의 지적 생명체에 이르기까지, 입자와 환경 사이의 구조적 관계에 따라 다음 세대의 변이가 결정되는 동일한 논리로 설명할 수 있게 된다. 이에 대한 자세한 논의는 Maturana, Humberto R & Varela, Francisco J, 2007, 특히 2장과 4장 참조.

4   미래학자 중 한 명인 레이 커즈와일은 자신의 책에서 이러한 변화를 지수함수적, 혹은 기하급수적이라는 표현으로 설명한다. 인류 문명의 역사를 돌이켜볼 때, 초반부에는 변화의 속도가 아주 느렸지만 산업혁명 이후부터는 변화의 속도가 점점 더 빨라지기 시작했고, 마침내 디지털 문명이 등장함으로써 폭발적인 변화가 시작되었다는 것이다.(Kurzweil, Ray, 2007, 1장 참조)

5   2004년 sbs 서울 디지털 포럼, 2004, 25쪽.

6   Leibniz, Gottfried Wilhelm, 1992, 참조.

7   예컨대 피에르 레비 같은 이는 고도로 네트워크화된 인터넷 공간과 그 안에서 자유롭게 펼쳐지는 정보 교류가 집단 지성collective intelligence이라는 인간의 새로운 가능성을 실현하게 해준다는 전망을 내놓기도 했다.(Lévy, Pierre, 2002 참조)

8   Husserl, Edmund, 1987, 4~6쪽 참조.

9   Jonas, Hans, 1994 참조.

10장

1 Wilson, Edward O, 2005, 506쪽.

2 Lyotard, Jean-François, 1999.

11장

1 Husserl, Edmund, 1973, 50쪽.

2 후설은 이렇게 말한다. "우리의 사실적 경험의 상관자. 이른바 '실제 세계'는 다양한 가능 세계들möglichen Welten과 주변세계들 중 특수한 경우로서 생겨나게 된다. 그 세계들은 물론 정도의 차이를 갖는 경험연관 아래서 이른바 '경험하는 의식'의 본질적으로 가능한 다양한 변양들의 상관자들에 다름 아니다." (Husserl, Edmund, 1976, 100쪽)

3 예컨대 그렇게 확장되는 순서에 따라 '세계w'들의 계열을 가정해보자. 각 순서의 세계는 이전 순서의 세계를 원으로 하는 집합이다. 즉 $W_3 = \{W_1, W_2\}$이다. 이 때 '가장 큰 세계' W_n을 생각해보자. W_n은 $\{W_1, W_2, \cdots, W_{n-1}\}$이 될 것이다. 그런데 W_n 역시 하나의 세계이므로, $\{W_1, \cdots, W_n\} = W_{n+1}$이 생겨나게 된다. 그러면 정의에 따라 가장 큰 세계인 W_n은 $W_{n-1} \subseteq W_n \subseteq W_{n+1}$의 관계가 되어 '가장 큰 세계'라는 정의를 만족시킬 수 없는 역설에 빠지게 된다.

4 Husserl, Edmund, 1976, 24~26쪽 참조.

5 Husserl, Edmund, 1976, 60쪽.

6 Husserl, Edmund, 1976, 38쪽.

7 Husserl, Edmund, 1976, 355쪽 참조.

8 Husserl, Edmund, 1976, 59쪽 참조.

9 엄밀한 의미의 종개념을 확정하는 일은 생물학의 과제이기도 하다. 달리 말하면 '종'은 분류학적인 기술적deskriptive 개념이기 때문에 일의적으로 결정하기가 어렵다. 더욱이 실제로 탐구 대상은 종 자체가 아니라 개체들이다. 즉, '종'은 일종의 개념적 구성물이며 따라서 '종'을 하나의 실재로 보는 것 자체가 문제일 수 있다. 이런 이유로 생물학사에서 종 개념은 시대에 따라 달리 사용되기도 했다. 물론 그런 이유로 '종' 개념을 포기한다면, 우리는 생물학의 상당부분을 희생시켜야 할 것이다. 다만 종 개념의 변천사에서 우리의 논의와 관련하여 주목할 만한 것은 진화론 이후로 종의 변이를 인정했다는 사실이다.

10 McCall, Storrs, 1994, 3~5쪽 참조.

11 Husserl, Edmund, 1972, 33쪽.

12장

1 Nicolelis, Miguel, 2012 참조. 이 책의 원제가 '경계를 넘어'라는 점은 책이 전달하고자 하는 메시지를 분명하게 보여준다.

2 Husserl, Edmund, 1962, 1부 참조.

3 Husserl, Edmund, 1962, 5쪽 참조.

4 Husserl, Edmund, 1962, 6쪽 참조.

5 Ulmer, Karl, 1975, 485쪽

6 Wilson, Edward O, 2005, 131~132쪽.

7 예컨대 1998년에 출범한 유네스코 기구인 세계과학기술윤리위원회World Commission on the Ethics of scientific Knowledge and Technology는 말하자면 과학적 지식과 기술의 발전을 제어하는 행정적 장치인 셈이다. 생명윤리나 환경윤리와 관련된 수많은 단체 역시 마찬가지다.

8 Weber, Max, 『직업으로서의 학문Wissenschaft als Beruf』, 전성우 옮김, 나남, 2002, 55쪽.

9 Whitehead, Alfred North, 『과학과 근대세계Science and the Modern World』, 오영환 옮김, 삼성출판사, 1982, 135쪽.

참고문헌

Aristoteles, *Aristotle's Physics*, BooK I&II, trans. W. Charlton, Oxford, 1983

Bacon, Francis, 『학문의 진보The two Books of F. Bacon of the Proficience and the Advancement of Learning Divine and Human』, 이종흡 옮김, 아카넷, 2002

Beck, Ulrich, 『위험사회Risikogesellschaft』, 새물결, 1997

――――, 『글로벌 위험사회Weltrisikogesellschaft』, 박미애 · 이진우 옮김, 길, 2010

Bergson, Henri, 『창조적 진화L'Évolution créatrice』, 황수영 옮김, 아카넷, 2005

Bolter, David, 『글쓰기의 공간Space Writing』, 김익현 옮김, 커뮤니케이션북스, 2010

Brutt, Edwin Arthur, *The metaphysical Foundation of modern Physical Science*, London, 1972

Carnap, Rudolf, 『과학철학입문An Introduction to the Philosophy of Science』, 윤용택 옮김, 서광사, 1993

Carson, Rachel, 『침묵의 봄Silent Spring』, 김은령 옮김, 에코 리브르, 2002

Cassirer, Ernst, *An Essay on Man*, New Haven Yale Univ. Press, 1947

――――, 『르네상스 철학에서의 개체와 우주Individuum und Kosmos in der philosophie der Renaissance』, 박시형 옮김, 민음사, 1999

Chalmers, Alan, 『과학이란 무엇인가What is this thing called science』, 신중섭 · 이상원 옮김, 서광사, 2003

Charle, Christoph & Verger, Jacques, 『대학의 역사Histoire de universités』, 김정인 옮김,

한길사, 1999

Condorcet, Marquis de, 『인간 정신의 진보에 관한 역사적 개요Esquisse d'un tableau histo-rique des progrès de l'espirit humain』, 장세룡 옮김, 책세상, 2007

Descartes, René, 『성찰meditationes』, 이현복 옮김, 문예출판사, 1997

Drummond, John, Indirect Mathematization in the Physical Science, in *Phenomenology of Natural Science*, ed. Hardy&Embree, Kluwer Acad. Publ. 1992

Eisenstein, Elizabeth, *The Printing Press as an Agent of Change*, New York, 1979

————, 『근대 유럽의 인쇄혁명The Printing Revolution in Early Modern Europe』, 전영표 옮김, 커뮤니케이션북스, 2008

Eliade, Mircea, 『신화와 현실Myth and Reality』, 이은봉 옮김, 성균관대학교 출판부, 1985

————, 『성과 속Das Heilige und Das Profane』, 이은봉 옮김, 한길사, 2004

Fromm, Erich, 『자유에서의 도피Escape from Freedom』, 장경룡 옮김, 혜원출판사, 1991

Galilei, Galileo, *Two New Science*, trans. S. Drake, Wisconsin, 1974

Gillispie, Charles, 『객관성의 칼날The Edge of Objectivity』, 이필렬 옮김, 새물결, 2005

Ginzburg, Carlo, 『치즈와 구더기Il formaggio e i vermi』, 김정하 · 유제분 옮김, 문학과 지성사, 2001

Hacking, Ian, "Lakatos's Philosophy of science" in *Scientific Revolution*, I. Hacking ed., Oxford Univ. Press, 1981

Hahn, Hans, *Empirismus, Logik, Mathematik*, hrsg. B. McGuinness, Suhrkamp, 1988

Hawking, Stephen, 『시간의 역사A Brief History of Time』, 현정준 옮김, 삼성출판사, 1988

Hobsbawm, Eric, 『혁명의 시대The Age of Revolution: 1789-1848』, 정도영 · 차명수 옮김, 한길사, 1998

Hochstetter-Preyer, Agnes, *Das Beschreiben-Eine logische Untersuchungen zur positivistischen Methodenlehre*, G. Olms Verlag, 1981

Holton, Gerald, *The Scientific Imagination: Case Studies*, London, 1978

Horkheimer, Max & Adorno, Theodor, *Dialektik der Aufklaerung*, Frankfurt a. M., 1971

Hudson, John, 『화학의 역사The History of Chemistry』, 고문주 옮김, 북스힐, 2004

Hughes, Henry Stuart, 『의식과 사회Consciousness and Society』, 황문수 옮김, 홍성사, 1986

Husserl, Edmund, *Die Krisis der europäischen Wissenschaften und die transzendentale Philosophie*, M. Nijhoff Haag, 1962

————, *Erfahrung und Urteil*, Hamburg, 1972

————, *Cartesianische Meditationen und Pariser Vortraege*, Martinus Nijhoff Haag, 1973

————, *Ideen zu einer reinen Phaenomenologie und phaenomenologischen Philosophie*, M. Nijhoff, Den Haag, 1976

————, *Aufsaetze und Vortraege(1911-1921)*, Nijhoff Haag, 1987

Jonas, Hans, 『책임의 원칙: 기술시대의 생태학적 원리Das Prinzip Verantwortung: Versuch einer Ethik für die technologische Zivilisation』, 서광사, 1994

Kant, Immanuel, *Schriften zur Anthropologie, Geschichts-philosophie, Politik und Paedagogik I*, hrsg. W. Weischedel, Suhrkamp, 1968

————, *Kritik der Urteilskraft*, hrsg. W. Weischedel, Suhrkamp, 1981

————, 『칸트의 역사철학』, 이한구 옮김, 서광사, 1992

Klein, Julie Thompson, *Crossing Boundaries: Knowledge, Disciplinarities, and Interdisciplinarities*, Univ. of Virginia Press, 1996.

Kline, Morris, 『수학의 확실성Mathematics: the Loss of Certainty』, 박세희 옮김, 민음사, 1994

Krimsky, Sheldon, 『부정한 동맹Science in the Private Interest』, 김동광 옮김, 궁리, 2003

Kuhn, Thomas, 『과학혁명의 구조The Structure of Scientific Revolution』, 김명자 옮김, 까치, 2002

Kurzweil, Ray, 『특이점이 온다The Singularity is near: When Humans Transcend Biology』, 김명남 · 장시혁 옮김, 김영사, 2007

Latour, Bruno, 『우리는 결코 근대인이었던 적이 없다Nous n'avons jamais étémodernes』, 홍철기 옮김, 갈무리, 2009

Leibniz, Gottfried Wilhelm, *Leibniz Werke*, Bd. I, hrsg.&ueberz. von H. H. Holz,

Darmstadt, 1985

─────, "Anfangsgruende einer allgemeinen Charakteristik" in *Leibniz Werke,* Bd. IV, hrsg. H. Herring, Darmstadt, 1992

Lévy, Pierre, 『집단 지성L'Intelligence collective』, 권수경 옮김, 문학과지성사, 2002

Lichtheim, George, 『유럽 현대사Europe in the Twentieth Century』, 유재건 옮김, 백산서당, 1982

Locke, John, 『통치론An Essay Concerning the True Original, Extent and End of Civil Government』, 이극찬 옮김, 삼성출판사, 1993

Losee, John, *Wissenschaftstheorie,* uebers. W. Hoering, Muenchen, 1977

Lyotard, Jean-François, 『포스트모던의 조건The Post modern Condition』, 유정완 외 옮김, 민음사, 1999

Marx, Karl & Engels, Friedrich, *Marx Engels Werke,* Bd. 19. Berlin, 1987

Mason, Stephen, *A History of the Sciences,* New York, 1962

Maturana, Humberto & Varela, Francisco, 『앎의 나무Der Baum der Erkenntnis』, 갈무리, 2007

McCall, Storrs, *A Model of the Universe,* Claredon Press, Oxford, 1994

McLuhan, Marshall, 『구텐베르크 은하계The Gutenberg Galaxy』, 임상원 옮김, 커뮤니케이션북스, 2001

─────, 『미디어의 이해Understanding Media, The Extension of Man』, 김상호 옮김, 커뮤니케이션북스, 2011

Meinel, Christoph, hrsg, *Die Alchemie,* Wiesbaden: Otto Harrasowitz, 1986

Merton, Robert, *Social Theory and Social Structure,* Free Press, 1968

─────, 『과학사회학The Sociology of Science』, 석현호 외 옮김, 민음사, 1998

Natorp, Paul, *Die logischen Grundlagen der exakten Wissenschaften,* Leibzig, 1923

Nelkin, Dorothy, 『셀링 사이언스Selling Science』, 김명진 옮김, 궁리, 2010

Nettle, Daniel & Romaine, Suzanne, 『사라져 가는 목소리들Vanishing Voices』, 김정화 옮김, 이제이북스, 2003

Nicolelis, Miguel, 『뇌의 미래Beyond Boundaries』, 김성훈 옮김, 김영사, 2012

Pichot, André, *Die Geburt der Wissenschaft(La naissance de la science, Paris, 1991)*, deut übers. Frnakfurt/Newyork: Campus Verlag, 1995

Platon, 『티마이오스Timaios』, 박종현 · 김영균 옮김, 서광사, 2000

————, 『국가Politeia』, 박종현 옮김, 서광사, 2005

Popper, Karl, *Logik der Forschung*, J.C.B Tuebingen, 1982

————, 『추측과 논박Conjectures and Refutation』 I/II, 이한구 옮김, 민음사, 2001

Prigogine, Ilya & Stengers, Isabelle, 『혼돈으로부터의 질서Order of Chaos』, 신국조 옮김, 고려원미디어, 1993

Ramsey, Frank Plumpton, *The Foundations of Mathematics and other Logical Essays*, London, 1965

Reichenbach, Hans, 『시간과 공간의 철학The Philosophy of space and Time』, 이정우 옮김, 서광사, 1986

Reinwald, Heinz, *Mythos und Methode*, Muenchen: Wilhelm Fink Verlag, 1991

Rickert, Heinrich, *System der Philosophie*, I. Teil, Túbingen, 1921

Ritzen, Jo, 『유럽의 대학: 어디로 갈 것인가A Chance for European Universities』, 서울대학교출판문화원, 2011

Robertson, Douglas S, *The New Renaissance*, Oxford Univ. Press, 1998

Russell, Bertrand, 『서양의 지혜Wisdom of the West』, 이명숙 · 곽강제 옮김, 서광사, 1997

Russell, Jeffrey B, 『마녀의 문화사A History of Witchcraft』, 김은주 옮김, 르네상스, 2001

Rutherford, Donald, *Leibniz and the Rational Order of Nature*, Cambridge Univ. Press, 1995

Schnädelbach, Herbert, *Geschichtsphilosophie nach Hegel*, Muenchen, 1974

————, *Philosophie in Deutschland 1831-1933*, Suhrkamp Tachenbuch, 1983

Shenk, David, 『데이터 스모그Data Smog』, 정태석 · 유홍림 옮김, 민음사, 1997

Singer, Fred & Avery, Dennis, 『지구 온난화에 속지 마라Unstoppable global Warming』, 김민정 옮김, 동아시아, 2009

Smith, Adam, 『국부론An Inquiry of Nature and Causes of the Wealth of Nations』, 유인호 옮김,

을유문화사, 2011

Sokal, Alan & Bricmont, Jean, 『지적 사기Fashionable Nonsense』, 이희재 옮김, 민음사, 2000

Spencer, Herbert, *First Principle*, New York, 1899

Thompson, Edward Palmer, *The Making of the English Working Class*, London, 1963

Topitsch, Ernst, *Mythos-Philosophie-Politik*, Freiburg, 1969

Ulmer Karl, "Wissenschaft, Vernunft und Humanitaet" in *Zeitschrift fuer philosophische Forschungen*, Bd. 29, 1975

Urban, Martin, 『어떻게 세계가 머릿속에서 생겨나는가Wie die Welt im Kopf entsteht』, 박승억 옮김, 여강출판사, 2002

van Frassen, B. C., "The Pragmatics of Explanation" in *Explanation*, David-Hillel Ruben ed., Oxford Univ. Press, 1993

Veyne, Paul, 『역사를 어떻게 쓰는가Comment on écrit l'hisroire』, 이상길 · 김현영 옮김, 새물결, 2004

Washburn, Jennifer, 『대학주식회사University INC.』, 김주연 옮김, 후마니타스, 2011

Weber, Max, 『직업으로서의 학문Wissenschaft als Beruf』, 전성우 옮김, 나남, 2002

Weiss, Peter, 『아우슈비츠 강제수용소』, 한국문화사, 2003

Whitehead, Alfred North, 『과학과 근대세계Science and Modern World』, 오영환 옮김, 삼성출판사, 1982

Willey, Basil, "How the scientific Revolution of the 17th century affected other branches of thought" in *History of Science*, ed. Cohen&West, London, 1951

Wilson, Edward O, 『통섭-지식의 대통합The Unity of Knowledge』, 최재천 · 장대익 옮김, 사이언스북스, 2005

김우창 · 피에르 부르디외, 『경계를 넘어 글쓰기』, 민음사, 2001

SBS 서울 디지털 포럼 엮음, 『제3의 디지털 혁명 컨버전스의 최전선』, 미래M&B, 2004

찾아보기(인명)

학문의 진화

학문의 진화

ⓒ 박승억

1판 1쇄	2015년 2월 23일
1판 2쇄	2015년 7월 10일

지은이	박승억
펴낸이	강성민
편집	이은혜 박민수 이두루 곽우정
편집보조	이정미 차소영 백설희
마케팅	정민호 이연실 정현민 지문희
홍보	김희숙 김상만 한수진 이천희

펴낸곳	(주)글항아리	출판등록 2009년 1월 19일 제406-2009-000002호

주소	413-120 경기도 파주시 회동길 210
전자우편	bookpot@hanmail.net
전화번호	031-955-8891(마케팅) 031-955-8897(편집부)
팩스	031-955-2557

ISBN	978-89-6735-179-3 93100

글항아리는 (주)문학동네의 계열사입니다.

이 도서의 국립중앙도서관 출판시도서목록(CIP)은 서지정보유통지원시스템 홈페이지
(http://seoji.nl.go.kr)와 국가자료공동목록시스템(http://www.nl.go.kr/kolisnet)에서
이용하실 수 있습니다. (CIP제어번호 : CIP2015001648)